Barbara Löwe

KulturSchock Rußland

Impressum

Barbara Löwe
KulturSchock Rußland

Reise Know-How Verlag Peter Rump GmbH
Hauptstr. 198
33647 Bielefeld/Brackwede

1. Auflage 1997, ***2. aktualisierte Auflage 1999***

Umschlaggestaltung: M. Schömann, P. Rump
Fotos: © Erika Därr (ED), Barbara Fichtel-den Ouden (BF), Barbara Löwe (BL), Anita Strecker (AS), Klaus Werner (KW), sonst Sergej Sterligov
Umschlagfotos: © Peter Rump (vorn), Sergej Sterligov (hinten)
Druck, Bindung: Fuldaer Verlagsanstalt GmbH, Fulda

ISBN: 3-89416-452-2

PRINTED IN GERMANY
Dieses Buch ist erhältlich in jeder Buchhandlung der BRD, Österreichs, der Niederlande und der Schweiz.
Bitte informieren Sie Ihren Buchhändler über folgende Bezugsadressen:
BRD: Prolit GmbH, Postfach 9, 35461 Fernwald (Annerod), alle Barsortimente
Schweiz: AVA-buch 2000, Postfach, CH-3910 Affoltern
Österreich: Mohr Morawa Buchvertriebs GmbH,Sulzengasse 2, A-1060 Wien
Niederlande: Nilsson & Lamm BV, NL-1380 AD Weesp

Wer im Buchladen kein Glück hat, bekommt unsere Bücher gegen Voreinsendung des Kaufpreises plus 4,50 DM für Porto (Scheck im Brief) direkt bei:
Rump-Direktversand
Heidekampstr. 18, 49809 Lingen (Ems)

Außerdem in dieser Reihe:

KulturSchock ÄGYPTEN
KulturSchock CHINA
KulturSchock INDIEN
KulturSchock IRAN
KulturSchock ISLAM
KulturSchock JAPAN
KulturSchock MEXICO
KulturSchock PAKISTAN
KulturSchock THAILAND
KulturSchock VIETNAM

Der Verlag sucht **Autoren** für weitere KulturSchock-Bände

Anhang 217

Das Ende des Kalten Krieges (AS)

Vorwort

An Büchern über Rußland herrscht wahrlich kein Mangel - angefangen von Reiseberichten aus früheren Jahrhunderten über geographische, historische, philosophische, wirtschaftliche, politische, kunsthistorische und literarische Analysen, Darstellungen des heiligen Rußland und der unheiligen Sowjetzeit, Beschreibungen der Wende und der gegenwärtigen Situation bis hin zu Schilderungen des tagtäglichen Lebens der Menschen oder Reiseführern für Touristen. Sie wurden von Russen und von Nichtrussen verfaßt. Trotzdem soll all dem ein weiteres Buch hinzugefügt werden. Warum?

Das allgemeine Interesse an Rußland ist groß, obwohl es aus ganz unterschiedlichen Gründen - noch? - nicht zu den klassischen Reiseländern gehört. Dieses Interesse ist aber auch, mehr als bei anderen fremden Ländern, sehr widersprüchlich. Manche Reisende sind geradezu wild entschlossen, völlig „entspannt und neutral", ganz und gar „vorurteilsfrei" zu sein, andere wiederum sind so negativ vorgestimmt, daß sie kein, aber auch gar kein Phänomen dieses Landes in positivem Lichte sehen können. Oft verhindern unbewußte Klischeevorstellungen über Rußland und Russen jegliche Distanz und Gelassenheit und versperren den offenen Zugang.

Bisweilen scheinen potentielle Leser vor der so reichlich vorhandenen Literatur über Rußland erst einmal zu kapitulieren, weil sie sich, wenn unvorbereitet und nicht vom Fach, von der Fülle der Information gleichsam erschlagen fühlen.

Das vorliegende Buch möchte nun demjenigen, der sich Rußland nähern will, eine etwas anders geartete erste Orientierungshilfe geben. Es versucht zu skizzieren, wie Rußland zu dem geworden ist, was es heute ist: seine Landesnatur und deren vielfältigen Einfluß; die großen Stränge und Hauptthemen der geschichtlichen Entwicklung und deren Fortwirken in der Gegenwart. Es nennt einige Tatsachen, die auch die Zukunft bestimmen könnten. Den Mittelpunkt der Darstellung bilden indessen die Denk- und Lebensweisen der Menschen des heutigen Rußland, ihr Selbstverständnis und ihr Verhältnis zum eigenen Land. Schließlich wird ihre Sicht von anderen Ländern und deren Menschen erwähnt, in erster Linie von Deutschland und den Deutschen. Es versucht also, die Kultur Rußlands anhand einiger ihrer Grundmuster und einiger ihrer Einzelerscheinungen verständlich zu machen.

Das Buch ist in erster Linie für eine fortlaufende Lektüre verfaßt. Da mancher Leser vielleicht lieber abschnittsweise vor- oder nachliest, werden in einzelnen Kapiteln ganz bewußt einige Fragestellungen und Aussagen wiederholt und in den jeweiligen Zusammenhang gestellt.

Hierbei wird das bewährte Verfahren der Fremddarstellung eingesetzt, d. h. der Darstellung durch einen Nichtrussen. Ein von außen Kommender nennt andere Themen und behandelt sie in anderer Weise als ein Russe. Der nichtrussische Autor setzt klare und plastische Konturen aus eben der Sicht, die der nichtrussische Leser zwangsläufig auch hat. Diese Sicht nimmt also gleichsam den Kulturschock vorweg und hilft dem Rußlandneuling, die auf ihn einstürmenden Erlebnisse und Situationen in einen größeren Rahmen einzuordnen und leichter zu verstehen. Ein Reiseführer will das Buch nicht sein, auch kein enzyklopädisches Nachschlagewerk.

Die Autorin dieses Buches ist vom Fach, daher ist ihr sehr wohl bewußt, daß mancher Leser ihre Darstellung Rußlands und seiner Menschen als unvollständig oder subjektiv betrachten wird. Trotzdem möchte sie das Buch so und nicht anders vorlegen. Konstruktive Kritik von seiten der Leser ist indessen stets hochwillkommen!

Heidelberg, im Frühjahr 1997

Vorwort zur zweiten Auflage

Das im Sommer 1997 erschienene Buch Kulturschock Rußland hat in der Tat das hochwillkommene Echo von Fachleuten und Laien, Deutschen und Russen hervorgerufen. Da war von Präzision und Informationsreichtum die Rede, von Vielseitigkeit und Übersichtlichkeit, von ausgewogenem Urteil. Da wurden Aha-Effekte und hitzige Diskussionen geschildert, die das Buch ausgelöst habe. Einige Anregungen habe ich gern bei der Neubearbeitung des Buches berücksichtigt. Besonders gefreut hat mich indessen die Aussage eines bedeutenden russischen Puškinwissenschaftlers, nach welcher der Kulturschock Rußland mit äußerster Objektivität und Unbestechlichkeit, gewissermaßen nicht durch, sondern für deutsche Augen geschrieben sei und gleichzeitig eine tiefe Sympathie für Rußland und seine Menschen ausdrücke. Dies vor allem ist soll auch das Motto für die zweite Auflage sein.

Rußland und seine Menschen verändern sich. Rußland und seine Menschen, ihr Denken, Fühlen und Verhalten bleiben sich unveränderlich gleich.

Heidelberg, im Sommer 1999 Barbara Löwe

Was ist eigentlich ein Kulturschock?

Vor einiger Zeit fragte ich einen russischen Gastdozenten, der drei Jahre in Deutschland gearbeitet hatte, wie er nun, gegen Ende seines Aufenthalts, seine Erfahrungen mit dem Kulturschock einordne, welche Phänomene für ihn im Vordergrund gestanden hätten, ob und wie sich seine Wahrnehmung dieser Phänomene im Laufe der drei Jahre verändert habe, ob sie sich von seiner aus Rußland mitgebrachten Meinung unterscheide. Er war verblüfft und antwortete etwas erschrocken: Aber wieso denn, das meiste in Deutschland hat mir doch sehr gut gefallen; nur ganz wenige Dinge finde ich negativ; aber schockiert war ich natürlich nie ...

Reaktionen dieser Art erlebe ich immer wieder, wenn ich - bei Russen in Deutschland oder bei Deutschen in Rußland - Fragen zu russisch-deutschen Begegnungen stelle. Offenbar liegt bisweilen noch das Mißverständnis vor, daß ein Kulturschock nur dann eintrete, wenn man glaubt, in einer anderen Kultur negativ zu beurteilende, schockierende Phänomene beobachtet zu haben, oder nicht willens ist, sich ihr anzupassen. Daher möchte ich vorweg einige Begriffe und ihre Verwendung vorstellen.

Kultur wird als die Gesamtheit aller Elemente verstanden, die das Leben der Angehörigen einer Gesellschaft „regeln". Anders ausgedrückt: Kultur ist all das, was man wissen, kennen, können und empfinden können muß, um sich in einer Gesellschaft erwartungsgemäß zu verhalten. Wieder andere definieren Kultur als die Summe der Gewohnheiten einer Gesellschaft.

Wer primär in eine Kultur hineingewachsen ist und ihr angehört, beherrscht ihre Regeln durchaus, ist sich ihrer aber nicht bewußt. Ebenso wie ein Benutzer einer Muttersprache sich frei darin bewegen kann, aber ihre Regeln keineswegs kennt - es sei denn, er habe sich damit beschäftigt.

Die ***Prägung*** durch die Kultur, in die wir primär hineingewachsen sind, ist unaufhebbar, ihre Spezifik wird immer unsere Wahrnehmung anderer Kulturen bestimmen. Sie ist für uns Standpunkt und fester Bezugsrahmen, die es uns überhaupt erst ermöglichen, andere Standpunkte und Bezugsrahmen wahrzunehmen. Eine späteres Hineinwachsen in eine zweite Kultur ist weitgehend ausgeschlossen, eine partielle Anpassung kann unter bestimmten Voraussetzungen möglich sein.

Beim ***Kontakt*** mit einer fremden Kultur, der sich unreflektiert vollzieht, werden die Phänomene der fremden Kultur - auch völlig unbewußt - nach den Regeln der eigenen Kultur wahrgenommen und interpretiert.

Nehmen wir, als Beispiel für interkulturelle Wahrnehmung, eine Kultur A und eine Kultur B. Angehörige von A haben eine bestimmte Vorstellung von A, Angehörige von B eine bestimmte Vorstellung von B. Weiterhin haben Angehörige von A aber auch bestimmte Vorstellungen von B, ebenso Angehörige von B bestimmte Vorstellungen von A - wobei die jeweiligen Vorstellungen weder mit der Realität noch mit den Vorstellungen des anderen übereinstimmen müssen. So kommt es also zu einer höchst komplizierten ***Überlagerung von Realität*** **-** wobei es auch durchaus strittig ist, von Realität zu sprechen, da es ja DIE Realität nicht gibt, sondern nur unterschiedliche

Wahrnehmungen von ihr –, von stereotypen Vorstellungen von der eigenen Kultur (Autostereotype) und von der fremden Kultur (Heterostereotype).

Bei der Aufnahme von Kontakten zwischen Angehörigen verschiedener Kulturen laufen bestimmte Prozesse ab, die wir eben ***Kulturschock*** nennen. Vor allem das erste Erleben einer fremden Kultur hat auf die psychische und physische Verfassung starke Auswirkungen: Am Anfang steht eine Phase des Hochs, der Begeisterung, der positiven Schau der neuen Welt. Darauf folgen der Absturz in Unsicherheit, das Gefühl der Verlorenheit, der Trennung von Gewohntem, der Verlust der Orientierung an vertrauten Verhaltensmustern und der funktionierenden Strategien zur Bewältigung von Lebenssituationen. In dieser Phase kann es zu tiefer Verstimmung, zum Gefühl des Versagens, zu physischem Unwohlsein und zu völliger Ablehnung der fremden Welt kommen. Danach vollzieht sich ein langsamer Aufstieg, der entweder eine Annahme zumindest eines Teils der neuen Umgebung mit sich bringt, oder zu einer verstärkten Identifikation mit der eigenen Kultur und/oder zu einer nicht aufhebbaren Ablehnung der fremden Kultur führt. Der Ablauf dieser einzelnen Phasen wird wegen seiner Form häufig mit dem Buchstaben U verglichen.

Alle Phasen dieses U-förmigen Kulturschocks hängen in ihren Details, ihrem zeitlichen Rahmen und ihrer Intensität von verschiedenen Faktoren ab. Hierzu zählen der Zweck des Kontakts bzw. der Reise; die Art der Kontakte (dienstlich oder privat, nur mit Taxifahreren und Kellnern oder persönliche Beziehungen); Aufenthalt in Hotelzimmern oder gemeinsames Wohnen mit Gastgebern; Grad der Sprachbeherrschung; Bequemlichkeit während der Reise; Einzelreise oder Reise in Familie oder Gruppe; Alter, Geschlecht und Ausbildung; Status des Reisenden u.ä.m. Große Bedeutung haben auch die Beziehungen zwischen der Kultur A und der Kultur B sowie die relative Position der jeweiligen Kultur auf der Weltbühne, die zu einem unbewußten Gefühl der Überlegenheit bzw. der Unterlegenheit führen können. So unterscheiden sich Aufenthalte eines Deutschen z. B. in England oder Frankreich grundsätzlich von denen in Nigeria oder Bangladesch.

Es gibt eine Fülle von kulturellen Phänomenen, die weltweit vorkommen, weil sie zu grundlegenen Elementen menschlichen Lebens gehören, wie die Begrüßung, die gemeinsamen Mahlzeiten, der Austausch von Nachrichten. Diese scheinbare Gemeinsamkeit führt dazu, daß viele Reisende sich hierbei in der anderen Kultur auf vertrautem Terrain zu bewegen glauben. Sie nehmen diese grundlegenden Elemente menschlichen Lebens nach den Regeln ihrer eigenen Kultur wahr und interpretieren sie entsprechend, ohne sich dessen bewußt zu sein, daß die Form, die Bedeutung sowie die Verteilung und Häufigkeit dieser Kulturelemente nicht mit denen der eigenen Kultur identisch sein müssen. Wer je in einem fremden Land sein gewohntes Frühstück vermißte, wird wissen, was damit gemeint ist, und selbst leicht andere Beispiele finden.

Nach einem längeren Aufenthalt in einer fremden Kultur bringt auch die erste Zeit nach der Rückkehr in die eigene Kultur einige Schwierigkeiten mit sich: die sogenannte Rückanpassung.

Bei interkulturellen Kontakten geht es also um ein außerordentlich dichtes Geflecht von Gesetzmäßigkeiten, das wir gewiß nicht entwirren können oder wollen. Wir können uns jedoch seine Komplexität bewußtmachen und dann recht geschickt auf seinen einzelnen Strängen herumklettern, ohne uns hoffnungslos zu verfangen oder abzustürzen. Voraussetzung dafür ist allerdings, daß wir offen sind für neue Ideen und Erfahrungen; die Fähigkeit besitzen - oder uns aneignen -, die Erscheinungen fremder Kulturen nicht von vornherein zu bewerten, sondern lediglich wahrzunehmen; und schließlich, daß wir bereit sind, andere Wertesysteme wahrzunehmen und sie, wie das eigene, in ihrer Relativität zu erkennen.

Wenn wir nun bei unseren interkulturellen Kontakten versuchen, die vielfältigen Geflechtsstränge im Blick zu haben, dann werden wir eine Differenzierung unseres Selbstbildes und unseres Fremdenbildes erleben, die uns bereichert und dazu beiträgt, zwischenmenschliche Probleme zu lösen. Das könnte nicht nur für unser privates, sondern auch für unser gesamtgesellschaftliches, möglicherweise auch unser politisches Verhalten gegenüber Russen und Rußland gelten.

Landesnatur

„Die Erkenntnis vom Einfluß der Natur
auf die Geschichte ist sehr alt.
Nur über das Ausmaß dieses Einflusses
sind die Ansichten seit jeher verschieden."
(*Günter Stökl,* österreichischer Historiker, 1990)

[redacted]

Rußland hat eine gewaltige ***Ausdehnung***. Von der Westgrenze bis zur Halbinsel Kamčatka sind es rund 9000 km - eine Strecke, die 10 Stunden Zeitunterschied umfaßt. Und wenn die Moskauer die Abendnachrichten anschauen und Feierabend machen, beginnt in Russisch-Fernost bereits der nächste Arbeitstag. Vom Nördlichen Eismeer bis zu den südlichen Grenzen sind es mehr als 3000 km mit enormen natürlichen Unterschieden. Auf dieser Fläche von mehr als 17 Millionen km² leben 147,2 Millionen Menschen (1998), 9 pro km². Zum Vergleich: die Strecke von Kiel nach Konstanz macht gerade einmal 750 km aus, die von Aachen nach Görlitz 600 km. Deutschland hat eine Fläche von rund 356 Tausend km², auf der mehr als 81 Millionen Einwohner leben, 228 pro km².

Der europäische Teil Rußlands besteht im wesentlichen aus ***Flachland,*** das lediglich im Süden von den Vorbergen des Kaukasus begrenzt wird. Das Uralgebirge, das nach gängiger Vorstellung Europa von Asien trennt, tatsächlich aber eher eine unauffällige Schwelle zwischen den beiden Erdteilen darstellt, ist im allgemeinen relativ niedrig, seine wenigen bedeutenderen Erhebungen erreichen nur eine Höhe von 1500 bis 1800 m. Daran schließen sich das Westsibirische Tiefland, die Mittelsibirische Hochebene und die etwas gebirgigeren Regionen Ostsibiriens und des Fernen Ostens an. Im Südosten erstreckt sich das Gebirgsmassiv des Altáj mit einigen Erhebungen um 4500 m.

Das ***Klima*** ist, von West nach Ost zunehmend, ausgeprägt kontinental, mit kurzen, warmen, relativ regenreichen Sommern und langen, kalten Wintern. Die Niederschlagsmenge nimmt von Westen nach Osten deutlich ab. Aufgrund der Rauheit des Klimas sind auf etwa 40% des Territoriums Dauerfrostböden verbreitet, die nur im Sommer kurz und oberflächlich auftauen. Eine Ausnahme bilden kleinere Regionen an der Schwarzmeerküste und im südlichen Fernost, wo gemäßigtes bis subtropisches Klima herrscht.

Dementsprechend kennt Rußland die verschiedensten ***Vegetationszonen*** - von der arktischen Eiswüste über die Tundra, die Taigá und den Mischwald bis hin zur Waldsteppe, zur Steppe und zur Wüste sowie zu einigen kleinen subtropischen Zonen. Auf die Waldzone entfallen mehr als 60%, auf Tundra, Sümpfe, Seen und Gebirge rund 25% des Territoriums.

Die großen ***Flüsse*** der osteuropäischen Tiefebene strömen von Norden nach Süden und Südosten (*Dnepr, Vólga, Don*), einige kleinere auch nach Norden und Nordwesten (z. B. *Vólchov, Nevá, Dviná/Düna),* wobei ihre Quellgebiete relativ nah beieinander liegen. Die großen Flüsse Sibiriens (*Ob', Eniséj, Léna*) fließen in das Nördliche Eismeer, also ebenfalls nach Norden, lediglich der *Amúr* in Russisch-Fernost ergießt sich nach Osten in das Ochótskische Meer. Alle Flüsse haben ein sehr geringes Gefälle, sie sind im Winter längere Zeit, in einigen Regionen mehrere Monate, zugefroren.

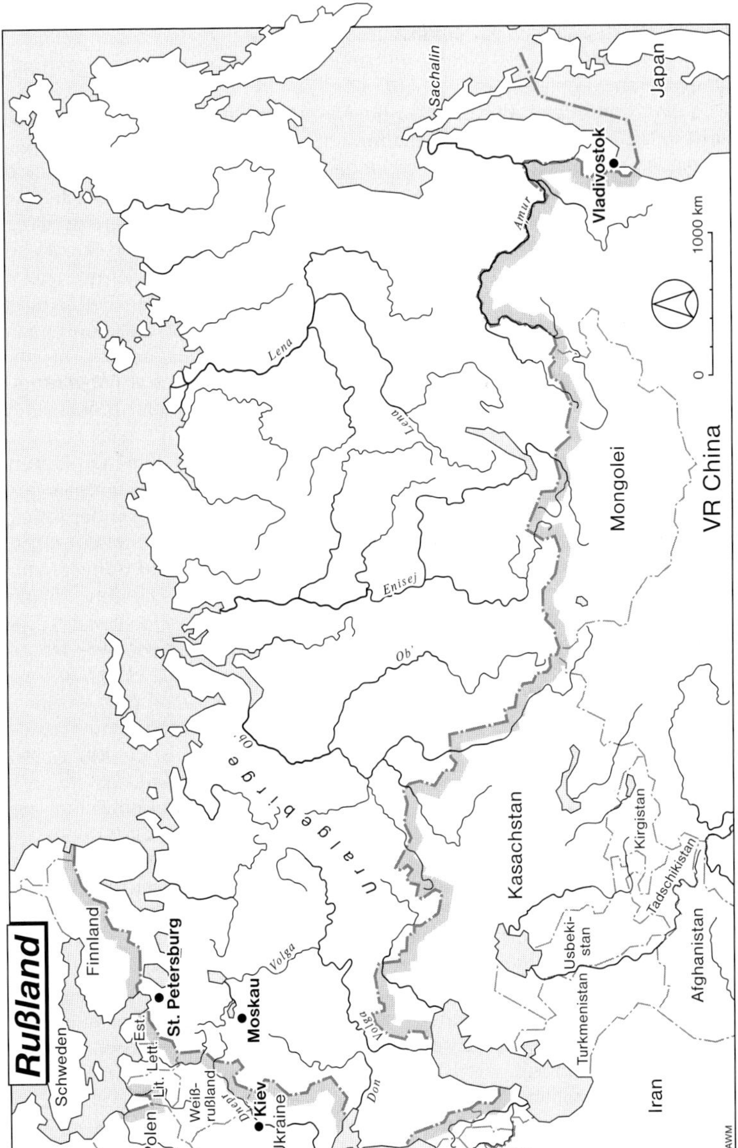
Rußland
Schweden
Finnland
Polen
Lit.
Lett.
Est.
St. Petersburg
Weiß-
rußland
Kiev
Ukraine
Dnepr
Moskau
Volga
Volga
Don
Uralgebirge
Ob
Ob'
Enisej
Lena
Lena
Amur
Sachalin
Vladivostok
Japan
Mongolei
VR China
Kasachstan
Kirgistan
Tadschikistan
Usbeki-
stan
Turkmenistan
Afghanistan
Iran
0
1000 km
IAWM

Diese geophysikalischen und klimatischen Gegebenheiten haben Rußland geprägt, in der geschichtlichen Vergangenheit und auch in der technisch moderneren Gegenwart.

So sind für Rußland Winter und Sommer die zentralen, wichtigen ***Jahreszeiten***. Die Russen lieben den ***Winter,*** sobald er seine volle Kraft entfaltet. Sie haben allerlei zärtliche Bezeichnungen für wunderbare, sonnige, leichte „Fröstchen" (so bis 10 Grad unter Null); die großen traditionellen Feste und die vielfältigsten Freizeitvergnügungen werden jetzt veranstaltet - im Freien. Der Winter ist nach wie vor die Zeit für großräumige Bewegungen über Land - seien sie friedlicher oder kriegerischer Natur - und zur Überquerung der ansonsten ein Hindernis bildenden, jetzt zugefrorenen großen Flüsse und ausgedehnten Sumpfgebiete. Der Winter ist aber auch die Zeit der kurzen Tage, der nicht enden wollenden einförmigen Gräue - bis in den Mai hinein. Das Frühjahr kommt in den westlicheren Regionen urplötzlich, läßt gleichzeitig alles und jedes - und jedermann? - geradezu rauschhaft grünen und blühen - es ist fast schon ein Sommer.

Der eigentliche ***Sommer,*** warm, sogar heiß und in den mittleren Breiten nicht selten feucht, ist zwar auch kurz - kaum mehr als drei Monate lang - dafür aber eine Zeit der Rückeroberung des einfachen Lebens in der Natur, der Ablehnung zivilisatorischer Bequemlichkeiten. Denn schon Ende August, bestimmt jedoch im September, ist in den mittleren Breiten der Sommer vorbei, in glücklichen Fällen gibt es einen Altweibersommer mit sehr kühlen Nächten oder sogar Nachtfrösten, sich färbendem Laub und recht milden Tagen. Danach wird der Herbst feucht, grau und düster, er läßt jeden wieder auf den Winter, den echten Winter hoffen.

Im sibirischen Teil Rußlands ist dieser Lauf der Jahreszeiten ganz entsprechend, aber alles vollzieht sich noch extremer. Die Gegensätze sind noch gewaltiger, gleichsam maßloser. Die winterliche Kälte, die über die Menschen herfällt und sie für sechs bis neun Monate gefangenhält, die Undurchdringlichkeit der riesigen Sümpfe, die Plage der riesigen Mückenschwärme, die Hitze mit ihren häufigen Waldbränden, und wieder der Frost ab September ...

Frühjahr und Herbst kennen außerdem ein besonderes, sehr einschneidendes Phänomen, die sogenannte ***Wegelosigkeit***. Durch das Tauwetter im Frühjahr und durch die herbstlichen Regenfälle werden die Böden und damit manche Landstraßen zu einer zähen, jede Fortbewegung erschwerenden oder unmöglich machenden Schlammasse. Diese Wegelosigkeit - besonders einprägsam geschildert in Lev Tolstójs Roman „Krieg und Frieden" und manchem Film - ist auch Napoleons Eroberungstruppen, wie anderen vor und nach ihnen, zum letzten Verhängnis geworden, als sie im Herbst 1812, von Moskau kommend, den Rückzug nach Westen antreten mußten. Die Soldaten der einstigen Grande Armée schleppten sich mühsam vorwärts, versackten im Schlamm und bildeten so ein leichtes Ziel für die sie begleitende, beobachtende und angreifende russische Kavallerie ... Und wenn der

Schlamm in der Sommerhitze trocknet, beschert er den russischen Ebenen den wirbelnden, in alles eindringenden Staub.

Die Weite des Landes, die nur wenig natürliche Hindernisse und Grenzen aufweist, hat die Menschen und ihr Lebensgefühl geprägt. Sie hat auch zu der gewaltigen Ausdehnung des Staates Rußland geführt.

Die Geschichte Rußlands begann in der Mitte seines europäischen Teils. Die generelle ***Nord-Süd-*** bzw. ***Süd-Nord-Ausrichtung der Flüsse*** und die hier vorherrschende ***Waldregion*** waren für die Entwicklung sehr bedeutsam. Die Flüsse ermöglichten innerhalb der kaum erschlossenen Waldregion die einfachste, rascheste und sicherste Fortbewegung. Die Nutzung dieser Wasserstraßen stand so eindeutig im Vordergrund, daß man dort, wo die Distanz zwischen zwei Flüssen und damit Flußsystemen relativ gering war - an den sogenannten *vóloki* -, die Schiffe mit Hilfe rollender Baumstämme über

Land schleppte. An solchen Schleppstellen entstand später manche Stadt, z. B. *Volokolámsk* am Fluß Larma etwa 100 km westlich von Moskau. Dieses Transportsystem verband vor allem die Flüsse *Vólchov und Dviná/Düna* mit dem *Dnepr* und auch der *Vólga*. Dadurch ergab sich schon früh der wechselseitige Kontakt zwischen dem skandinavischen Raum und der Ostsee, dem russischen Raum und dem Schwarzen Meer und Byzanz sowie dem Kaspischen Meer und dem Orient. Dementsprechend folgten Besiedlung, Handel und Wandel, kriegerische Auseinandersetzung und Staatenbildung über lange Zeit diesen Flüssen. Dementsprechend bestand auch ein jahrhundertelanges Bestreben in der russischen Politik, nicht nur Zugang zu den Meeren zu haben, sondern auch das Territorium Rußlands bis an ihre Ufer auszudehnen - was Anfang des 18. Jahrhunderts beim Finnischen Meerbusen und damit der Ostsee, Ende des 18. Jahrhunderts beim Schwarzen Meer gelungen ist.

Die Waldregion ist für Russen seit ihren geschichtlichen Anfängen vertrauter Lebensraum, mit dessen Gesetzen sie umzugehen wissen, in dem sie sich entfalten können. Gleichzeitig ist der Wald auch stets Rückzugs- und Schutzregion gewesen, u. a. vor den Gefahren der ***Steppe.*** Im historischen Bewußtsein von Russen - übrigens auch von vielen Völkern Mittel- und Westeuropas - sind die weiten asiatischen Steppen mit ihrer völlig anders gearteten Lebenswelt zwar als faszinierend, aber stets auch als fremd und bedrohlich empfunden worden. Diese Furcht entspringt dem alten Gegensatz zwischen den Kulturen angesiedelter, Ackerbau,Viehzucht und Städtebau treibender Völker und den Kulturen nomadisch lebender Völker, der über die Jahrhunderte, sogar Jahrtausende hinweg zu Mißverständnissen und Feindseligkeiten geführt hat. In Rußland hatte diese Furcht vor der Steppe wohl auch noch realere Gründe als in westlicheren Ländern, war es doch stets erstes Opfer der vielen, aus den asiatischen Steppen nach Westen drängenden nomadischen Eroberer, z. B der Hunnen, der Tataren-Mongolen. Es ist sicher kein Zufall, daß in einigen abendländischen Sprachen anstelle der korrekten Bezeichnung T<u>at</u>aren häufig die Bezeichnung Ta<u>rt</u>aren verwendet wird, ursprünglich wohl in Anlehnung an das griechische Wort für Hölle, *tártaros*, wodurch die Tataren als eine Ausgeburt der Hölle charakterisiert werden. Wohl ebensowenig zufällig ist die russische Redewendung entstanden, nach der ein ungebetener Gast schlimmer sei als ein Tatar ... So verwundert es kaum, daß Rußland bei seiner territorialen Ausdehnung die vergleichsweise unwirtlichen Wald- und Eisregionen Sibiriens sehr viel früher erobert und erschlossen und das Ochotskische Meer und damit den Pazifik erreicht hat (um die Mitte des 17. Jahrhunderts), als es ihm gelungen ist, die offenen Steppenregionen und die Wüstenregionen Mittelalasiens mit ihren Hochkulturen zu erobern (in der 2. Hälfte des 19. Jahrhunderts).

Vergangenheit und Gegenwart

Peter I., der Eherne Reiter (KW)

„Wenn man heute etwas liest, soll es kurz sein,
so kurz wie möglich, und vom Heutigen handeln.
Aber jeder Moment unserer Geschichte,
auch der heutige, ist nur ein Punkt auf ihrer Achse.
Und wenn wir mögliche und richtige Richtungen
für einen Ausweg aus der gegenwärtigen
bedrohlichen Not herausfinden wollen, dann dürfen
wir die vielen Fehler unserer früheren Geschichte
nicht außer acht lassen, die uns auch in die heutige
Lage hineingestoßen haben."
„Ein historischer Überblick ist unvermeidlich,
und wir müssen sogar weit ausholen."
Aleksándr Solženicyn [2)]

Vorbemerkungen

Nur der Mensch und menschliche Gesellschaften haben ***Geschichte***; erforschen, erfahren, erleiden Geschichte; versuchen, aus Geschichte zu lernen und Schlüsse für weiteres Handeln zu ziehen. Wer die Gegenwart eines Landes darstellen wollte, ohne auch dessen Geschichte einzubeziehen, bliebe orientierungslos auf unsicherem Grund.

Geschichtliche Ereignisse und Prozesse - weit zurückliegende ebenso wie jüngere - prägen das kollektive Bewußtsein einer Gesellschaft, auch wenn der Einzelne diese Ereignisse und Prozesse nicht kennt, sie nicht zu benennen weiß.

Wer von außen kommend die kulturelle Identität einer Gesellschaft kennenlernen möchte, kann nicht einfach das kollektive historische Bewußtsein dieser Gesellschaft übernehmen - dazu müßte er dort seine primäre Prägung erfahren haben; er muß vielmehr versuchen, wesentliche Teile dieses Bewußtseins gleichsam nachzulernen. Dabei wird er natürlich eine Auswahl treffen und sich erst einmal auf einige modellhafte Punkte beschränken.

Die ***Geschichte Rußlands*** wird unterschiedlich dargestellt, je nachdem, von wem, wann, wo und warum über sie geschrieben wurde bzw. wird. Vielleicht mehr als bei anderen Ländern wird deutlich, wie stark der Blickwinkel der Betrachter zeit- und ortsgebunden ist und den historischen Denkmustern der jeweiligen Epoche folgt. Einige dieser unterschiedlichen Blickwinkel seien aufgeführt, exemplarisch für das jeweilige Selbstverständnis Rußlands und den Blick auf Rußland von außen:

Zeitraum, Territorium und Staatsbenennung: Manche ältere Arbeiten, vor allem aus westlichen Ländern, beschränkten sich auf einige wenige Ereignisse des Mittelalters und der beginnenden Neuzeit, um erst mit der Zeit um 1700 zu einer größeren Ausführlichkeit zu gelangen. Das hing damit zusammen, daß der erste russische Staat nach dem Mittelalter für Jahrhunderte gleichsam aus dem europäischen Bewußtsein verschwunden war und erst mit der sogenannten Europäisierung des Landes wieder deutlich wahrgenommen wurde. Jüngere Gesamtdarstellungen verfahren meistens zeitdeckend. Sowjetrussische Darstellungen wiederum bearbeiteten unter dem Titel „Geschichte der UdSSR" den Zeitraum von den frühesten menschlichen Ansiedlungen bis hin zu den jüngsten Parteitagen, dabei erfaßten sie das Gesamtterritorium des Staates, also auch die erst im 19. oder 20. Jahrhundert Rußland und der Sowjetunion eingegliederten nichtrussischen Regionen. Eine westliche „Geschichte der UdSSR" berücksichtigt stets nur die Jahrzehnte der Existenz dieses Staates, d. h die Zeit von 1917 bzw. 1922 bis 1992, frühere Jahrhunderte werden (ebenso wie die letzten Jahre) unter der Bezeichnung "Geschichte Rußlands" oder "Russische Geschichte" o. ä. beschrieben. Nachsowjetische Arbeiten verfahren ebenso.

Die Einteilung der geschichtlichen Epochen: Während vorrevolutionäre russische und westliche Gesamtdarstellungen eher von der politisch-historischen Entwicklung des Staates und von großen Einzelpersönlichkeiten ausgehen, orientieren sich sowjetische Arbeiten vornehmlich an der marxistisch verstandenen Geschichte der sozialen Strukturen und des Klassenkampfes. Nachsowjetische historische Arbeiten scheinen bei der Einteilung der geschichtlichen Epochen den vorrevolutionären oder den westlichen Traditionen zu folgen. [3)]

Die Bewertung historischer Ereignisse und Prozesse ist stark beeinflußt von einer in Rußland latent immer vorhandenen Fragestellung, die Ende des 18., vor allem aber mit dem 19. Jahrhundert zu einer grundsätzlichen Auseinandersetzung wurde: Ist Rußland etwas ganz Eigenes mit besonderen Werten, oder ist es ein Teil des Westens? Oder ist es beides? Welche Rolle hat es in der Geschichte? Wie will es sich weiterhin entwickeln und woran will es sich künftig orientieren? Die Verfechter eines besonderen russischen Wesens und Weges nannten sich *Slavophile*, die des (auch) westlich orientierten Denkens und Handelns *Westler*. Diese Fragestellung ist nie endgültig beantwortet worden. Sie ist im Prinzip bis heute offen und führt zu mancherlei Orientierungswechseln in der russischen Politik, auch wenn die Begriffe des 19. Jahrhunderts hierfür nicht mehr verwendet werden.

Diese Auseinandersetzung hat dazu geführt, daß sowohl weit zurückliegende als auch jüngere und jüngste Gegebenheiten, Ereignisse oder Prozesse kontrovers behandelt werden, je nach zeitlicher, räumlicher oder weltanschaulicher Zugehörigkeit des Autors. Hierzu einige Beispiele:

Die Urheimat der slavischen Völkergruppe liegt wahrscheinlich im Gebiet der Pripjat'-Sümpfe, in der Nordukraine, in Nordvolhynien und im nördlichen Don-Gebiet, wo sie im Rahmen der großen Völkerwanderung um das 6. Jahrhundert historisch in Erscheinung traten. In den nachfolgenden 200 Jahren vollzog sich ihre Ausbreitung nach Westen, auf den Balkan und nach Osten, damit verbunden war ihre immer stärkere Differenzierung, als deren Ergebnis eine Aufgliederung in drei Gruppen stattfand: die Westslaven (vor allem Polen, Tschechen, Sorben), die Südslaven (vor allem Bulgaren, Serben, Kroaten, Slovenen) und, was im vorliegenden Zusammenhang im Vordergrund steht, die *Ostslaven* (Russen, später Großrussen, Ukrainer und Weißrussen). Wo die Urheimat der Slaven nun genau anzunehmen ist und vor allem wie groß die ***Ausdehnung des ostslavischen Siedlungsgebiets*** war, ist bis heute umstritten. Diese Frage mag in der Gegenwart einigermaßen überholt und unwichtig erscheinen; für Vertreter unterschiedlicher politisch-historischer Standpunkte ist sie jedoch nach wie vor bestimmend, wenn spätere Entwicklungen begründet oder gerechtfertigt werden sollen. So gehen russische und sowjetische Autoren von einem größeren ostslavischen Siedlungsraum aus, der sozusagen die natürliche Grundlage für spätere Gebietsvergrößerungen von seiten des russischen Staates gewesen sei. Nichtrussische, vor allem westliche Autoren nehmen einen kleineren Siedlungsraum der Ostslaven an und charakterisieren daher die Gebietserweiterungen des russischen Staates nicht als einen natürlichen Prozeß, sondern als das Ergebnis von machtorientierten Eroberungen.

In slavophil orientierten - übrigens auch sowjetischen - Darstellungen hat die Stadt ***Nóvgorod*** eine rein russisch bestimmte Geschichte und war im Mittelalter so bedeutend, daß sich sogar eine so einflußreiche mittelalterliche Handelsorganisation wie die *Hanse* darum bemühte, mit ihr in Beziehungen zu treten. Westliche und westlerische Beschreibungen bezeichnen Novgorod, neben west-, mittel- und nordeuropäischen Städten, als Hansestadt, womit ihre damalige große Bedeutung gewissermaßen in westliche Strukturen eingebunden wird.

Peter I., der Große, der um 1700 Rußland zu reformieren versuchte und dabei vielfach auf westliche Muster zurückgriff, wird völlig unterschiedlich charakterisiert. Die einen sehen in ihm den großen Staatsmann, der das „Fenster nach Europa aufgestoßen" habe; sie nennen ihn entsprechend emphatisch den Schöpfer eines europäisierten Rußland; andere bezeichnen ihn etwas neutraler als den Organisator einiger Modernisierungen und Reformen, dem entgegengesetzt verurteilen ihn dritte als den Herrscher, der eine gefährliche geistige, moralische und soziale Spaltung des russischen Staates und seiner Gesellschaft heraufbeschworen habe.

Für slavophil orientierte Menschen in Rußland hat ***Michaíl Gorbačëv*** als politischer Führer in den späten 1980er und den beginnenden 1990er Jahren mit *glásnost'* und *perestrojka* sowohl den Zusammenbruch des sowjetischen Sozialismus verursacht als auch den Totengräber der Sowjetunion und ihrer Großmachtstellung gespielt. Für westlerisch denkende Menschen ist Gorbačëv ein bedeutender Reformer, der die längst fällige Auflösung des Kolonialstaats Sowjetunion ermöglichte und Rußland in die Familie der zivilisierten Länder des Westens zurückführte.

Die genannten Beispiele stellen nur eine kleine Auswahl dar. Trotzdem können sie vielleicht das erwähnte Grundmuster erhellen, dem die kontroverse Geschichtsdarstellung auch in anderen Kontexten folgt: ist Rußland einer der vielen Bestandteile des Westens und seiner Gesamtentwicklung oder von eigener, anderer Art? Nach wie vor fällt die Antwort auf diese Frage unterschiedlich aus, sowohl im Westen als auch in Rußland selbst. Stets jedoch beansprucht Rußland für sich eine besondere Rolle (oder Sonderrolle) in der Geschichte und reagiert bei einer tatsächlichen oder vermuteten Mißachtung derselben sehr empfindlich und gekränkt.

Die Kiever Rus'

(Mitte 9. bis Mitte 13. Jahrhundert)

Die „Begründung"

Um die Mitte des 9. Jahrhunderts n. Chr. entstand entlang den Flußläufen von Dviná/Düna und Dnepr und im Gebiet um den Ilmensee ein Staat, der als *Kiever Rus'* (manchmal auch Kiever Rußland oder Altrussischer Staat) bezeichnet wird.

Die *„Erzählung der vergangenen Jahre" (Póvest' vremenných let)*, die als **Nestorchronik** des Kiever Höhlenklosters berühmt wurde, enthielt eine legendenhafte und sehr poetische Schilderung der „Begründung" dieses Staates der slavischen Stämme im Jahre 859: *„... es erhob sich Stamm wider Stamm, und Zwistigkeiten waren unter ihnen, und sie huben an, selbst einander zu bekriegen. Und sie sprachen bei sich: „Lasset uns einen Fürsten suchen, welcher uns regiere und gerecht richte." Und sie gingen übers Meer zu den Warägern, zu den Rus ... und sprachen zu den Rus: „Unser Land ist groß und reich, aber es ist keine Ordnung darinnen. Kommt, über uns als Fürsten zu walten und zu herrschen."* [4]

Die Chronik berichtete weiter, daß der skandinavische *Varägerfürst* **Rjúrik** mit seinen Mannen der Bitte gefolgt sei und von *Nóvgorod* (862), später von *Kíev* (882) aus über den neuen slavischen Staat geherrscht habe. Diese Begründungsgeschichte wurde mit dem ausgehenden 18. Jahrhundert zu einem der heiß und kontrovers diskutierten historischen Themen: die *Normannisten* - von Normannen, wie die schwedischen Varäger auch genannt werden - folgten dem Gedanken der normannischen Herrschaft über die slavischen Stämme, die *Antinormannisten* lehnten die Berufungsgeschichte als reine Legende ab. Letztlich ging es bei diesem Streit aber nicht um nebensächliche Berufungsdetails, sondern um die für das russische Selbstverständnis wichtige Frage, ob nämlich *Germanen oder Slaven* den ersten Staat auf russischem Boden gegründet haben und ob darüber hinaus der Name ihres Landes von dem eines fremden Volkes herrührt.

Heute geht man im allgemeinen davon aus, daß die Kiever Rus' nicht „begründet" wurde, sondern daß ihre anfangs fließenden Grenzen und Strukturen sich im Laufe des 9. und 10. Jahrhunderts allmählich zu einem staatlichen Gefüge festigten, woran eine ganze Reihe von Elementen mitgewirkt hat. Die Herrschaft einer Dynastie varägischen Ursprungs ist zwar eine historische Realität - die Rjurikiden waren bis Ende des 16. Jahrhunderts an der Macht -, für die Staatsbildung waren die Varäger jedoch nur eine historische Kraft unter mehreren. *„Die russische Geschichte allein durch die Varäger ist ebenso eine Fiktion wie die russische Geschichte ohne Varäger."* [5] [6] Der Name *Rus'* entstand wahrscheinlich aus einer ähnlich lautenden Bezeichnung für die im slavisch-osteuropäischen Raum lebenden schwedischen Varäger, die später auch für die dortige slavische Bevölkerung verwendet wurde.

Die Kiever Rus' entstand an der Handelsroute entlang der Flußsysteme von der Ostsee zum Schwarzen Meer, die so bedeutend war, daß sie einen eigenen Namen bekam: ***Großer Handelsweg aus dem Varägerland nach Griechenland***. Wer den südlichen Teil dieses Handelsweges benutzen und mit „Griechenland", d. h. dem Byzantinischen oder Oströmischen Reich, also dem griechisch-orientalischen Teil des Römischen Reiches, Kontakt unterhalten wollte, mußte das Waldgebiet verlassen und die Steppe und manche der steppenbeherrschenden Stämme bezwingen. Diese friedlichen und kriegerischen Vorstöße wurden denn auch zu einem zentralen Thema der Kiever Herrschaft. Sie führten auch zum Anschluß an die byzantinisch-christliche Kulturwelt.

Christentum und Taufe

Die heidnische Rus' kam mit verschiedenen Religionen in Kontakt, dem Islam, dem Judentum und nicht zuletzt dem Christentum.

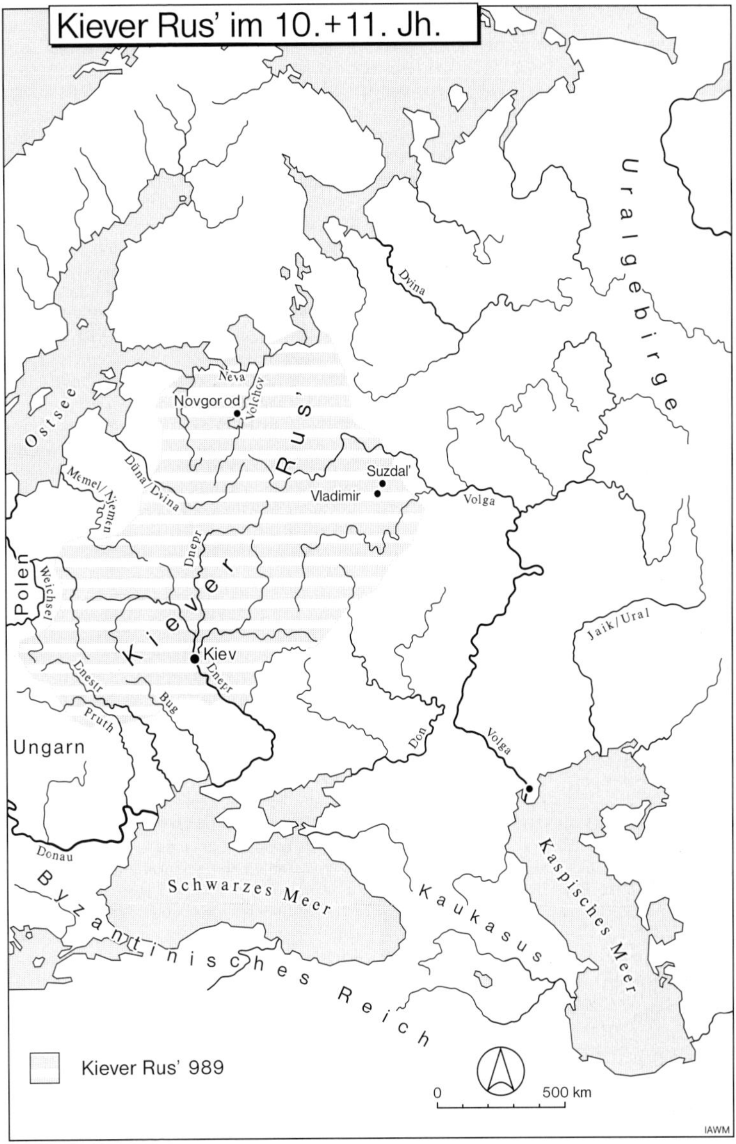
Kiever Rus' im 10.+11. Jh.
Uralgebirge
Dvina
Neva
Volchov
Novgorod
Ostsee
Rus'
Suzdal'
Vladimir
Volga
Memel/Njemen
Düna/Dvina
Dnepr
Polen
Weichsel
Kiever
Kiev
Jaik/Ural
Dnestr
Dnepr
Bug
Pruth
Ungarn
Volga
Don
Donau
Kaspisches Meer
Schwarzes Meer
Kaukasus
Byzantinisches Reich
Kiever Rus' 989
0
500 km
IAWM

So übten um die Mitte des 9. Jahrhunderts die „Slavenapostel" ***Kyríllos und Methódios*** - griechische Brüder aus Saloniki, einer Stadt, in der damals Griechisch und Bulgarisch gesprochen wurde - im slavischen Raum eine rege Missionstätigkeit aus: Sie übersetzten liturgische und pastorale Texte und entwickelten hierfür aus ihrem Heimatdialekt die später Altkirchenslavisch genannte Sprache, aus der dann die Kirchenslavisch genannte Sakral- und Literatursprache der orthodoxen Slaven entstand. Sie schufen hierfür auch ein graphisches System (*glagólica*); unter Verwendung dieses Systems und von Teilen der griechischen Schriftzeichen wurde dann die ***Kyríllische Schrift*** entwickelt.

Außerdem kam es zu wiederholten Kontakten mit der Kirche in Rom, entweder direkt oder auf Umwegen, z. B. über (den deutschen König und) Kaiser *Otto I.* oder über die Missionare, die aus anderen bereits christlichen Ländern und Regionenen nach Kiev gekommen waren.

Aufgrund der geographischen Nähe und der regen Handelskontakte bestanden die intensivsten Kontakte indessen mit Byzanz, so daß die Annäherung an die dortige Gestalt des Christentums in jedwedem Sinne am nächsten lag. Taufen von Herrschern und damit ihrer Reiche entsprachen außerdem dem Geist jener Zeit, so daß die schließliche ***Taufe der Kiever Bevölkerung*** unter dem Großfürsten ***Vladímir dem Heiligen*** im Jahre ***988*** der Rus' zum Status eines angesehenen, gleichrangigen und gleichartigen Mitglieds in der christlich-abendländischen Völkerfamilie des Hochmittelalters verhalf. Die Kiever Hauptstraße heißt nach wie vor *„Kreščátik"* - „Taufstraße": eine sprachliche Erinnerung an den Taufakt.

Die Übernahme des Christentums eben von Byzanz - und nicht von Rom - hatte übrigens große Bedeutung für die weitere Entwicklung der Kiever Rus' und des späteren Rußland. Denn die ursprüngliche Einheit des Christentums wurde anfangs latent, dann manifest von innerkirchlichen und politisch-staatlichen Spannungen geschwächt. ***1054*** kam es schließlich zum ***Schisma***, zum Bruch dieser Einheit, und zur Herausbildung des abendländischen, auf Rom orientierten, katholischen Christentums auf der einen Seite und des überwiegend auf Byzanz orientierten, orthodoxen morgenländischen Christentums auf der anderen Seite. Die wachsenden Differenzen zwischen der katholischen und der orthodoxen Kirche, die unterschiedlichen politischen Interessen und auch der Gebrauch der lateinischen Schrift in den katholischen, der kyrillischen Schrift in den orthodoxen slavischen Ländern führten im Laufe der Jahrhunderte zu einem deutlichen Auseinanderdriften der katholischen und der orthodoxen Welt. Die Wirkungen dieses Auseinanderdriftens sind erhalten geblieben, auch im achristlich oder antichristlich geprägten 20. Jahrhundert.

Verkündigung,
Novgoroder Schule, 12. Jh.

Blütezeit

Die christliche Kiever Rus' wurde zu einem blühenden, wohlhabenden, kulturell und zivilisatorisch hochstehenden Staat. ***Kíev, „die Mutter der russischen Städte"***, eine der größten Städte des damaligen Europa, beherbergte Kirchen und Klöster, Kunst und Handwerk, Handel und Wandel. Es unterhielt lebhafte Kontakte zu vielen Ländern, von wirtschaftlichen und politischen über kulturelle und diplomatische bis hin zu dynastischen: Heiraten mit Angehörigen fast aller europäischen Fürstenhäuser waren üblich.

Großfürst ***Jarosláv der Weise*** (1019-1054) schuf die erste Kodifikation des russischen Rechts („*Rússkaja Právda*"), die überaus fortschrittliche Elemente enthielt, z. B. Geldstrafe statt Blutrache, sein Enkel ***Vladímir Monomách*** (1113-1125) verfaßte eine „*Belehrung*" für seine Söhne, in der er gerechte Rechtsprechung und Milde als höchste Tugenden für das schwere Fürstenamt anmahnte. Und wer heute auf die bisweilen drückende Last eines verantwortungsvollen Amtes hinweisen will, greift zu einem Sprichwort, das auf jene Zeit zurückverweist: „*Ach, wie schwer ist sie doch, die Krone des Monomách ...*" (Die „Krone" hat übrigens die Form einer ***šápka,*** einer Pelzmütze.) [7)]

Niedergang

Die Kiever Rus' war kein Einheitsstaat, sondern bestand aus mehreren größeren und kleineren ***Stadtstaaten und Fürstentümern*** (Groß-Nóvgorod, Smolénsk, Volhýnien und Gálič, Vladímir-Súzdal', Rjazán' u. a.). Die Städte waren durchaus eigenständige Zentren, mit politischem, wirtschaftlichem und kulturellem Gewicht. Der Herrscher des bedeutendsten Fürstentums oder die stärkste Herrscherpersönlichkeit wurde jeweils zum Großfürsten von Kiev und damit zum *primus inter pares*, zum Ersten unter Gleichen, bestimmt. Mit diesem Prinzip konkurrierte eine in den einzelnen Fürstentümern und schließlich auch für den Großfürstenthron geltende Erbfolgeregelung aufgrund des Seniorats: der jeweils Älteste der (groß)fürstlichen Verwandtschaft sollte Nachfolger werden. Dieses System brachte naturgemäß eine Fülle von Streitigkeiten und kriegerischen Auseinandersetzungen innerhalb und zwischen den Fürstentümern mit sich. Manchmal wehrten sich auch die Volksversammlungen der alten Städte *(véče)* gegen einen neuen Fürsten und beriefen selbst einen anderen.

Diese allmählich chaotisch werdenden Machtverhältnisse führten zu einem ***Niedergang der Wirtschafts- und Handelstätigkeit,*** zumal Kiev mehr und mehr an Bedeutung verlor: die Kreuzzüge hatten neue Handelswege in den Orient erschlossen und die Wasserstraßen der Rus' international überflüssig gemacht. Da eine starke Zentralmacht fehlte, zogen es einzelne Fürstentümer vor, die Interessen der Rus' als ganzer zu vernachlässigen und in Wirtschaft, Politik und Kultur nur noch eigene Wege zu gehen. Außerdem begann ein Teil der verunsicherten Bevölkerung, in andere Regionen abzuwandern und vor allem in der nordöstlich gelegenen Waldregion Neuland zu erschließen. Nun erwies sich die Rus' auch gegenüber äußeren Feinden als geschwächt oder sogar hilflos.

„*Das Lied von der Heerfahrt Igors*" [8)], eine Art Heldenepos über jene Zeit, enthielt denn auch die leidenschaftliche Anklage, daß Uneinigkeit und Bruderzwist den Untergang bedeuteten. Das „Igorlied" wurde berühmt. Bis heute wird es zitiert, wenn staatsgefährdende Zwietracht angeprangert werden soll.

Mongolensturm

Die größte äußere Gefahr für Rußland ging, wie seit Jahrhunderten, von der Steppe aus. Immer wieder waren nomadisierende Völker mit ihren Reiterheeren aus den Weiten Asiens durch die sogenannte Völkerpforte zwischen Ural und Kaspischem Meer nach Westen vorgedrungen, manche bis nach Mittel- und Westeuropa, einige hatten eigene Reiche gegründet, andere waren wieder verschwunden. Der ***Mongoleneinfall von 1237 bis 1242*** allerdings hatte eine Größenordnung, die im gesamten östlichen Europa, vor allem aber in Rußland zu völlig neuen Gegebenheiten führte.

Der Mongolenherrscher ***Čingis Chán*** und seine Nachkommen hatten seit Anfang des 13. Jahrhunderts aus kleinen Anfängen durch Eroberungen ein riesiges, durchorganisiertes, zentralisiertes Staatswesen geschaffen, das weite Teile Chinas und Zentralasiens umfaßte und nun mit Kriegszügen weiter nach Westen, bis nach Polen, Schlesien, Böhmen und Ungarn vordrang. Der Widerstand dieser Länder hätte den Ansturm nicht bremsen können, wenn sie nicht das Glück gehabt hätten, daß die Eroberer wegen innenpolitischer Entwicklungen die Feldzüge abbrechen mußten. Die Rus' jedoch wurde erobert, ihr traditionelles Zentrum ***Kiev im Jahre 1240 zerstört*** – ein symbolhafter Vorgang: Die knapp 400jährige Epoche der Kiever Rus' mit ihrer weitgehenden politischen, wirtschaftlichen und kulturellen Einheit in der Vielheit war zu Ende.

Der Moskauer Staat

(ca. 1300 bis ca. 1700)

Die Zeit der unmittelbaren Tatarenherrschaft

Zur Erleichterung seien einige terminologische Hinweise gegeben: *Tatár* hieß einer der mongolischen Stämme in der östlichen Mongolei zur Zeit Čingis Cháns, in manchen Quellen wurden alle Mongolen so bezeichnet; diese wiederum waren bereits während der Eroberungen des 13. Jahrhunderts längst nicht mehr ausschließlich mongolisch, sondern hatten große Anteile aus Turkvölkern aufgenommen. Für die mongolisch-tatarischen Eroberungen und die Herrschaft in den eroberten Ländern haben sich mehrere Bezeichnungen durchgesetzt: Mongolensturm, mongolisch-tatarische Herrschaft, Tatarenherrschaft, Tatarenjoch, später auch, für den Bereich der Rus', Reich der Goldenen Horde, Joch der Horde u. a.

In der zweiten Hälfte des 13. Jahrhunderts erstreckte sich der ***Mongolische Staat*** vom Gelben bis zum Schwarzen Meer, er umfaßte nicht nur die Mongolei, China und Korea, sondern auch Kirgisien, Turkestan, Afghanistan, Persien und die angrenzenden Regionen bis zum Euphrat, weite Teile Kleinasiens und das gesamte Territorium der Rus'.

Das Mongolische Reich war, von den Lebensgesetzen der Steppe ausgehend, ein kulturell und zivilisatorisch hochentwickeltes Staatswesen. Es galt, der *pax romana* vergleichbar, die *pax mongolica,* eine durch rechtliche und ethische Normen gesicherte Ordnung; es gab ein vorzüglich organisiertes Kommunikationssystem, eine funktionierende Finanzverwaltung und ein hocheffizientes Militärwesen. Nicht umsonst sind viele diesbezügliche Begriffe aus der Sprache der Beherrscher in die russische Sprache eingegangen, z. B. *čin* (Amt, Rang), *kazná* (Staatskasse), *továr* (Ware), *dén'gi* (Geld), *jam* (Pferdepoststation). Nach Eroberung und Zerstörung der für Steppenbewohner wertlosen Kulturgüter, teilweise auch der Städte, bestand die tatarische Oberhoheit im allgemeinen aus einer Tributherrschaft, tatarische Ansiedlungen waren damals die Ausnahme. Die Tributherrschaft wurde allerdings oft mit brutalen Mitteln durchgesetzt, sie war für die Tributpflichtigen ruinös.

Mit der Einverleibung verschiedener östlicher Gesellschaften entwickelten sich im Mongolischen Großreich und vor allem in seinen Nachfolgestaaten eine ***übermächtige Bürokratie,*** eine unüberbrückbare Kluft zwischen Oben und Unten, eine eklatante Mißachtung der Interessen des Einzelnen – Phänomene, die in Rußland bis in die Gegenwart erhalten geblieben sind.

Das ursprünglich als Einheit konzipierte riesige mongolische Staatswesen teilte sich nach und nach in einzelne Herrschaftsbereiche bzw. Staaten auf. Die Rus' gehörte zum Bereich der ***Goldenen Horde***, deren „Hauptstadt“ und Verwaltungszentrum sich in *Saráj* an der unteren Volga befand.

Für einige Regionen der ehemaligen Kiever Rus', die am Rande der unmittelbaren Herrschaft der Goldenen Horde lagen, begann eine eigene Entwicklung. ***Gálič und Volhynien*** (später Galizien-Wolhynien) im Südwesten versuchten anfangs aktiven Widerstand, kamen dann im Laufe der Geschichte in den Einfluß- oder Herrschaftsbereich des erstarkenden polnisch-litauischen Staates und damit auch unter katholisch-westlichen Einfluß. Teile dieses Gebiets, zeitweise auch die Stadt Kiev, verschwanden gleichsam für rund 400 Jahre aus der eigentlichen russischen Geschichte. Durch diese Gegebenheiten kam es mit der Zeit zu einer Ausdifferenzierung einer eigenen *weißrussischen* und vor allem einer eigenen *ukrainischen* kulturellen und nationalen Identität gegenüber der *großrussischen* (zu deren Zentrum Moskau und der nachmalige Moskauer Staat wurde).

Die Stadt und das riesige Gebiet ***Groß-Nóvgorod*** im Nordwesten nahmen eine andere Entwicklung. In dieser Region waren schon seit Jahrzehnten die Westausdehnung der Rus' und die Ostausdehnung Schwedens sowie des *Deutschen Ordens* (jenes geistlichen Ritterordens, der im Gefolge des mittelalterlichen Kreuzzugsgedankens missionierend, kolonisierend und herrschaftsbegründend nach Nordosteuropa vordrang) aufeinandergestoßen. Im Jahre 1240 wehrte ***Aleksándr Névskij***, Fürst von Novgorod und Großfürst von Vladímir, in einer Schlacht auf dem Ufer der *Nevá* einen großen schwedischen Angriff ab (daher der Beiname *Névskij)*, 1242 besiegte er in der „Eisschlacht auf dem Peipussee" den Deutschen Orden.

Damit war für Jahrhunderte die russische Nordwestgrenze festgelegt. Für die spätere Geschichtsschreibung, bis in die Gegenwart des 20. Jahrhunderts hinein, wurde *Aleksándr Névskij* zum vielzitierten und vielbenutzten Symbol des erfolgreichen Kampfes gegen den westlichen, vor allem deutschen, „Drang nach Osten". Die russisch-orthodoxe Kirche sprach ihn heilig, weil er mit seinen Siegen auch die Ausbreitung des Katholizismus in den orthodoxen Raum verhindert hat.

Aleksándr Névskij wurde aber auch zum Symbol des geschickten und erfolgreichen ***Umgangs mit der Tatarenherrschaft vermittels Verhandlungen.*** Novgorod war eine der wenigen Städte der Rus', die im Mongolensturm nicht zerstört worden waren, ihre Einbindung in die tatarische Tributherrschaft war lockerer, so daß sie ihre bisher schon eigenständige Entwicklung fortführen konnte. Novgorod hatte ein starkes Stadtparlament, das *véce,* das die wichtigen politischen und wirtschaftlichen Entscheidungen traf. Seine vielfältigen Beziehungen zu Mittel- und Westeuropa waren seit jeher intensiver als die der übrigen Rus', was unter anderem in den engen vertraglichen Bindungen mit der Handelsorganisation der *Hanse* zum Ausdruck kam. Jahrhundertelang gab es in Novgorod Kontore ausländischer Kaufleute. Novgorod war auch an der Erschließung und Kolonisation des Nordens des heutigen Rußland und später am russischen Vordringen in den asiatischen Raum wesentlich beteiligt.

Novgorod konnte diese blühende Entwicklung über mehr als zwei Jahrhunderte weiterführen, geriet dadurch aber auch mehr und mehr in ***Gegensatz zu dem wachsenden Moskauer Zentralstaat,*** der die Eigenart und die Eigenständigkeit Novgorods nicht duldete und es nach mehreren Anläufen Ende des 15. Jahrhunderts zur ***vollständigen Unterwerfung*** zwang. Die Hanse-Kontore wurden geschlossen, die *véče*-Glocke, Symbol der Novgoroder Selbstverwaltung und Entscheidungsfreiheit, wurde nach Moskau überführt. Hierbei wurden zum ersten Mal systematisch ganze Bevölkerungen umgesiedelt: die Novgoroder mußten sich in der Regel in entlegenen Gebieten niederlassen, an ihre Stelle traten Bewohner Moskaus. (Dieses „politische" Mittel setzte der Staat immer wieder ein, auch in unserem Jahrhundert.) Eine entwickelte und weltoffene Region des Landes war ein für allemal zur Provinz degradiert.

Der Aufstieg und die Herrschaft Moskaus

Das Sammeln der Länder der Rus'

Im Nordosten des Landes entstand jenes neue politische Zentrum, das später die Führungsrolle übernehmen und die Geschicke des Gesamtstaates lenken sollte: für kurze Zeit befand es sich in *Vladímir-Súzdal',* danach in ***Moskau***.

Über die frühe Geschichte der vermutlich 1147 gegründeten kleinen Siedlung Moskau ist wenig bekannt. Ihr ***Aufstieg*** begann gegen Ende des 13. Jahrhunderts, von mehreren geographischen und wirtschaftlichen Voraussetzungen begünstigt. Vor äußeren Überraschungen boten die Waldzone und die zentrale Lage inmitten der anderen Fürstentümer einen gewissen Schutz. Für die wirtschaftliche Entwicklung war es vorteilhaft, daß sich hier mehrere bedeutende Handelsrouten kreuzten, sowohl Wasserstraßen (die Moskvá erreicht über die Oká auch die Volga) als auch Landwege (vor allem von Westen und Nordwesten nach Süden und Südosten).

Der Aufstieg Moskaus vollzog sich trotz der auf dem Land lastenden Tatarenherrschaft. Die Größe ihres Herrschaftsgebiets zwang die Tataren sehr bald, die Einziehung des Tributs zu delegieren. So sprang mancher geschickte Moskauer Fürst sozusagen in die Bresche und übernahm diese Aufgabe - und ließ sich dafür in Saraj mit der Gnadenurkunde (*jarlýk*) zum ***Großfürsten*** über die anderen Fürsten ernennen. Die Einziehung des Tributs hatte auch den unschätzbaren Vorzug, daß man einen Teil zurückbehalten und in den eigenen Säckel leiten konnte. Mit diesen Möglichkeiten ausgestattet, begann Moskau, kontinuierlich Territorien zu „sammeln", indem es, manchmal durch Kauf, meist mit List und Gewalt, sich andere Fürstentümer der ehemaligen Kiever Rus' einverleibte. Mit der rücksichtslosen Unterwerfung von Groß-Novgorod Ende des 15. Jahrhunderts fand das Sammeln der Länder der Rus' einen vorläufigen Abschluß.

Das Ende der unmittelbaren Tatarenherrschaft

So war es Moskau schließlich gelungen, den durch den Mongolensturm und die andauernde Tatarenherrschaft verursachten Abbruch der Geschichte der Kiever Rus' aufzufangen. Es hatte verstanden, nach der Zerstörung der politischen, wirtschaftlichen und gesellschaftlichen Strukturen neue Anfänge zu setzen, die zivilisatorisch-kulturelle Stagnation zu überwinden und die über dem Land liegende psychische Lähmung zu durchbrechen. Diese Entwicklung erlebte einen Höhepunkt, als es dem Großfürsten ***Dmítrij Donskój*** im Jahre ***1380*** gelang, in der „Schlacht auf dem Schnepfenfeld" am Fluß Don (daher sein Beiname) den ersten ***militärischen Sieg über die Tataren*** zu erringen. Obwohl es erst 1480 bei einer weiteren militärischen Konfrontation gelang, die Herrschaft der Goldenen Horde „offiziell" zu beenden, und obwohl es auch danach noch zu zahlreichen Auseinandersetzungen kam, hatte dieses Ereignis eine gewaltige Bedeutung, vor allem aus psychologischer Sicht: der Nimbus der tatarischen Unbesiegbarkeit war gebrochen. Der Sieg wurde in Chroniken besungen, in der bildenden Kunst dargestellt, als Überwindung der „Ungläubigen" gefeiert, durch den Bau des Moskauer Dmítrij-Donskój-Klosters geehrt ... - und Moskau erntete allen Ruhm.

Das Tatarenjoch hat in Rußland ***Spuren*** hinterlassen - sein tatsächliches Bestehen ebenso wie seine schließliche Überwindung. So wies der Moskauer Staat von Anfang an despotische Züge auf. Die geforderte und geleistete Zusammenfassung aller Kräfte zugunsten eines für wichtig erklärten außenpolitischen Zieles wurde für den Staat und seine Führung sehr bald und gleichsam ein für allemal zur Rechtfertigung, gesellschaftliche Entwicklungen zu vernachlässigen bzw. zu be- oder verhindern; es galt die sogenannte ***Staatsräson.*** Die hierfür nötigen Herrschaftsstrukturen wurden vielfach eben dem Staat entlehnt, von dessen Herrschaft man sich schließlich befreit hatte. Sie konnten auch relativ leicht errichtet werden, da zahlreiche autokratische und zentralistische Züge schon zuvor vom Byzantinischen Reich übernommen worden waren. Die zivilisatorisch-kulturelle Vielfalt aus der Zeit der Kiever Rus' verschwand: der Moskauer ***Zentralstaat*** zog alle Kraft und allen Glanz auf sich und seine Hauptstadt, unterband mit allen Mitteln zentrifugale Tendenzen der anderen Regionen, die schließlich in Bedeutungslosigkeit versanken. Moskaus Herrscher legten sich den Habitus orientalischer Potentanten zu, die Pracht entfalteten und das elende Leben eines Großteils der Bevölkerung übersahen.

Rußland im 16./17. Jh., europäischer Teil

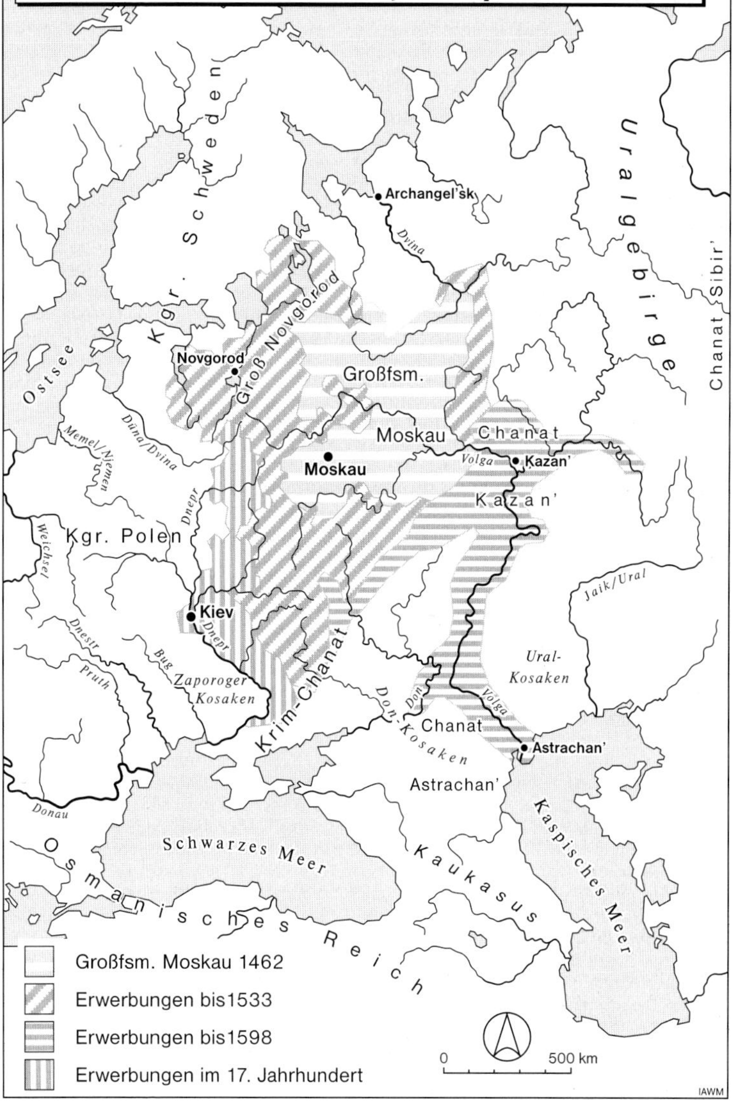

Das Tatarenjoch hat aber auch dazu geführt, daß in allen Bevölkerungsschichten ein tiefwurzelnder ***Patriotismus*** entstand, der mit dem Gefühl einherging, in einem steten Abwehrkampf gegen die Steppe und schließlich auch gegen Asien überhaupt zu stehen. Fortan betrachteten Rußland und seine Menschen diese Regionen als ihr ureigenes Aufgabengebiet für politische, wirtschaftliche und kulturelle Erschließung. Es entstand auch eine grundsätzliche ***Loyalität gegenüber*** jenen ***Herrschenden,*** die dem patriotischen Empfinden der Menschen Genüge tun.

Im historischen Denken des Landes wurde das ***Tatarenjoch*** niemals zu „irgendeiner" Epoche, sondern blieb immer ein ***Trauma,*** dessen Wirkung unbewußt bis heute vorhält oder ganz bewußt am Leben gehalten wird. Bis heute erklärt Rußland seine, im Vergleich zu Westeuropa, partiell andersartige oder verspätete Entwicklung stets mit dem Phänomen der Tatarenherrschaft. Dabei führt es immer wieder mehrere Kritikpunkte gegenüber dem Westen an: Der Westen - z. B. Schweden und der Deutsche Orden - habe den Mongolensturm benutzt, um gleichzeitig die geschwächte Rus' anzugreifen. Rußland habe 240 Jahre lang die Fremdherrschaft auf sich genommen und dadurch dem Westen eine ruhige Entwicklung ermöglicht, was dieser allerdings nicht mit Dankbarkeit anerkenne, sondern eher als Negativklischee benutze und Russen als Asiaten verunglimpfe. Das werde z. B. in der französischen Redewendung *„Grattez le russe, et vous avez le tatar"* deutlich, was im Deutschen etwa bedeutet: Wenn man den Russen ein wenig an der Haut kratzt, schaut ein Tatar heraus. Diese ***"Undankbarkeit des Westens"*** komme auch bei späteren wichtigen geschichtlichen Ereignissen zum Ausdruck: So werde vor allem die maßgebliche Rolle Rußlands bei der Entmachtung der europagefährdenden Usurpatoren Napoleon und Hitler in keiner Weise gewürdigt.

Die Entwicklung der russisch-orthodoxen Kirche und der Untergang des Byzantinischen Reiches

In gewisser Weise trug auch die Kirche zum Aufstieg Moskaus bei, da kirchliche und staatliche Interessen und ihre Wahrnehmung vielfach miteinander verknüpft waren. Die großen nationalen Abwehrkämpfe Rußlands waren in den meisten Fällen gleichzeitig Kämpfe gegen Andersgläubige, gegen „gottlose" katholische Christen und „ungläubige" Moslems, die von der Kirche nicht nur mitgetragen, sondern oft sogar mitinitiiert wurden.

Nachdem die Kirche in der ersten Zeit nach dem Mongolensturm versucht hatte, eine Art Einheit der Rus' von Kiev aus zu erhalten, folgte sie nun den politischen Zeichen der Zeit: Ihr Oberhaupt, der ***Metropolit von Kiev***, verlegte um 1340 seinen ***Sitz*** in das neue Machtzentrum, ***nach Moskau***. Hierbei mag auch eine Rolle gespielt haben, daß die tatarischen Herrscher, in religiösen Fragen tolerant, sich nirgendwo in die kirchlichen Belange der beherrschten Gebiete einmischten und der orthodoxen Kirche sogar manche Privilegien einräumten. In der Region entstanden zahlreiche Klöster, wie z. B. das *Dreifaltigkeitskloster des Sérgij von Rádonež*. Dieses Kloster wurde historischer Kern einer Ansiedlung, die unter dem Namen *Zagórsk* auch im Ausland berühmt wurde, heute wieder ihren alten Namen *Sérgiev Posád* trägt. Ebenso berühmt wurde der um 1400 dort wirkende Ikonenmaler *Andréj Rublëv*.

Die ***Klöster*** spielten generell eine bedeutende Rolle, obwohl die russisch-orthodoxe Kirche keine übergreifenden Mönchsorden kennt und jedes Kloster gleichsam sein eigener Herr ist. So lautet auch die gängige russische Entsprechung für die mahnende Redewendung *When in Rome, do as the Romans do!* etwa: *Nimm nie deine eigenen Regeln in ein fremdes Kloster mit!* Zahlreiche, ursprünglich asketisch ausgerichtete Einsiedeleien erschlossen den russischen Norden, durchdrangen den sibirischen Raum und stießen bis Alaska und Kalifornien vor. Sie wurden später oft zu bedeutenden Klöstern, die als geistliche und geistige Zentren erheblichen politischen Einfluß ausübten, meistens für, manchmal auch gegen die Moskauer Herrscher. Von ihnen gingen - wie in westlichen Ländern von Reformatoren wie *Hus, Savonarola, Zwingli* und später *Luther* - verschiedene ***reformatorische Bewegungen*** aus, in denen über die Aufgaben der Klöster und der Kirche sowie über ihre Rolle in Staat und

Gesellschaft diskutiert wurde: Sollten sie Institutionen sozialen Dienens sein - z. B. bei der Kranken-, Armen- und Altenpflege, bei der Hilfe in Hungersnöten - und Wahrer des rechten Glaubens, die auch die Herrschenden anhalten, gegen Ketzerei und Unglauben mit strafender Gewalt vorzugehen? Dann benötigten sie dazu eine gesicherte wirtschaftliche Grundlage, in der damaligen Zeit also Landbesitz mit den dazugehörenden Bauern. Wortführer dieser Richtung war *Iósif Vólockij* (*Iósif von Volokolámsk*, 1439-1515). Oder sollten sie vor allem geistliche Aufgaben erfüllen, zur Umkehr, zur Abwendung von bösen Taten und vom falschen Glauben aufrufen? Dann waren für sie Armut und Bescheidenheit unabdingbar. Hierfür kämpfte *Nil Sórskij* (*Nil von der Sorá*, 1433-1508). Die Oberhand behielt die Richtung, die kirchliches und klösterliches Wirken nur gepaart mit Besitz, Macht und Einfluß für erfolgbringend hielt. Die andere Richtung, die der Buße und der geistlichen Vertiefung, lebte in hauptstadtfernen Einödklöstern weiter und hat viele charismatische Gestalten, die „Starzen", hervorgebracht.

Das ehemals mächtige ***Byzantinische Reich*** (Oströmische Reich) umfaßte zu Beginn des 15. Jahrhunderts nur noch seine Hauptstadt Byzanz/Konstantinopel und deren Umgebung. Außerdem stand es, wie weiter westlich liegende Länder auch, unter einer zusätzlichen Bedrohung von außen: Das (islamische) türkische Reich, nach einem seiner Sultane ***Osmanisches Reich*** genannt, hatte, ursprünglich aus Asien kommend, bereits im 14. Jahrhundert weite Teile Kleinasiens, des Mittelmeerraums und des Balkans erobert und schickte sich nun an, auch Konstantinopel, das Zentrum der orthodoxen Welt, zu erobern. In dieser Situation wollte Konstantinopel die kirchlich-religiösen Differenzen hintanstellen und sich gemeinsam mit Rom der „Ungläubigen" erwehren. Einer Wiedervereinigung der Kirchen standen allerdings das Schisma von 1054 und die Forderung der katholischen Kirche entgegen, den römischen Papst als alleiniges Oberhaupt anzuerkennen. Letzteres wurde in der *Florentiner Union* von 1439 zwar von einigen orthodoxen Regionen akzeptiert, auch von Konstantinopel, vom Moskauer Staat jedoch nicht. Mehr noch: 1448 erklärte die Moskauer Kirche unter ihrem Metropoliten ihre ***Unabhängigkeit von der Mutterkirche*** in Byzanz/Konstantinopel (und behielt sie auch bei, als in Konstantinopel die Union rückgängig gemacht wurde): Dieses Ereignis gilt als Beginn der ***Autokephalie der Russisch-Orthodoxen Kirche***, als ihre Vollendung gilt die Erhebung des Moskauer Metropoliten zum *Patriarchen* im Jahre 1589.

Die Versuche einer gemeinsamen west-östlichen Abwehr der äußeren Bedrohung mißlangen, 1453 wurde ***Konstantinopel***, das bisherige Zentrum der orthodoxen Welt, ***von den Türken erobert.*** Damit war nicht nur das Byzantinische Reich untergegangen, sondern die dort praktizierte Einheit von orthodoxer Kirche und Staat unter der Oberhoheit des Kaisers. Das Großfürstentum Moskau sah sich als einzigen Staat, in dem diese Einheit fortgeführt werden konnte: Nachdem das erste Rom und das zweite Rom (Konstantinopel) untergegangen waren, sei von nun an ***Moskau das Dritte Rom*** (und das letzte!).

Der damalige Moskauer Großfürst *Ivan III.* heiratete die Nichte des letzten byzantinischen Kaisers, *Sophia (Zoe) Paläolog*, und betrachtete sich somit auch im dynastischen Sinne als Nachfolger des Byzantinischen Reiches. Er nannte sich von nun an ***Großfürst und Zar*** (= Kaiser), nahm den byzantinischen Doppeladler in das großfürstliche Wappen und beanspruchte für Moskau das Recht, von nun an Schutzmacht aller slavischen Glaubensbrüder zu sein. Dieser Anspruch wurde von allen Moskauer Führern beibehalten, bis hin zur serbischen Frage der 90er Jahre unseres Jahrhunderts.

Iván IV., der Schreckliche (1547-1584)

Ivan übernahm von seinen Vorgängern einen stabilen und anerkannten Staat. Handel und Wandel funktionierten, inländische und ausländische, vor allem italienische Baumeister errichteten im Kreml anstelle der ehemaligen Holzbauten Paläste und Kirchen in Stein, Moskau wuchs und gewann weiter an Bedeutung. Ivan verwendete bei seinen Titeln schon ganz

Ivan IV., der Schreckliche

selbstverständlich die Formel ***Zar und Selbstherrscher von Moskau und ganz Rußland.***

Außenpolitik: Expansion

Der Moskauer Staat konnte sich ausgreifendere Ziele setzen: die territoriale Expansion. Im Nordwesten wie später auch im Süden ging es von nun an für Jahrhunderte um den Zugang zu den Meeren bzw. deren eisfreien Häfen und großen Handelsrouten. ***Livland,*** die baltische Küstenregion der Ostsee, gehörte seit langer Zeit teilweise zum Deutschen Orden, teilweise zu Polen und Litauen. In einem 25jährigen Kampf (Livländischer Krieg) versuchte Ivan, diese Region für Rußland zu erobern. Er erreichte letztendlich das Gegenteil, da das Eingreifen Schwedens und Polens zur Zurückdrängung Rußlands führte, das sich sogar hinter die ursprünglichen Grenzen zurückziehen mußte.

Nach dem Zerfall der Goldenen Horde um 1500 waren aus derselben verschiedene selbständige Staaten entstanden, an deren Eroberung das Osmanische Reich, Polen-Litauen und der Moskauer Staat interessiert waren. Ivan konnte zwei dieser Staaten erobern, das ***Chanat von Kazán'*** an der mittleren Volga im Jahre 1552 und das ***Chanat von Ástrachan'*** an der unteren Volga im Jahre 1556. Das Chanat der Krimtataren, das dem Moskauer Staat den Zugang zum Schwarzen Meer versperrte, fiel unter die Oberhoheit des Osmanischen Reiches, bevor es gegen Ende des 18. Jahrhunderts von Rußland erobert wurde.

Mit diesen Eroberungen änderte sich in der Politik des Moskauer Staates Grundsätzliches. Für das Sammeln der Länder der Rus' hatten historische, dynastische und religiöse Motive eine gewisse Rechtfertigung liefern können; mit der Eroberung und Annexion souveräner Staatswesen, die nie Teile der Rus' gewesen waren und der islamischen Welt angehörten, mißachtete Moskau die tradierten Vorstellungen über die Rechtsverhältnisse zwischen Staaten.

Das ***Sammeln der Länder der Goldenen Horde*** zog sich über die kommenden Jahrhunderte hin. Hierbei wurde, wie seit eh und je, ein grundlegender Gegensatz übersehen. Die Steppenwelt und die daraus hervorgegangenen Kulturen folgten anderen Regeln als die „seßhafte" Kultur des Moskauer Staates. Zu Mißverständnissen führte vor allem der Unterschied in den Loyalitäten. In den Steppenkulturen beruhten Allianzen auf persönlichen Bindungen, während Moskau Eide als Zeichen ewiger Unterordnung verstand und einen Abfall von Moskau stets als Verrat wertete.

Die Annexion der mittleren und der unteren Volga hatte für Moskau große wirtschaftliche, strategische und politische Bedeutung: Sie brachte die Öffnung des Handelsweges zum Kaspischen Meer und nach Persien und ermöglichte die Blockierung der Völkerpforte südlich des Ural, durch die seit jeher die Angriffe aus der östlichen Steppe gekommen waren. Die Errichtung der *Vasílij-Blažénnyj-Kathedrale* – die im deutschen Sprachraum unter der latinisierten Bezeichnung Basilius-Kathedrale bekannt wurde – auf dem Roten Platz in Moskau zu Ehren der Eroberung von Kazan' machte deutlich, daß Moskau sehr wohl auch die veränderte politische Qualität seines Vorgehens verstanden hatte. Die Annexion war Ausdruck seines neuen Selbstverständnisses und fortan geltenden imperialen Sendungsbewußtseins.

Aus dem überwiegend slavisch-orthodoxen Moskauer Rußland wurde ein ***multiethnisches, multireligiöses Imperium***.

Die Art der Eingliederung des Chanats von Kazan' zeigte auch jene Grundmuster, die bis in die Gegenwart für die russische und sowjetische Nationalitätenpolitik gültig geblieben sind. Durch äußerst repressive Maßnahmen wurde militärischer Widerstand gebrochen; durch gewaltige Umsiedlungen wurde die Stadt Kazan' fast vollständig russisch, die Tataren wurden in ländliche Regionen abgedrängt; russische Kaufleute erhielten Privilegien. Nach einer längeren „Probezeit" begann eine vorsichtige Zusammenarbeit mit den loyalen nationalen Eliten, die übrige Bevölkerung blieb rechtlich und sozial deklassiert. Die religiöse Konfrontation vollzog sich im Wechsel von Toleranz und forcierter Christianisierung, wobei die orthodoxe Kirche stets auf Sonderrechten gegenüber den anderen Bekenntnissen bestand.

Innenpolitik

Ivan begann seine lange Herrschaftszeit als Reformer der Verwaltung, des Militärs, der Gesetzeskodifikation, bei der Klärung von kirchlichen Rechten. Er drängte die übermächtige alte Bojarenaristokratie (deren Angehörige es bereits in der Kiever Rus' als freie Gefolgsleute der Fürsten gegeben hatte und die später mit erblichem grundherrlichem Land ausgestattet worden waren) zugunsten eines neugeschaffenen Dienstadels zurück und schuf eine erste Ständevertretung (*dúma*). Ivan beendete seine Herrschaftszeit als gnadenloser Selbstherrscher, als „der Schreckliche".

Die rund 15 Jahre andauernde „schreckliche" Zeit war gekennzeichnet von Ivans Verfolgungswahn und Mißtrauen gegenüber jedermann - er soll im Zorn einen Sohn erschlagen haben; von Willkür, Gesetzlosigkeit und Zerstörungswut seiner zu Gewalttätern entarteten Beschützer, der *„opríčniki"*, die mit ihren schwarzen Umhängen und dem Hundekopf am Sattel in großen Teilen des Landes zum Symbol grausamen Terrors wurden; von Entvölkerung und Verfall, von Versteppung und Hunger. Am Ende der Regierungszeit Ivans waren Staat und Gesellschaft wirtschaftlich und moralisch ruiniert.

Die Zweiteilung in eine anfängliche „gute" und eine schließliche „böse" Regierungszeit trat in der Geschichte des Landes immer wieder auf. Manche Historiker erklärten dieses Phänomen mit der Übergröße des Landes und den unvereinbaren Unterschieden zwischen seinem Westen und seinem Osten, andere mit dem Fehlen einer echten inneren Modernisierung, dritte mit der zwangsläufigen Korrumpierung durch ein Übermaß an Macht, vierte mit der um jeden Preis einzuhaltenden Staatsräson. Im historischen Denken des Landes wurde und wird Ivan danach beurteilt, daß er dem Moskauer Reich äußere Größe, Macht und Ansehen verschaffte. Seine in vielem düstere Persönlichkeit tat dieser positiven Sicht keinen Abbruch. So bedeutet auch das russische Wort für seinen Beinamen nicht eigentlich „schrecklich", sondern eher „streng" oder „bedrohend"; manchmal wird er auch „der Große" genannt. Und spätere Kremlherrscher, nicht zuletzt Stalin, bezogen sich gern auf Ivan und seine Bedeutung für die russische Geschichte, in Zeiten nationaler Probleme entstanden Historiengemälde und Filme über Ivan, gleichsam als moralische Aufrüstung gegen die Not im Alltag. So schuf der sowjetische Filmregisseur *Sergéj Eisenstein (Sergéj Éjzenštejn),* der durch seinen Film „Panzerkreuzer Potëmkin" weltweit bekannt wurde, auch ein schaurig-schönes filmisches Werk über Ivan den Schrecklichen - letztlich eine gewaltige Verherrlichung *Stalins,* die sehr populär wurde.

Smúta (Zeit der Wirren)

Die Zeit der Wende vom 16. zum 17. Jahrhundert war für Rußland von wirtschaftlichen, sozialen, dynastischen, nationalen und religiösen Problemen gekennzeichnet.

Nach den „schrecklichen" Jahren Ivans herrschten in Rußland Hungersnöte und Rechtlosigkeit, lag das wirtschaftliche Leben darnieder, führten die sozialen Spannungen zu Unruhen und Bauernaufständen. Im Jahre 1591 starb der letzte Erbe Ivans, *Dmítrij*. Mit ihm war die ***Dynastie der Rjurikiden***, die mehr als 700 Jahre die Geschicke des Landes bestimmt hatte, ***ausgestorben.*** Für einige Jahre wurde ein nicht standesgemäßer Verwandter, der übrigens auch tatarisches Blut in den Adern hatte, Zar: ***Borís Godunóv.*** Die alte Hocharistokratie des Landes leistete Widerstand gegen den Emporkömmling und kooperierte teilweise mit dem Ausland, vor allem mit Polen, um den Zarenthron einem rechtmäßigen Zaren zuzuführen. Im nachfolgenden Kampf aller gegen alle und der daraus entstehenden Verwirrung tauchte zweimal ein ***falscher Dmítrij*** auf, einer vermutlich von Polen eingeschleust, zusammen mit Gerüchten, der echte Thronfolger sei auf geheimnisvolle Weise am Leben geblieben und werde sich an den Thron-Usurpatoren rächen. Die völlig chaotische Lage und die Furcht vor einer Fremdherrschaft durch das katholische Polen führten schließlich zu einer Einigung innerhalb des Landes. Im Jahre 1613 wurde ein neuer Zar gewählt, ***Michaíl Románov***, der erste Vertreter der ***neuen Dynastie***, die bis 1917 in Rußland herrschte.

Die ***Smuta*** ist im Gedächtnis Rußlands eine besondere Zeit. Sie gilt als Beweis dafür, daß Zusammenstehen und Zusammenwirken aller nationalen Kräfte das Land aus großer Gefahr retten und eine Wiedergeburt einleiten können. Als negatives Gegenbeispiel aus früherer Zeit wird die Niederlage der Rus' im Mongolensturm des 13. Jahrhunderts genannt, als es eben an einer solchen Einigung gefehlt habe, als positive Wiederholungen werden die Siege über Napoleon und Hitler angeführt.

Die Smuta zeigte auch ein weiteres besonderes Phänomen der russischen Geschichte. Die zahlreichen von den unterprivilegierten Bevölkerungsschichten ausgehenden Unruhen und Aufstände richteten sich im allgemeinen nicht gegen den „rechten", von Gottes Gnaden herrschenden, gleichsam unverletzlichen Zaren, an den man glaubte, sondern gegen seine Statthalter, die Aristokratie und den Dienstadel, die Bürokratie. Dieser Glaube, verbunden mit den in dem riesigen Land stets verzögerten und veränderlichen Nachrichten, ermöglichte das wiederholte Auftreten von falschen „rechten" Zaren und ihre große Anhängerschaft unter der Bevölkerung. Manchmal wuchs sogar bei den falschen Thronanwärtern selbst die Überzeugung, daß sie eigentlich die „rechten" Zaren seien ... Die Ermordung von Zar Alexander II. (*Aleksándr II.*) im Jahre 1881 durch politische Gegner „aus dem Volke" markierte denn auch eine grundlegende Veränderung gegenüber früheren politischen Auseinandersetzungen in Rußland.

Die Rolle der Smuta im gesamteuropäischen Bewußtsein zeigte sich auch darin, daß sie immer wieder in Werken der Dichtung und der Musik dargestellt wurde, nicht nur in Rußland (*Puškin, Músorgskij, Rímskij-Kórsakov*), sondern auch im Ausland (*Schiller, Lernet-Holenia*).

17. Jahrhundert

Nach der historischen Katastrophe der „schrecklichen" Herrschaft und der Smuta wandte sich das Land der vordringlichen Aufgabe zu, Ruhe und Ordnung wiederherzustellen und eine wirtschaftliche Wiederbelebung einzuleiten. Die entsprechenden Maßnahmen waren von einer deutlichen Selbstisolierung begleitet. Obwohl diese Katastrophe ganz überwiegend hausgemacht war, suchte man, unbewußt oder bewußt, den Schuldigen in „Europa". Das offizielle Moskau und die Kirche schotteten die Bevölkerung gegenüber westlichen Einflüssen ab, die bei den Menschen schon zuvor tiefverwurzelte Ablehnung alles Fremden nahm weiter zu. Rußland zog sich auf sich selbst zurück - allerdings nur gegenüber dem Westen.

Expansion nach Osten

In östlicher Richtung nahm es sich freie Hand. Kosaken (s. u.) und unternehmerische Pelzhändler hatten schon im 16. Jahrhundert den Ural überschritten und waren in die Weiten Sibiriens vorgedrungen. Eine große Rolle spielte dabei die ursprünglich aus Novgorod stammende ***Kaufmannsfamilie der Strógаnovs,*** die oft mit der deutschen Familie der *Fugger* verglichen wird. Nun nahm der russische Staat die Fährte gern auf und „legalisierte" nachträglich deren erfolgreiche Unternehmungen und Niederlassungen. Nun errichtete er vor Ort verschiedene Forts, verband sie durch militärische und administrative Strukturen und erklärte die jeweiligen Regionen als zu Rußland gehörend. (Ähnlich gingen England oder Frankreich in ihren überseeischen Provinzen vor; auch die Vereinigten Staaten bedienten sich dieses Verfahrens bei ihrer Ausdehnung nach Westen.) Es bestand also eine Art Interessengemeinschaft zwischen Kaufleuten und Siedlern und dem Staat, was die ***„Erschließung" Sibiriens*** - wie dieser Prozeß in russischen Darstellungen meistens genannt wird - deutlich beschleunigte. Hinzu kam, daß Rußland hier nicht auf selbständige Staaten, sondern nur auf Siedlungsgebiete verschiedener Ethnien traf. So waren bereits 1689, nach einem knappen Jahrhundert, die Beringstraße, das Ochotskische Meer und der Pazifik erreicht. Die einheimische Bevölkerung wurde mit Tribut belegt, der im allgemeinen in Fellen und Häuten, Zahnbein und Edelmetallen zu entrichten war.

Mit den widerstrebenden angrenzenden Staaten wurden Grenzverträge geschlossen, wobei der ***Vertrag von Nérčinsk*** aus dem Jahre 1689 die Grenzziehung zu China langfristig festlegte: alle im Norden der Wasserscheide des Flusses Amúr gelegenen Gebiete fielen an Rußland.

Die Leibeigenschaft

Leibeigenschaft ist die Bezeichung für ein ***feudales Abhängigkeitsverhältnis***, das auf dem persönlichen Band zwischen Unfreiem und Herrn beruhte, zu der vielfach die Schollengebundenheit kam. Sie war in unterschiedlichen Ausformungen ein gesamtabendländisches Phänomen von der Antike bis in die Neuzeit. Von besonderer historischer Bedeutung war die Leibeigenschaft in Rußland.

Bis ins 16. Jahrhundert waren die Bauern persönlich frei, aber von den Grundherren, die ihnen neben dem Land auch Inventar stellten, in unterschiedlichen Formen abhängig. Das Abzugsrecht, d. h. das Recht auf Weggang von einem Grundherrn, konnte zum St.-Georgs-Tag, dem 26. November, wahrgenommen werden.

Jede Verschlechterung der innenpolitischen oder der wirtschaftlichen Situation wurde von seiten des Staates - nicht selten auf Betreiben der Grundherren, d. h. vor allem des grundbesitzenden Adels - mit einer ***Verschärfung der Leibeigenschaft*** beantwortet. So wurde in der Zeit der Smuta, als viele Bauern flohen, um den ungeordneten Verhältnissen im Staat zu entgehen, das Abzugsrecht der Bauern 1581 drastisch eingeschränkt, 1607 schließlich abgeschafft. Von nun an mußten ein Bauer, der seinem Grundherrn entflohen war, und Grundherren, die einen solchen Bauern aufnahmen, mit schweren Strafen rechnen. Der Bauer war fortan nicht nur an das Land gebunden, sondern konnte mit diesem und schließlich auch ohne dieses verkauft werden.

Die Adelsbauern, über die der Grundherr im 18. Jahrhundert auch die Strafgewalt bekam, mußten überwiegend Arbeitsleistung erbringen, die Staatsbauern hatten Abgaben zu leisten.

1861 wurde die ***Leibeigenschaft,*** weil Hemmschuh für jede zeitgemäße Entwicklung in Staat und Gesellschaft, ***aufgehoben.*** Die Bauern erhielten gegen Ablösezahlungen unterschiedlich große Landanteile, blieben aber an die Bauerngemeinde, den *mir*, gebunden. Die aus der jahrhundertelangen Leibeigenschaft entstandenen politischen, wirtschaftlichen, gesellschaftlichen und psychologischen Probleme konnten mit dem Gesetzesakt allerdings nicht gelöst werden. Ihre Folgen sind, vor allem in der Landwirtschaft, bis heute zu spüren.

Die weitgehende Rechtlosigkeit und die daraus resultierende äußere und innere Not führten im Laufe der Jahrhunderte zu einer Vielzahl kleinerer und größerer ***Bauernaufstände***. Viele Bauern sahen sich auch veranlaßt, in Regionen zu fliehen, in denen sie dem Zugriff entgehen konnten: einerseits in neuerschlossene östliche Gebiete, andererseits - seit der 2. Hälfte des 15. Jahrhunderts eine Massenerscheinung - in das „wilde Feld", d. h. in die südlichen Grenzgebiete zwischen dem Moskauer Staat (und auch Polen-Litauen) und der Steppe, wo sie siedeln oder in die Strukturen des Kosakentums eingehen konnten.

Das Kosakentum und die Expansion nach Südwesten

Das turktatarische Wort *kazák* bedeutet etwa „freier Krieger". Ursprünglich gab es Kosakenverbände, d. h. freie Reiterverbände, im tatarischen Raum, später entstanden sie auch im slavischen Gebiet. Sie rekrutierten sich hauptsächlich aus der bäuerlichen Fluchtbewegung. Kosaken hatten auch einen wesentlichen Anteil an der Erschließung Sibirens.

Am Rande der regulär verwalteten russischen und polnischen Territorien bildeten sie ***Kosakengemeinschaften:*** an den Flüssen *Don, Vólga und Urál* und am südlichen *Dnepr* im Gebiet „jenseits der Stromschnellen" (*Zaporóž'e* , *Zaporóger Kosaken*). Sie waren militärisch straff organisiert, lebten überwiegend von Beutezügen und etwas Landwirtschaft: die Übergänge zwischen freiem Kosakentum und bäuerlicher Neusiedlung waren fließend. Die betroffenen Staaten Rußland und Polen waren einerseits nicht unfroh über die Existenz der Kosakenverbände, die eine Art Puffer zwischen ihren Territorien und der Steppe sowie zum Osmanischen Reich waren und in Kriegszeiten zusammen mit den regulären Truppen eingesetzt werden konnten. Andererseits sah man in ihnen wegen ihrer Eigenständigkeit einen Unsicherheitsfaktor - nicht ohne Grund: Kosaken und Bauern vereinigten sich oft in großen, die staatliche Existenz gefährdenden ***Aufständen und Kriegen***.

In Polen kamen ethnische und religiöse Spannungen hinzu: die ostslavischen, orthodoxen Kosaken bildeten in dem westslavischen, katholischen Staat einen Fremdkörper. Aus dieser Situation kam es 1648 unter *Bogdán Chmel'níckij* zu einem großen Kosakenaufstand, der in dem Versuch gipfelte, eine Loslösung von Polen und die Schaffung einer Kosaken-Autonomie durchzusetzen. Chmel'níckij suchte in Moskau Hilfe, die erst nach anfänglichem Zögern gewährt wurde: bedeutete sie doch automatisch einen russisch-polnischen Krieg. Die Hilfe wurde dann dergestalt geleistet, daß Moskau seinerseits den Druck auf den Kosakenstaat so verstärkte, daß er 1654 die Oberhoheit Moskaus akzeptieren mußte, eine Oberhoheit, die sich bald in eine volle Herrschaft verwandelte: der Kosakenstaat wurde ***in den Moskauer Staat*** integriert.

Später entstanden in den gefährdeten Grenzregionen des russischen Reiches - in Kaukasien und Zentralasien und im Fernen Osten - weitere Niederlassungen und militärische Einheiten von Kosaken.

Kosakische Militäreinheiten kämpften gegen *Napoleon,* im russischen Bürgerkrieg nach der Revolution von 1917 gegen die Bol'ševiki, im Zweiten Weltkrieg als Freiwilligenverbände gegen die Rote Armee. In der Russischen Föderation der Gegenwart sind sie ein überwiegend vaterländisch-patriotisches Element.

Kosakische Geschichte und kosakisches Leben wurden im Lauf der Zeit von einem ***Nimbus des Romantischen*** umgeben. In literarischen Werken und Liedern wird von ihren Helden berichtet: von den Taten des *Ermák* bei der ersten Erschließung Sibiriens und denen des *Stepán Rázin* in dem von ihm angeführten Bauernkrieg von 1670 - jeder Russe kennt und singt sie.

Die 1654 erfolgte Eingliederung des Kosakenstaats gilt im russischen Geschichtsverständnis als die ***„Wiedervereinigung der Ukraine mit Rußland"***. Denkmäler erinnern daran, Jahrestage werden begangen.

1954 nahm *Nikíta Chruščëv* den 300. Jahrestag zum Anlaß, die ***Krim,*** die zuvor zur Russischen Sowjetrepublik der Sowjetunion gehört hatte, der Ukrainischen Sowjetrepublik zu „schenken". Das war ein durchaus logisches Vorgehen, denn geographisch gesehen ist die Krim Teil der Ukraine. Außerdem blieb die politische, wirtschaftliche und militärpolitische Kontrolle von seiten Moskaus durch die zentralistischen Strukturen der Sowjetunion uneingeschränkt gewährleistet. Nach dem Zerfall der Sowjetunion in einzelne selbständige Staaten begann allerdings ein erbitterter Streit. Seitdem wird von russischer Seite der Schenkungsakt Chruščëvs als Ausverkauf Rußlands kritisiert, der rückgängig zu machen sei; vor allem die Marinehäfen der Krim müßten der russischen Nutzung vorbehalten sein.

Die Eingliederung des Kosakenstaats in den Moskauer Staat hatte zwangsläufig militärische Auseinandersetzungen mit Polen zur Folge, das 1667 große Gebiete an Rußland abtreten mußte: die sogenannte ***linksufrige Ukraine***, d. h. die Gebiete auf dem linken, östlichen Ufer des Dnepr, und das rechtsufrige ***Kiev***.

Rußland betrachtete beide Territorialgewinne - den von 1654 und den von 1667 - als eine Weiterführung des „Sammelns der Länder der Rus'". Es knüpfte an die gemeinsame Geschichte während der Kiever Rus' an und ignorierte, daß eine 400jährige andersartige Entwicklung dazwischen lag - eine Sichtweise, die sich bis in die Gegenwart kaum verändert hat.

Das ukrainische Geschichtsverständnis sieht die Eingliederung des Kosakenstaats in den Moskauer Staat und die anderen Territorialgewinne Rußlands in dieser Region nicht als „Wiedervereinigung", sondern eher als ***Zwangsintegration,*** welche die ukrainische nationale Entwicklung zu leugnen bzw. zu unterdrücken versuchte. Die Auseinandersetzungen um die ethnisch-nationale Eigenständigkeit einer ukrainischen Nation halten bis heute an - mit den entsprechenden gesellschaftlichen und politischen Folgen.

Staat und Kirche

Trotz anfänglicher Abschottung kam Rußland - nicht zuletzt wegen seiner territorialen Expansion - im Laufe des 17. Jahrhunderts immer stärker mit westlichen Ländern und Ideen in Kontakt, was sich in vielen Bereichen des politischen und gesellschaftlichen Lebens niederschlug. Auch innerhalb der russisch-orthodoxen Kirche und im Verhältnis zwischen Kirche und Staat vollzogen sich Veränderungen.

Kirchliche Dokumente waren, wie überall, jahrhundertelang von Hand abgeschrieben worden, was im Laufe der Zeit zu inhaltlich und formal uneinheitlichen Ergebnissen geführt hatte. Nach der Erfindung des Buchdrucks waren schon im 16. Jahrhundert vereinzelte Versuche unternommen worden, zu einer Vereinheitlichung zu gelangen. Die Wiederentdeckung der griechischen Antike und die Renaissance, die im Westen erfolgt waren, hatten nun, im 17. Jahrhundert, ein spätes Echo in Rußland. Der Versuch der ***Vereinheitlichung kirchlich-religiöser Schriften*** wurde ergänzt durch die Forderung, diese Vereinheitlichung anhand der griechischen Quellen der orthodoxen Frühzeit vorzunehmen. Dabei ging es zwar äußerlich um Formalia, wie das Kreuzschlagen mit zwei oder drei Fingern, dahinter standen jedoch grundsätzliche theologische Unterschiede.

Der Moskauer Patriarch ***Níkon*** war Anhänger der „Rückkehr zu den Quellen". Sein Gegenspieler, der Geistliche ***Avvakúm***, wollte die liturgischen Schriften in ihrer ursprünglichen, „alten" Form beibehalten, d. h. in der Form, die im Laufe der Jahrhunderte traditionell geworden war. Die Auseinandersetzung endete mit der Niederlage *Avvakums* und in den 1650er Jahren schließlich mit der ***Spaltung der Kirche*** (*raskól*). *Avvakum* widerrief nicht und wurde auf dem Scheiterhaufen verbrannt, seine Anhänger, die sogenannten ***„Altgläubigen"*** oder *raskól'niki*, wurden mit dem Kirchenbann belegt.

Trotzdem lebte die Altgläubigen-Bewegung weiter und blieb ihr Gedankengut tief verwurzelt. Als symbolhaftes Beispiel hierfür kann ein Gemälde von *Vasílij Súrikov* (1848-1916) stehen. Es zeigt die *Bojárin Morózova*, die selbst auf dem Weg in die Verbannung ganz ungebeugt die alte Form des Kreuzschlagens mit zwei Fingern und damit ihr treues Bekenntnis zum Altgläubigentum demonstriert. Manche Altgläubigen-Klöster entwickelten eine Tradition des Widerstands, die sich bis in sowjetische Zeit fortsetzte. Es gibt auch zahlreiche Vereinigungen und Gemeinden von Altgläubigen, wenn auch eher am Rande von Staat und Gesellschaft. Die Schriften *Avvakums* werden zu den bedeutendsten theologisch-kulturgeschichtlichen Zeugnissen der früheren russischen Literatur gerechnet. Und wer will, kann in Moskau bei touristischen Bildungstouren „Auf den Spuren Avvakums" wandeln ...

Die russisch-orthodoxe Kirche hatte von Byzanz den Gedanken der ***Symphonia zwischen geistlicher und weltlicher Macht*** zum Wohle der Menschen übernommen, und das Gleichgewicht der Kräfte im Staat bei der Wahrnehmung der Interessen blieb, wenn auch mit Schwankungen, über die Jahrhunderte weitgehend gewahrt. *Nikon* indessen verfocht, neben der Auseinandersetzung mit *Avvakum,* auch ein Übergewicht der geistlichen

Macht über die weltliche. In seinem Umfeld wurde auch jener Vergleich wiederbelebt, der im Mittelalter bei der Auseinandersetzung zwischen dem römischen Papst und dem deutschen Kaiser oft gebraucht worden war: Der Vertreter der geistlichen Macht sei die ***Sonne***, der Vertreter der weltlichen Macht indessen der ***Mond***, der sein Licht von der Sonne beziehe. Der Zar, der bei der Auseinandersetzung mit *Avvakum* auf *Nikons* Seite gestanden hatte, sah in diesen Bestrebungen eine Bedrohung seiner Macht und wandte sich von *Nikon* ab.

Im Leben des Staates traten die Züge des ***Absolutismus*** immer deutlicher hervor, die Position der Kirche wurde mehr und mehr beschnitten.

Goldene und blaue Kuppeln (KW)

Das Petersburger Imperium
(1700 bis 1917)

Peter I., der Große (1689-1725)

Wandel zum Neuen

Schon gegen Ende des 17. Jahrhunderts hatte Rußland begonnen, seine Selbstisolation zu überwinden und sich gegenüber dem Westen wieder vorsichtig zu öffnen - vor allem für technische Neuerungen, die dem Militär, dem Handwerk und der Manufaktur zugute kommen sollten. Eine Auseinandersetzung mit westlichen Ideen war vermieden worden. Hier setzte erst mit der Herrschaft ***Peters des Großen*** eine grundlegende Wende ein.

Peter (*Pëtr)* war eine außergewöhnliche und starke Persönlichkeit, die es völlig unvoreingenommen wagte, neue, unmoskowitische Wege einzuschlagen. Nach einer schwierigen, von hofinternen Auseinandersetzungen belasteten Kindheit und Jugend, nach der Beschäftigung mit Spielregimentern und Spielflotten tat er alles, um die alte Moskauer Gesellschaft zu schockieren - was in vielen, teilweise etwas legendenhaften Berichten, Bildern und auch in einer Oper (*„Zar und Zimmermann"* von *Albert Lortzing)* dargestellt wurde.

So reiste er „inkognito" ins Ausland - eine ungeheure Neuerung, denn russische Zaren pflegten nicht die Grenzen ihres Reiches zu überschreiten -, um in einigen europäischen Ländern Kontakte zu knüpfen und sich über Fragen der Stadt- und Regionalverwaltung, des Steuer-, des Militär-, des Flottenwesens, der Manufakturen und verschiedener Handwerke, vor allem des Schiffsbaus, u. a. m. zu informieren. Aus dem gleichen Grund verkehrte er in der sogenannten Deutschen Vorstadt (*Neméckaja slobodá*), einer Ausländersiedlung vor den Toren Moskaus. Nach seinem Regierungsantritt führte er aufgrund des Gesehenen und des für richtig Erkannten etliche Neuerungen ein, wobei er viele Lebensbereiche völlig umstülpte. Er regelte scheinbar Unwichtiges (das Tragen der altmoskowitischen Bärte und Kaftane wurde mit Strafsteuern belegt) und Wichtiges (Karrieren in staatlichen Diensten sollten nicht mehr der Herkunft, sondern der Leistung entsprechen und obere Ränge an die Bedingung geknüpft werden, daß der Anwärter des Lesens, Schreibens und Rechnens mächtig sei.). Er schuf das erste russische Museum, die *Kunstkámera*, gründete 1725 die Akademie der Wissenschaften.

Bei allen Vorhaben handelte Peter weltlich-pragmatisch im Sinne seiner Ziele - der inneren und äußeren Erneuerung Rußlands. Konsequenterweise drängte er auch den kirchlichen Einfluß weiter zurück. So verhinderte er nach dem Tod eines Patriarchen die Neubesetzung des Patriarchenthrons, begründete ein neues höchstes kirchliches Organ, den „Heiligen Regierenden Synod", dem er eine weltliche Person zur Kontrolle beigab. Die Kirche wurde faktisch zur Staatskirche, die im absolutistisch-aufklärerischen Sinne vor allem als wichtige Institution zur Volkserziehung und zur Pflege einer der Gesellschaft nützlichen Ethik im Volke zu wirken hatte. Ihr Besitz und ihre Finanzen unterlagen der staatlichen Kontrolle. Die sogenannte Synodalperiode der russisch-orthodoxen Kirche dauerte bis 1917.

Rußland wird nördliche Seemacht

Außenpolitisch verfolgte Peter die traditionellen Ziele Rußlands: die ***Expansion*** und den ***Zugang zu den Meeren.*** Die in östlicher Richtung vorgetragene Expansion war erfolgreich: Sibirien wurde endgültig Bestandteil Rußlands. Die Bestrebungen in südöstlicher und südlicher Richtung, nach Persien und zum Schwarzen Meer, blieben jedoch weitgehend erfolglos.

Den großen Durchbruch erreichte Peter jedoch im Nordwesten: Während des Großen Nordischen Krieges (1700-1721) gewann er 1709 bei Poltáva in der Ukraine eine bis heute vielbeschriebene und -zitierte Schlacht gegen die Schweden, die im Friedensschluß vom

Jahre 1721 die baltische Ostseeküste und Karelien an Rußland abtreten mußten. Der Zugang zur Ostsee war erreicht, Rußland übernahm von Schweden die Rolle der bestimmenden nördlichen Seemacht.

St. Petersburg

Lange vor Beendigung des Nordischen Krieges, im Jahre 1703, hatte Peter mit dem Bau „seiner" Stadt begonnen: im sumpfigen Nevá-Delta, am Ufer des Finnischen Meerbusens, entstand St. Petersburg, das er 1712 zur ***Hauptstadt*** Rußlands machte. Dieses Rußland hieß von nun an ***Russisches Imperium***, sein Herrscher nannte sich fortan nicht nur Zar, sondern auch ***Imperator:*** Symbol, Anspruch und Mahnung, erkennbar für alle, in Rußland selbst und im Ausland.

Geschichtliche Folgen

Manche Historiker meinten, daß man eine Geschichte Europas bis 1700 schreiben könne, ohne daß der Name Rußland darin vorkommen müsse. Mit der Herrschaft *Peters des Großen* habe sich das Kräfteverhältnis jedoch grundlegend verändert, sei ***Rußland als Großmacht*** wesentlicher Betandteil Europas geworden. Und dieser Sachverhalt wird seither in Ost und West gleichermaßen anerkannt. Der unter Peters Herrschaft erlangte außenpolitische Machtzuwachs wird im russischen Geschichtsverständnis denn auch durchaus positiv bewertet: Es sei an der Zeit gewesen, ***„das Fenster nach Europa aufzustoßen"*** und ein Mitspracherecht in der europäischen Politik einzufordern.

Die innenpolitischen und die gesellschaftlichen Folgen der sogenannten Europäisierung werden jedoch eher kritisch beurteilt. Und in der Tat stieß Peter auf landesimmanente Hindernisse, die jedes Reformvorhaben zwiespältig werden ließen. Zwischen der dünnen Oberschicht des hochkultivierten, informierten, privilegierten und hauptstadtorientierten Adels und der in Unwissenheit und Rechtlosigkeit gehaltenen leibeigenen Bauernschaft (die die überwiegende Mehrheit der Bevölkerung ausmachte) lag eine unüberbrückbare Kluft. Ein entwickelter, selbstbewußter und leistungsfähiger Mittelstand, wie er in anderen Ländern vor allem in den Städten entstanden war und der zum eigentlichen Träger der Erneuerungen bestimmt gewesen wäre, fehlte fast völlig. Er hatte auch nicht entstehen können, weil der Gedanke der „bürgerlichen Rechte und Freiheiten" nicht nur nicht entwickelt war, sondern seit eh und je als suspekt galt. Peter erkannte diese Situation und reagierte darauf zwar nicht mit der resignierten Rückkehr zum Bisherigen, aber mit außerordentlich rigiden Zwangsmaßnahmen. Er wollte sozusagen von oben verordnen, was, wenn überhaupt, nur in schrittweisem Aufbau von unten möglich gewesen wäre. Solche durch Verwaltungsakt vorordneten „Entwicklungen" blieben für Rußland charakteristisch, auch ihr zwangsläufig begrenzter Erfolg.

So war am Ende seiner Regierungszeit die ***Gesellschaft in zwei Lager gespalten***: eines, das aus tiefer Überzeugung den traditionellen moskowitischen Lebensformen folgte, und eines, das westliche Denk- und Verhaltensweisen kannte und in der Öffentlichkeit an den Tag legte, im privatem Umfeld jedoch in vielem den Traditionen verhaftet blieb. Zur Kluft zwischen Oben und Unten war die zwischen Westlich und Moskowitisch hinzugekommen, die Unterscheidung zwischen öffentlichem und privatem Verhalten war Methode geworden. Außerdem blieben westliches Denken und Handeln auf die großen Zentren, vor allem auf St. Petersburg, beschränkt, wodurch die übrigen Regionen des Landes noch weiter als bisher ins Abseits gerieten. Alle diese Gegensätze und Widersprüche wirkten fort und standen jeder politischen, wirtschaftlichen und gesellschaftlichen Erneuerung Rußlands immer im Wege – letztlich bis heute.

Katharina II., die Große (1762-1796)

Peter I. hatte eine Regelung hinterlassen, nach der der jeweilige Imperator seinen Nachfolger bestimmen konnte (ab 1797 galt dann die Primogenitur, das Erbrecht des ältesten Soh-

Rußland im 18. Jh.
Finnland
1809
Archangel'sk
Dvina
Ural
St. Petersburg
Neva
Volchov
Livland
1721
Novgorod
Ostsee
Kurland
Jaroslavl'
Düna/Dvina
Memel/Njemen
Ninnij-Novgorod
Kazan'
Volga
Königsbg.
1772
Moskau
Litauen
Smolensk
Dnepr
Tula
1795
Weißrußland
Weichsel
Polen
1793
Wolhynien
Kiev
Ural (Jaik)
Kleine Horde
der Kasachen
Dnestr
Bug
Pruth
Moldau
Bessarabien
1784
Don
1783
Krim-
Chanat
Azov
Astrachan'
Krim
Donau
Schwarzes Meer
Kaukasus
Kaspisches Meer
Osmanisches Reich
1801-
1859
Rußland 1689
von Schweden abgetreten
durch die Teilung Polens
(1772, 1793, 1795) erworben
von Türkei, Kaukasien u. Transkaspien
0
500 km
IAWM

Die Soldaten Peters I. (Gemälde von D. Kardovskij, 1866-1943)

nes). So bestieg in der zweiten Hälfte des 18. Jahrhunderts ein Enkel Peters und Sohn des Herzogs von Holstein-Gottorp als *Peter III.* den russischen Thron. Er war mit einer deutschen Prinzessin, *Sophie Friederike Auguste von Anhalt-Zerbst*, verheiratet worden, die bei der Eheschließung den Namen *Katharina* annahm und zum orthodoxen Glauben übertrat. Der wenig fähige Peter kam bei einer Verschwörung, unter nicht ganz geklärter Mitwirkung seiner Frau, ums Leben, und *Katharina* übernahm die Herrschaft.

Katharina (*Ekaterína*) war intelligent, vielseitig interessiert, zielstrebig, machtorientiert. Um das Manko der ausländischen Herkunft und der dubiosen Thronübernahme zu kompensieren, wurde sie „russischer" und konsequenter in der Durchsetzung der Interessen des Landes als mancher ihrer Vorgänger und Nachfolger.

Die Teilungen Polens

Nach früherer Großmachtposition war Polen aus den europäischen Kriegen des Jahrhunderts und den innenpolitischen Krisen der zurückliegenden Jahrzehnte geschwächt hervorgegangen. Unter nur wenig verschleiernden Vorwänden benutzten die anliegenden Staaten Preußen, Österreich und, als treibende Kraft, Rußland die Gelegenheit, sich Territorien anzueignen, die teilweise jahrhundertelang zu Polen gehört hatten. Nach den Teilungen von 1772, 1793 und 1795 hörte Polen auf, als selbständiger Staat zu existieren, seine weitaus größten Territorien (rund 475 000 km^2) fielen unter Oberhoheit oder direkte Herrschaft Rußlands (an Österreich fielen rund 150 000 km^2, an Preußen rund 140 000 km^2). Rußland apostrophierte dieses Territorium als „rechtsufrige Ukraine" und somit als traditionelles historisches Ziel. Außerhalb Rußlands erkannte man darin jedoch eher den Expansionswillen des Imperiums.

Zugang zum Schwarzen Meer

Der allmähliche Niedergang des Osmanischen Reiches (der Türkei) und das daraus entstehende Machtvakuum hatten politische und territoriale Begehrlichkeiten verschiedener europäischer Mächte (Englands, Frankreichs und vor allem des Anrainers Rußland) geweckt. In zwei größeren Kriegen gelang es *Katharina,* die ***Schwarzmeerküste*** und das ***Krim-Chanat*** Rußland einzuverleiben und im Kaukasus einigen Einfluß zu gewinnen. Im Sinne des alten russischen Anspruchs, Schutzmacht über orthodoxe Glaubensbrüder zu sein, propagierte sie darüber hinaus das sogenannte ***griechische Projekt,*** mit dessen Hilfe die von der Türkei beherrschten christlichen Völker aus den Händen der „Ungläubigen" befreit und auf der Hagia Sophia in Konstantinopel an die Stelle des Halbmonds wieder das Kreuz gesetzt werden sollten. Das griechische Projekt scheiterte.

Ein kleineres Projekt konnte realisiert werden. Katharina wollte den alten Durchzugsweg der Völker von Osten nach Westen blockieren, indem sie in der Steppenregion nördlich des Schwarzen Meeres an die Stelle der überwiegend nomadischen Lebensformen der Tataren und Kosaken eine dauerhafte bäuerliche Besiedlung treten ließ. Dieses ***Kolonisationsvorhaben in Neurußland*** war nicht in wenigen Jahren zu bewerkstelligen, so daß *Grigórij Potëmkin,* der erste Gouverneur Neurußlands, sich veranlaßt sah, Katharina bei ihrer allzu frühen Kontrollreise jene sprichwörtlich gewordenen ***Potëmkinschen Dörfer*** vorzuführen, nämlich Attrappen. Langfristig erwies sich das neurussische Projekt jedoch als durchaus erfolgreich.

Das russische Imperium hatte im Laufe eines Jahrhunderts in westlicher und südlicher Richtung größere Territorialgewinne gemacht als zuvor in mehreren Jahrhunderten. Außerdem hatte es - zu Beginn des Jahrhunderts durch *Peter I.* - den Zugang zur Ostsee erlangt, und nun - gegen Ende des Jahrhunderts durch Katharina - den Zugang zum Schwarzen Meer. Rußlands Großmachtposition war fortan unbestritten.

Aufgeklärter Absolutismus und Reaktion

In der ersten Phase ihrer Herrschaft folgte Katharina dem europäischen Geist der Zeit, der ***Aufklärung***. Sie kannte die vieldiskutierten Autoren *Montesquieu, Voltaire, Rousseau*, sie teilte ihre Vorstellungen, daß der Mensch vermöge seiner geistigen Freiheit imstande sei, alle Dinge durch die Vernunft zu erkennen und zu beurteilen; daß alle Menschen von Natur aus frei und gleich seien; daß ihr gleichberechtigtes Zusammenleben vernünftigerweise auf Toleranz und Humanität basieren müsse; daß die Gewalten im Staat in Gesetzgebung, Ausübung und Rechtsprechung zu teilen seien; daß der Mensch durch die Rückkehr zu seiner eigentlichen Natur ein freiheitliches, menschenwürdiges und glückliches Dasein in einer neuen Gesellschaft erreichen könne. So versuchte Katharina - teilweise mit der Billigung des Adels, teilweise gegen seinen erbitterten Widerstand -, im staatlichen Leben und im Rechtswesen, im Erziehungsbereich und im gesellschaftlichen Gefüge die entsprechenden Voraussetzungen zu schaffen. Sie ***dezentralisierte die Verwaltung*** des Imperiums, verschrieb den Städten Selbstverwaltung. Neben die Bemühungen um die Hohen Schulen (die Lomonósov-Universität in Moskau war schon 1755, vor Katharina, gegründet worden) setzte sie Anfänge in der mittleren Schulbildung, förderte ***Vielfalt in Geschichtsschreibung, Literatur, bildender Kunst.*** Sie beauftragte Baumeister aus Italien und Bildhauer aus Frankreich. Es entstanden der Winterpalast mit der Keimzelle des weltbekannten Eremitage-Museums in St. Petersburg, das Paškóv-Haus (heute Teil der Staatlichen Russischen Biblitohek) in Moskau und viele andere, berühmt gewordene Bauwerke.

Der französische Bildhauer *Falconet* schuf für St. Petersburg den ***Ehernen Reiter,*** jenes Standbild *Peters des Großen,* mit dem Katharina ihr Selbstverständnis zum Ausdruck brachte: Die bronzene Inschrift *„Petro Primo - Catharina Secunda"* sollte ihre Rolle als Fortführerin und Vollenderin der petrinischen Erneuerung Rußlands versinnbildlichen. Später wurde der

Eherne Reiter auch zum Sinnbild der Auseinandersetzung zwischen westlichem und östlichem Denken. *Aleksándr Púškin* beschrieb in seinem Poem *„Der eherne Reiter"* eine verheerende Überschwemmung, die Anfang des 19. Jahrhunderts St. Petersburg heimsuchte, und deutete das Unglück als Strafgericht Gottes über die Stadt und ihre Menschen, die vom „russischen Weg" abgewichen seien, vor allem aber als Urteil über die Herrschaft *Peters des Großen.*

Die außenpolitische Macht Rußlands, der Glanz seiner Metropolen und die Vielfalt der Erneuerungen führten denn auch dazu, daß die aufgeklärte Phase der Herrschaft Katharinas als ***Goldenes Zeitalter*** in die Geschichte eingegangen ist.

Wie schon bei früheren Herrschern, so folgte auch bei Katharina eine zweite, völlig veränderte, ***reaktionäre Phase.*** Hierbei waren, neben den Reibungsverlusten durch die landesimmanenten Probleme, möglicherweise auch die Eindrücke entscheidend, die die Umwälzungen der Französischen Revolution auf die Herrschenden machen mußten. Liberale Ansätze versandeten oder wurden in ihr Gegenteil verkehrt, bei vielen machte sich Enttäuschung breit: bei den Kosaken, den Altgläubigen, den Manufakturarbeitern, den nichtrussischen Völkern des Landes, vor allem aber bei der leibeigenen Bauernschaft, deren Lage durch die Erteilung weiterer Privilegien an den Adel noch ungünstiger geworden war. Die Spannung entlud sich in einem ***Bauernaufstand*** unter der Führung des Kosaken *Emel'ján Pugačëv*, in dem viele Menschen den „rechten Zaren" *Peter III.*, den ermordeten Mann Katharinas, zu erkennen glaubten. Der Aufstand weitete sich zu einem von allen Seiten mit äußerster Rücksichtslosigkeit geführten Bürgerkrieg aus. Die Staatsmacht konnte sich schließlich durchsetzen, *Pugačëv* wurde enthauptet, die beteiligten Regionen und ihre Bevölkerung wurden grausam bestraft. Der Fluß *Jaík*, von dessen Umgebung der Aufstand ausgegangen war, durfte nicht mehr mit seinem Namen erwähnt werden, er wurde umbenannt in *Urál* – ein politisch motiviertes Vorgehen, das sich bis in die Gegenwart erhalten hat. ***Pugačëvščina*** wurde die russische Bezeichnung für Chaos und Grausamkeit in Staat und Gesellschaft.

Eine soziale Sonderstellung nahmen die ***Einwanderer*** ein. Da Rußland für seine Kolonisationspolitik bäuerliche Siedler brauchte, begann Katharina 1762 eine Werbekampagne vor allem im süddeutschen Raum, in der sie potentiellen Siedlern Abgabenfreiheit, Freiheit vom Truppendienst, Religionsfreiheit, Selbstverwaltung und staatliche Darlehen in Aussicht stellte. Die Kampagne war durchaus erfolgreich, da in den deutschen Ländern viele Bauern den sozialen, politischen und auch religiösen Wirren entgehen wollten, die der Siebenjährige Krieg mit sich gebracht hatte. So entstanden an der Volga und auch in Potëmkins „Neurußland" zahlreiche ***deutsche Siedlungen.*** In der bevorzugten Situation der deutschen Siedler wurde übrigens eine russische Tradition deutlich: Ausländer wurden und werden einerseits privilegiert, andererseits nach Möglichkeit abgeschottet, was bei der russischen Bevölkerung zwangsläufig zwiespältige Gefühle und Reaktionen weckte.

Die großen gesellschaftlichen Probleme Rußlands gegen Ende der Regierungszeit Katharinas wurden in einem Buch manifest, das 1790 unter dem Titel „Reise von Petersburg nach Moskau" erschien und in dem sein Autor *Aleksándr Radíščev* die sozialen Verhältnisse und, in verdeckter Form, auch Katharina beißend kritisierte, als eine Herrscherin, die sich mit falschzüngigen Schmeichlern umgebe. *Radíščev* wurde nach Ostsibirien verbannt und konnte erst nach Katharinas Tod zurückkehren. Sein Buch jedoch wurde sprichwörtlich und bis heute symbolträchtig: Als *Aleksándr Solženícyn* nach 20jähriger Abwesenheit 1994 nach Rußland zurückkehrte, betitelte er die Beschreibung seiner Eindrücke, der Reiseroute folgend, „Reise von Vladivostók nach Moskau". Das war eine bewußte Anspielung auf die Sozialkritik *Radíščevs*, die von den meisten Russen auch sehr wohl verstanden wurde.

Es steht außer Zweifel, daß Katharina eine „Große" war, die Rußland Selbstwertgefühl gab und ihm im europäischen Kräftespiel eine bedeutende Rolle zukommen ließ. Gleichzeitig waren die Schatten nicht zu übersehen, die ihre Regierung über Teile Mitteleuropas und ihr eigenes Land legten: Die Zerschlagung Polens und die ungelöste Frage der Leibeigenschaft in Rußland.

19. Jahrhundert: Alexander I., der „Retter Europas" (1801-1825)

Auch ***Alexander*** (*Aleksándr*) bestieg den Thron nach einem Staatsstreich: sein Vater *Paul I.* (*Pável*) kam bei einer Verschwörung ums Leben. Alexander litt lebenslang unter einem latenten Gefühl der Mitschuld.

Reformära

So waren die ersten Herrschaftsjahre Alexanders von dem Willen gekennzeichnet, die sozialen Gegensätze Rußlands zu mildern und seine politisch-gesellschaftlichen Strukturen zu liberalisieren. In einigen Regionen, vor allem im Baltikum, bekamen die Grundbesitzer durch den ***Erlaß „Über die freien Ackerbauern"*** das Recht, ihre Leibeigenen freizulassen, allerdings ohne Grund und Boden. Neugeschaffene staatliche und kirchliche Schulen sollten breiteren Schichten den Zugang zu elementarem Wissen erleichtern und qualifizierte Fachkräfte für verschiedene Aufgaben in Gesellschaft und Staat ausbilden. Zu dieser Zeit entstand auch das berühmte Lyzeum in Cárskoe Seló, Gymnasium und Verwaltungsakademie in einem, an dem nicht nur *Aleksándr Púškin,* der später der russischen Literatur Weltgeltung verschaffte, unterrichtet wurde, sondern auch zahlreiche bedeutende Vertreter des öffentlichen Lebens. In mehreren großen Städten wurden Universitäten gegründet. Federführend bei vielen Vorhaben war Graf *Michaíl Speránskij,* der während Alexanders Reformära zahlreiche bedeutende Ämter bekleidete. Speranskij initiierte auch eine ***große neue Gesetzeskodifikation,*** in die manches zeitgemäße Gedankengut des *Code Napoléon,* des neuen französischen Zivilgesetzbuches, einging.

„Der Vaterländische Krieg" und der Wiener Kongreß

Die Außenpolitik der europäischen Länder stand im Zeichen der Auseinandersetzung mit der Eroberungs- und Expansionspolitik Frankreichs unter *Napoleon.* Rußland nahm an dem Spiel der Mächte in wechselnden Allianzen teil. Im Jahre 1812 wurde Rußland selbst Ziel eines Kriegszuges, während dessen Napoleon und seine Grande Armée tief in das Land eindrangen. Vor den Toren Moskaus, bei Borodinó, kam es zu einer für beide Seiten verlustreichen, aber nicht entscheidenden Schlacht. ***Napoleon konnte in Moskau einziehen,*** mußte sich jedoch, wegen fehlenden Nachschubs, in der Zeit der Wegelosigkeit und des beginnenden Winters zurückziehen, nur klägliche Reste der einstigen Grande Armée konnten schließlich über den Fluß Berezinà nach Westen entkommen.

Diese Ereignisse wurden als ***„Vaterländischer Krieg"*** Allgemeingut russischen Geschichtsbewußtseins, das seine Elemente etwa folgendermaßen charakterisiert: Da die Angegriffenen überrascht wurden, entschlossen sie sich zum anfänglichen Rückzug und zur Politik der verbrannten Erde; der leidenschaftliche Widerstand der Bevölkerung zeigte sich im unbesiegbaren Partisanenkampf; die Schlacht von Borodino im Jahre 1812 (und nicht die Völkerschlacht bei Leipzig 1813) wurde letztlich zur Schicksalswende für Napoleon; der Einzug der Aggressoren in die alte Hauptstadt Moskau war zwar ein schwerer Schock, mußte aber kurzfristig in Kauf genommen werden; nicht etwa die klimatischen Bedingungen des Landes („General Winter") führten zum Sieg der Verteidiger, sondern die Zusammenfassung aller gesellschaftlichen Kräfte, die allein es ermöglichte, den Feind zu vertreiben und bis in dessen eigenes Land zu verfolgen; die führende Rolle Rußlands und seines Herrschers, des *„Retters Europas",* bei der Entmachtung Napoleons wurde von den anderen europäischen Mächten nicht gebührend gewürdigt oder sogar völlig vergessen. Der „Vaterländische Krieg" wurde auch Gegenstand der großen Literatur, z. B. mit dem Roman „Krieg und Frieden" von *Lev Tolstój.* Aufgrund mancher Parallelen zum „Vaterländischen Krieg" wird der Kampf der Sowjetunion gegen die Truppen Hitlerdeutschlands in den Jahren 1941 bis 1945 als „Großer Vaterländischer Krieg" bezeichnet.

Von 1814 bis 1815 versammelten sich die europäischen Staatsmänner und Fürsten auf dem ***Wiener Kongreß***, um über die Neuordnung Europas nach den Napoleonischen Kriegen zu beraten. Die territorialen Regelungen folgten dem Gedanken des Gleichgewichts der Mächte, wobei die polnische Frage zu den schwierigsten gehörte: Schließlich wurde der größte Teil des Herzogtums Warschau, das erst 1807 im Rahmen der Kriegsführung Napoleons gleichsam als Miniaturausgabe des aufgrund seiner Teilungen verschwundenen Staates Polen entstanden war, als *„Kongreßpolen"* (oder Königreich Polen oder Zartum Polen) in *Personalunion mit Rußland* vereinigt.

Bestimmend war auf dem Wiener Kongreß das monarchische ***Legitimitätsprinzip***, das auf dem Glauben beruhte, daß die Herrscherhäuser von Gottes Gnaden eingesetzt, daß ihre Staaten und ihre Herrschaftsgewalt durch höhere Grundsätze gerechtfertigt seien. Die Anhänger des Legitimitätsprinzips, zu denen auch Alexander gehörte, wollten im wesentlichen die Verhältnisse der Zeit vor der französischen Revolution 1789 wiederherstellen und die neuen nationalen und liberalen Bestrebungen zurückdrängen.

Im Gefolge des Kongresses wurde auf Anregung Alexanders auch die ***Heilige Allianz*** zwischen Rußland, Österreich und Preußen geschlossen, in der die Monarchen erklärten, Religion, Frieden und Gerechtigkeit aufrechterhalten zu wollen.

Legitimitätsprinzip und Heilige Allianz wurden für Jahrzehnte zu wesentlichen Elementen der Restauration sowohl im gegenseitigen Kräfteverhältnis der europäischen Großmächte als auch in ihrer Innenpolitik.

Restauration und Dekabristenaufstand

Diese Elemente wurden besonders bei Alexander deutlich, der sich mehr und mehr in ***übersteigerte Frömmigkeit und Bußverhalten*** verlor und gleichzeitig seine Politik als gottgewollt verstand. In seinem herrscherlichen Sendungsbewußtsein sah er sich als Instrument Gottes, das Europa vor dem Antichristen Napoleon gerettet habe. In diesem Sinne verkehrte er die liberalen innenpolitischen Tendenzen seiner ersten Regierungsjahre in ihr Gegenteil und setzte an die Stelle des weltläufigen, gebildeten und reformerischen *Speránskij* den stockkonservativen General *Alekséj Arakčéev*, dessen Polizeiregime als ***arakčéevščina*** traurige Berühmtheit erlangte.

Die jungen Offiziere und Soldaten Rußlands waren im Kampf gegen Napoleon mit aufmerksamen Augen durch Europa gezogen und hatten dabei zahlreiche Unterschiede zu Rußland wahrgenommen. Vor allem die politischen und die gesellschaftlichen Verhältnisse der westlichen Länder erschienen ihnen als erstrebenswert. Sie erwarteten nun, ebenso wie die dünne Schicht der Gebildeten, daß ihr Einsatz und der des ganzen Volkes im Vaterländischen Krieg durch Liberalisierungen und Modernisierungen belohnt werden müsse. Tatsächlich erlebten sie jedoch die drakonischen Maßnahmen der absolutistischen Restauration. So entstanden zahlreiche ***Geheimbünde,*** die mehr oder weniger revolutionäre politische Ziele verfolgten, von der Schaffung einer konstitutionellen Monarchie bis hin zur Abschaffung der Monarchie und der Errichtung eines totalitären Staates mit gewaltsamer Menschenbeglückung.

Eine praktische Umsetzung der revolutionären Vorstellungen war noch nicht geplant, als sich unerwartet Gelegenheit zum Handeln bot. Alexander war im Dezember 1825 auf einer Reise nach Taganróg am Azóvschen Meer plötzlich gestorben, um seine Nachfolge gab es zunächst einige Verwirrung. Die Verschwörer nutzten die Situation zu einem Putsch, der wegen seines Zeitpunktes (nach dem russischen Wort für Dezember: *dekábr'*) den Namen ***Dekabrísten-Aufstand*** bekam.

Der Aufstand wurde rasch niedergeschlagen, einige der Beteiligten wurden zum Tode, mehr als hundert zu langgjähriger Zwangsarbeit in Sibirien verurteilt, ihre Namen durften nicht mehr genannt werden. Die adlige Intelligenz war für einige Zeit politisch gelähmt, zwischen ihr und den Herrschenden entstand eine tiefe Kluft, die zuvor nicht vorhanden gewesen war und seitdem nie mehr völlig überbrückt werden konnte. Und gleichzeitig wurde der Dekabristenaufstand Gegenstand heimlicher Verehrung und Vorbild für spätere gesellschaftspolitische Bewegungen. Zahlreiche literarische Darstellungen bewunderten die aufrechte Haltung aller Beteiligten, die sich offen zu ihrem Vorhaben bekannten und ihre Strafen klaglos antraten, und den Mut vieler Frauen, verwöhnter Damen der obersten Schicht, die freiwillig das Schicksal ihrer Männer teilten.

19. Jahrhundert: Nikolaus I., der „Gendarm Europas" (1825-1855)

Während Zar Alexander eher ein weicher, bedenkentragender, religiös denkender Schöngeist war, zeichnete sich sein Bruder ***Nikolaus*** *(Nikoláj)* durch die Neigung aus, bedingungslose Disziplin und Ordnung um jeden Preis zu fordern. Veränderungen im Staat sollten, wenn sie denn nötig waren, von ihm selbst ausgehen. Der Dekabristenaufstand war für ihn ein Schockerlebnis gewesen, auf das er mit Repression gegenüber jeder liberalen Idee reagierte. Nikolaus' Geheimpolizei, die „3. Abteilung", wurde sprichwörtlich. Die europäischen Revolutionen von 1830 und 1848, die die Schaffung von Verfassungen und die politische Mitbestimmung breiterer Schichten ermöglichen wollten, waren ihm zutiefst suspekt. Er versuchte mit allen Mitteln, die Ausbreitung ihres Gedankenguts in das Russische Imperium zu unterbinden, zumindest aber ihre Umsetzung. Das wurde symbolhaft deutlich bei der Zerschlagung der letzten autonomen Elemente des (seit dem Wiener Kongreß in Personalunion mit Rußland vereinigten) Herzogtums Warschau. So hieß Nikolaus im liberal orientierten Europa bald der ***„Gendarm Europas"***, galt sein Rußland als Hort der Reaktion.

Bei allen innenpolitischen Maßnahmen ging Nikolaus von dem Gedanken aus, daß ***Orthodoxie, Autokratie und national bestimmter Patriotismus*** die drei Säulen seien, auf denen das russische Imperium ruhe. Hieran müsse sich folglich jedwedes gesellschaftliche und politische Leben im Lande orientieren.

Und trotz (oder wegen?) dieses verengten Horizontes wurden die Jahrzehnte der Herrschaft Nikolaus' zu einer ***Blütezeit des russischen Geisteslebens***, begründeten Dichter und Schriftsteller wie *Griboédov, Púškin, Gógol', Lérmontov* die Weltgeltung der russischen Literatur. Im gesellschaftspolitischen Leben des Landes übernahm diese Literatur jedoch eine neue Rolle: sie wurde zum Vehikel der politischen „Opposition" in Rußland - eine Tradition, die bis in die sozialistische Zeit weiterlebte. Neben die sehr dünnen Schichten von gebildetem Adel und Bürgertum trat vermehrt der *raznočínec*, der Intellektuelle aus nicht privilegierten Kreisen. Aus diesen drei Gruppen rekrutierte sich die berühmte russische ***Intelligéncija*** der 2. Hälfte des 19. Jahrhunderts.

Die Orientalische Frage und der Krimkrieg (1854-1856)

Unter der ***Orientalischen Frage im engeren Sinne*** versteht man die Probleme, die mit dem Rückzug der Türkei aus Südosteuropa zwischen dem ausgehenden 18. und dem beginnenden 20. Jahrhundert zusammenhingen. Dieser Rückzug war durch den inneren Verfall der Türkei (des Osmanischen Reiches), durch die Nationalbewegungen der unter türkischer Herrschaft stehenden Balkanvölker und durch das Eingreifen der europäischen Mächte, vor allem Rußlands, Österreichs und Englands, bedingt. [9)]

Versteht man die ***Orientalische Frage im weiteren Sinne,*** so sieht man ihre Ursachen in weit früheren Jahrhunderten - in der Aufteilung des Römischen Reiches in das Oströmische und das Weströmische Reich, in der Spaltung der Kirchen in die römisch-katholische und die orthodoxen, in der Eroberung der Region durch das Osmanische Reich und im Übertritt vieler betroffener Völker zum Islam - und erkennt ihre Folgen bis hinein in die Gegenwart, z. B. beim Krieg im ehemaligen Jugoslawien.

Der Kampf der europäischen Mächte gegen die „ungläubige" Türkei hatte Tradition, wobei ihre Koalitionen wechselten. Rußland hatte, nicht zuletzt aus territorialen Erwägungen, dabei stets eine führende Rolle gespielt. Seit dem Anfang des 19. Jahrhunderts sahen die ebenfalls außerhalb ihrer Grenzen agierenden Mächte England und Frankreich in Rußland eine Bedrohung ihrer eigenen Einflußzonen und Handelswege, war auch der Konkurrenzkampf zwischen Rußland und Österreich um das Erbe „des kranken Mannes am Bosporus" voll entbrannt. Hinzu kamen die einsetzenden Freiheitskämpfe einiger Völker des Balkan, bei denen Rußland stets die Position einer Schutzmacht über die slavischen Glaubensbrüder beanspruchte. Wegen eines nichtigen Anlasses, bei dem es um den Zugang zu den Heiligen Stätten in Jerusalem ging, stellte Rußland 1854 der Türkei ein Ultimatum und rückte als Schutzmacht der Glaubensbrüder in die (türkisch beherrschten) Donaufürstentümer ein, worauf die Westmächte Rußland den Krieg erklärten.

Der Krieg spielte sich im wesentlichen auf dem Schwarzen Meer und um die Krim ab, nach einjähriger Belagerung fiel die russische Seefestung ***Sevastópol',*** die ***Niederlage Rußlands*** stand damit fest. Aufgrund der Bestimmungen des Friedensvertrages mußte Rußland erhebliche territoriale Verluste hinnehmen (Donaudelta und Bessarabien) und darauf verzichten, auf dem Schwarzen Meer eine Kriegsflotte und an seinen Ufern Seefestungen zu unterhalten.

Obwohl der Krimkrieg die Orientalische Frage keineswegs löste, sondern langfristig eher verschärfte, was sich in den zahlreichen politischen und militärischen Auseinandersetzungen der nächsten Jahrzehnte zeigte, wurde er für das russische Geschichtsdenken wichtig. Einerseits wird er als Demütigung durch die westlichen Großmächte verstanden, andererseits als Symbol des heldenhaften Verhaltens russischer Soldaten, deren Mut und Ausdauer in krassem Gegensatz zur Unfähigkeit mancher Admiräle und zur Korrumpiertheit etlicher Versorgungsoffiziere standen. Diese Gegebenheiten fanden ihren Niederschlag in zahlreichen literarischen Darstellungen, z. B. in den „Sevastópoler Erzählungen" *Lev Tolstójs*, die jedem russischen Schulkind geläufig sind.

So empfanden Russen den Verlust Sevastopol's immer sehr viel schmerzlicher, als dies bei anderen Städten der Fall war. Daß *Nikita Chruščëv* im Jahre 1954 die Krim und damit Sevastopol' an die Ukrainische Sowjetrepublik übergab, blieb zwar während der nachfolgenden Jahrzehnte ohne praktische und psychologische Bedeutung, erlangte aber mit dem Zerfall der Sowjetunion erhebliche Brisanz: Die russisch-ukrainischen Auseinandersetzungen über die Nutzung der Seefestung Sevastópol' sind bis heute im Gange.

Rußland nach 1850

Einige geistesgeschichtliche und politische Konzeptionen, die teilweise schon früher entstanden waren, begannen in der ersten, vor allem aber in der zweiten Hälfte des 19. Jahrhunderts, sich in der staatlichen und gesellschaftlichen Wirklichkeit niederzuschlagen.

Slavophile und Westler

1836 veröffentlichte der Kulturphilosoph ***Pëtr Čaadáev „Philosophische Briefe",*** in denen er sowohl die Vergangenheit als auch die zu erwartende Zukunft Rußlands in den düstersten Farben darstellte. Diese Briefe griffen die bekannte Fragestellung auf, die latent immer vorhanden gewesen war: Ist Rußland ein Teil des Westens oder etwas ganz Eigenes mit besonderen Werten und eigenem Weg? Oder ist es beides? Welche Rolle hat es in der Geschichte Europas? Woran will es sich künftig orientieren? Wie will es sich weiter entwickeln? Die „Briefe" wurden Auslöser für eine nun sehr grundsätzlich und hitzig geführte Diskussion, die in alle staatlichen, gesellschaftlichen und kulturellen Bereiche eindrang, rückschauend die bisherige Geschichte des Landes neu bewertete und vorausblickend seine zukünftige Orientierung suchte.

Sehr bald kristallisierten sich zwei entgegengesetzte Meinungen heraus. Die ***Westler*** sahen die bisherige russische Geschichte relativ negativ und forderten eine politische und kulturelle Umorientierung auch nach westlichem Denken und Handeln. Im Gegensatz dazu unterstrichen die ***Slavophilen*** die Eigenständigkeit der russisch-orthodoxen Kultur und ihrer bäuerlich-sozialen Tradition sowie die Notwendigkeit eines besonderen russischen Weges und Wesens: Nur in Rußland habe sich das Christentum in seiner reinen Form, der Orthodoxie, erhalten, nur innerhalb dieser Orthodoxie habe der Mensch seine Einheit und Identität gewahrt und sei nicht, wie der westliche Mensch, Opfer des rationalistischen Denkens und der Aufsplitterung in Ratio und Seele geworden.

Ein Gedicht von *Fëdor Tjútčev*, das im Jahre 1854 veröffentlicht wurde, artikulierte diese Auffassung von der Besonderheit Rußlands. Es wurde vor allem im Westen populär, wo es in zahlreichen Übersetzungversionen immer wieder zitiert wird. Zwei seien angeführt:

„Verstand wird Rußland nie verstehen,
Kein Maßstock sein Geheimnis rauben,
So wie es ist, so laßt es gehen,
An Rußland kann man nichts als glauben."

und

„Der kühne, wagende Verstand
Kann Rußlands Wesen nicht verstehen,
Denn daß es heilig ist, dies Land,
Das kann allein der Glaube sehen."

Die zwischen Westlern und Slavophilen diskutierte Frage nach dem Wesen Rußlands ist nie endgültig geklärt worden. Im Prinzip ist sie bis heute offen und führt zu mancherlei Orientierungswechseln in der russischen Poltik, auch wenn die Begriffe des 19. Jahrhunderts hierfür nicht mehr verwendet werden.

Nationalbewußtsein und Nationalbewegungen

Im Gefolge der Aufklärung und der Französischen Revolution von 1789 wuchs bei den europäischen Völkern das Bewußtsein der jeweiligen nationalen Individualität und Identität. Es führte mancherorts zu verstärktem Patriotismus, bisweilen zu ungebremstem Nationalismus, innerhalb der großen Monarchien, z. B. im Osmanischen Reich, in Rußland und Österreich-Ungarn, zu Nationalbewegungen und Befreiungskriegen.

Innerhalb der slavischen Völker entstand die Wunschvorstellung einer Gemeinschaft aller Slaven, die vorwiegend religiös-kulturell gesehen wurde, aber durchaus auch als politische Gemeinschaft vorstellbar schien. Dieser ***Panslavismus*** wurde in Rußland allerdings überwiegend als ***Panrussismus*** interpretiert: „... *damit alle slavischen Flüsse in das russische Meer fließen* ..." (*Púškin*), sollte Rußland in der Gemeinschaft der Slaven die Führung übernehmen. Gleichzeitig wurde in Rußland auch der Gedankengang diskutiert, nach dem sich der germanisch-romanische Kulturtyp Europas überlebt habe und nun vom ***slavischen Kulturtyp*** abgelöst werden müsse.

Rußland als imperialistisches Imperium

Der Geist der Zeit im damaligen Europa und die grundsätzliche Prioriät der äußeren Politik in Rußland führten zu einer weiteren ***territorialen Expansion*** nach Südosten und Osten. Während sich die kolonialen Eroberungen der anderen europäischen Mächte in Übersee vollzogen, betrieb Rußland ***Kontinentalkolonialismus.*** Die Tatsache, daß Rußland seine Eroberungen auf dem eigenen Kontinent machte, führte dazu, daß es sich niemals seine Eigenschaft als Kolonialmacht bewußtmachte und folglich auch später keinen Grund sah, diese Kolonien in die Selbständigkeit zu entlassen.

Die Weltgeschichte kennt übrigens seit Jahrtausenden wechselnde Wellen, mit der sich große Staaten nach Osten und andere nach Westen bewegen: Das Reich *Alexanders des*

Großen von Makedonien und auch das Römische Reich hatten sich nach Osten ausgedehnt, die Hunnen, die Mongolen und die Türken hatten ihre Staaten nach Westen getragen. Rußland nahm nun wieder den Weg nach Osten.

Die russisch-türkischen und die russisch-persischen Kriege um ***Gebiete des Kaukasus und des Transkaukasus*** hatten schon um die Wende vom 18. zum 19. Jahrhundert begonnen und zogen sich bis in die 1860er Jahre hin; sie waren wohl die grausamsten der gesamten Expansionspolitik Rußlands. Die ethnisch-religiös-kulturellen Gegensätze innerhalb der eroberten Region und die daraus resultierenden Unterschiede in der Einstellung zu Rußland sowie das Vorhandensein eigener politischer Strukturen führten dazu, daß, anders als bei Sibirien, nie eine wirkliche Einbindung des Kaukasus in das Imperium möglich wurde. Die latenten Spannungen führten immer wieder zu erheblichen Widerständen in Politik, Wirtschaft und Kultur und zu bewaffenten Auseinandersetzungen bis hin zu kriegsähnlichen Zuständen in den 1990er Jahren, z. B.in Tschetschenien.

In den ersten Jahrzehnten des 19. Jahrhunderts begann auch die ***Eroberung*** der Steppen und Wüsten ***Kasachstans und Mittelasiens.*** Hier stieß Rußland nicht nur auf vorhandene Eigenstrukturen, sondern auch auf die ihm ursprünglich fremden Lebensformen des Nomadentums und der zivilisatorisch-kulturell hochentwickelten Oasenkulturen an der uralten Salz- und Seidenstraße. So gelang es dem Imperium auch erst zu Beginn des 20. Jahrhunderts, sich diese Region einzugliedern.

Die ***Durchdringung Sibiriens*** bis zum Ochotskischen Meer war bereits im 17. Jahrhundert erfolgt, im 18. Jahrhundert waren russische Pelzhändler und nach ihnen der russische Staat bis nach Alaska vorgedrungen (das allerdings 1867 an die USA verkauft wurde).

Im 19. Jahrhundert kam es zu einer neuen vertraglichen Regelung der territorialen Abgrenzung zwischen Rußland und ***China.*** Sie fiel für Rußland sehr günstig aus, da China innenpolitisch geschwächt war und auf Kompromisse eingehen mußte. Einige der damaligen Grenzziehungen wurden von China nie als gültig anerkannt, was z. B. im Ussúri-Konflikt von 1969 zum Ausdruck kam.

Die Entdeckung und Eroberung der ***Insel Sachalin und der Kurilen-Inseln*** brachte Rußland in ***Konflikte mit Japan.*** Die seitdem immer wieder wechselnden Besitzverhältnisse bilden bis in die Gegenwart einen unerledigten Streitpunkt zwischen beiden Ländern.

Die Nationalitätenpolitik Rußlands

Außenpolitisch prallten bei der Nationalitätenpolitik Rußlands ***unterschiedliche Konzepte*** aufeinander. Auf der einen Seite bestanden die Orientalische Frage und der Anspruch Rußlands, als Schutzmacht der slavischen Völker auf dem Balkan aufzutreten und sie in ihrem Befreiungskampf zu unterstützen, auf der anderen Seite das Prinzip der Legitimität, zu dem sich die großen Monarchien auf dem Wiener Kongreß bekannt hatten. Rußland entschied von Fall zu Fall.

Innenpolitisch sah sich Rußland aufgrund seiner Expansion vor die ***Probleme eines Vielvölkerstaates*** gestellt. Neben die ethnische Vielfalt (mehr als 100 Völker und Völkerschaften, unter denen die drei slavischen Völker - Russen, Ukrainer, Weißrussen - rund 75 % der Bevölkerung ausmachten) trat die religiöse Zersplitterung (Orthodoxe, Altgläubige, Katholiken, Unierte, Lutheraner, Juden u. a.).

Im Falle der Territorien des ***Ostens*** und seiner Ethnien verfolgte Rußland in der Regel folgende Politik: Zusammenarbeit mit der Oberschicht; Prinzip des Teilens-und-Herrschens; gegenüber den Religionen eine anfangs wechselnde Haltung, die dann mehr und mehr in eine erzwungene Christianisierung (zur Orthodoxie) einmündete; Besiedlung durch russische Bauern; Russisch als Verkehrssprache.

Im Falle ***Kasachstans und Mittelasiens*** kamen die Behinderung des Nomadentums und der Weidewirtschaft und die zwangsweise Seßhaftmachung hinzu. Die Ressourcen der Regionen wurden systematisch für Zentralrußland genutzt, Monokulturen und die Einseitigkeit der späteren Industrialisierung machten die Regionen von der Zentrale abhängig. Da diese Grundkonzeptionen bis zum Zerfall der Sowjetunion gültig blieben, hatten und haben die selbständig gewordenen ehemaligen Sowjetrepubliken, die heutigen GUS-Staaten, enorme Schwierigkeiten, ihre Volkswirtschaften zu stabilisieren.

Die Nationalitätenpolitik in den ***westlichen Regionen*** folgte anfangs unterschiedlichen Zielvorstellungen. Nach den europäischen Revolutionen von 1830 und 1848 sowie den nachfolgenden Freiheitsbewegungen (z. B. im ehemaligen Polen) wurde sie politisch und religiös-kulturell immer repressiver. Die forcierte Russifizierung betraf vor allem die Finnen, die Bewohner des Baltikums, die Polen und die Kaukasusvölker. Die Juden sahen sich einer immer stärkeren Einengung ihrer Siedlungsgebiete (vorwiegend im Westen und Süden Rußlands) und ihrer Lebensgestaltung ausgesetzt. *Scholem Alejchems* berühmt gewordenes Stück „Tewje, der Milchmann" - als Musical „Anatevka - Fiddler on the Roof" - schilderte in poetischer Form die tägliche Welt der Ostjuden und die Pogrome der Wende vom 19. zum 20. Jahrhundert.

Alexander II., der „Befreier" (1855-1881)

Reformära

Der Ausgang des Krimkriegs hatte die Unhaltbarkeit der bisherigen sozialen und politischen Gegebenheiten jedermann mit so großer Deutlichkeit vor Augen geführt, daß sich schließlich eine innenpolitische Reformära abzuzeichnen begann. Überhaupt waren die russischen Zaren des 18. und des 19. Jahrhunderts keineswegs verantwortungslos. Sie handelten nach bestem Wissen und Gewissen, dem Geist ihrer Zeit und den eigenen Fähigkeiten und Überzeugungen folgend. Daß hierbei die gewünschten Erfolge oft ausblieben oder die Situation in einem *roll-back* endete, lag sicherlich auch an der Größe des Landes und der in Jahrhunderten entstandenen Verkrustung seiner Strukturen.

Die ***Leibeigenschaft*** erwies sich mehr und mehr nicht nur als moralisches, sondern auch als wirtschaftliches Problem. Rußland blieb bei der Umstellung der Manufakturbetriebe in Maschinenindustrie immer weiter hinter dem übrigen Europa zurück, es fehlten Arbeitskräfte und Kapital. Die Grundbesitzer verfügten zwar über eine genügend große Zahl von leibeigenen Arbeitskräften, waren aber auch für deren allgemeine Daseinsvorsorge zuständig. Da die Geburtenraten generell, vor allem aber unter den Leibeigenen stark gewachsen waren, sahen sich die adeligen Grundherren einer gewaltigen finanziellen Belastung ausgesetzt. Sie verfügten nicht (mehr) über das nötige Kapital für eine Modernisierung bestehender oder eine Schaffung neuer Fabrikbetriebe, immer häufiger gerieten sie selbst in Verschuldung und Verarmung. Die nichtadeligen „Industriellen" wollten nicht mit Leibeigenen arbeiten, da sie nach geltendem Recht dann nicht nur für deren Arbeitsentlohnung, sondern für deren vollen Unterhalt hätten aufkommen müssen. Gleichzeitig griffen die leibeigenen Bauern in ihrer Frustration vermehrt zu dem Mittel der Obstruktion oder kleinerer und größerer Aufstände, was wiederum repressive Maßnahmen nach sich ziehen mußte: ein Teufelskreis, der zu einer allgemeinen Stagnation im Lande führte.

Alexander schließlich durchbrach diesen Kreis und erließ 1861 das ***Manifest über die Befreiung der Bauern aus der Leibeigenschaft*** (daher sein Beiname „Befreier"). Aufgrund des Manifestes bekamen die Bauern u. a. die persönliche Freiheit und das Recht auf Grundbesitz in der Größe des bisher von ihnen bearbeiteten Grund und Bodens. Dieser Grund und Boden wurde aber generell Kollektiveigentum der Bauerngemeinde, des *mir*, der die meisten Rechte und Pflichten der früheren Grundherren übernahm. Der *mir* entsprach übrigens der von den Slavophilen bevorzugten bäuerlichen Lebensform.

Die einzelnen Bauern waren also weder eigentliche Eigentümer des von ihnen bearbeiteten Bodens geworden, noch hatten sie das Recht der Freizügigkeit erlangt. Aus dieser Situation konnten sich einzelne Bauern zwar freikaufen, allerdings um den Preis einer erheblichen Verschuldung, die sie oft in den Ruin führte. Mit der Zeit differenzierten sich ***zwei***

Klassen von Bauern heraus, einerseits die *Dorfarmut* und andererseits die *Kulaken*, die nach mitteleuropäischen Begriffen etwa Mittelbauern entsprachen. Letztlich fügten die Bestimmungen der Bauernbefreiung den bestehenden sozialen Kontrasten einen neuen hinzu.

Alexanders Reformen betrafen auch andere Bereiche. So versuchte er eine ***Dezentralisierung der Verwaltung,*** indem er Regionen und Städten Selbstverwaltungsaufgaben übertrug. Der Erfolg war bescheiden, da die wesentlichen Kompetenzen letztlich bei der Zentrale blieben.

In das ***Justizwesen*** wurden sehr moderne Elemente eingeführt: Gleicheit aller Stände vor dem Gesetz, Öffentlichkeit der Verhandlungen, Recht auf Verteidigung, Einführung von Schöffen, Abschaffung der Körperstrafe. Dies ermöglichte im Jahre 1878 ein Gerichtsverfahren, das zur Sensation wurde und Berühmtheit erlangte: *Véra Zasúlič*, eine Angehörige der revolutionär orientierten Intelligencija, verübte ein Attentat auf den Petersburger Stadthauptmann, weil dieser rechtswidrig zur Körperstrafe bei Gefangenen gegriffen habe, - und wurde von den Geschworenen freigesprochen.

Auch im ***Bildungsbereich*** führte Alexander Neuerungen ein: Er sorgte für eine weitere Differenzierung des Schulwesens und förderte die Wissenschaft. Im Rußland Alexanders II. wirkten so weltbekannte Naturwissenschaftler wie der Chemiker *Mendeléev* oder der Physiker *Timirjázev*.

Das 19. Jahrhundert, vor allem seine zweite Hälfte, war eine allgemeine ***Blütezeit der russischen Kultur***. *Turgénev, Dostoévskij, Tolstój, Čéchov* führten die Literatur, *Borodín, Čajkóvskij, Músorgskij* die Musik, *Veneciánov, Répin* die Malerei zur Weltgeltung.

Im Rußland jener Zeit erlebte auch die wirtschaftliche Gesamtentwicklung ihre ***„Gründerzeit"***. Im industriellen Bereich waren vor allem die Bereiche Textil, Maschinenbau, Kohle, Öl und Stahl im Aufschwung. Die landwirtschaftliche Produktion war für den inneren Bedarf und den Export ausreichend. Der Handel florierte. Nachteilig wirkten sich die ungleichmäßige Verteilung der Schwerpunktindustrien aus, zumal sie größtenteils in und um die großen Städte, vor allem Moskau und St. Petersburg, angesiedelt waren, sowie das Fehlen ausreichender Transportwege - hier sollte der nun forcierte Bau von Eisenbahnstrecken im europäischen Teil des Landes sowie der transsibirischen und der transkaspischen Linie Abhilfe schaffen. Von wirtschaftlichen Gesichtspunkten betrachtet befand sich das russische Imperium zu jener Zeit also auf dem Wege der Erschließung und des Aufschwungs. Sein damaliger Rückstand von etwa 30 Jahren gegenüber der Entwicklung in Westeuropa war vor allem durch die soziale Struktur und durch die staatliche Gängelung in allen Bereichen bedingt.

Ein (mißlungenes) Attentat auf den Zaren führte zum ***innenpolitischen roll-back***, die drei Säulen des Imperiums - Orthodoxie, Autokratie und national bestimmter Patriotismus - wurden erneut zur absoluten Maxime des staatlichen Handelns. Die nun wieder einsetzenden repressiven Maßnahmen betrafen vor allem die Universitäten und die politisch aktive Intelligencija. Dies führte einerseits zu einer ***verstärkten Emigration*** ins Ausland, andererseits zu verschiedenen ***revolutionär orientierten Bewegungen***.

Das Spektrum dieser Bewegungen war sehr breit. Da gab es auf der einen Seite die eher volksaufklärerische ***Bewegung der naródniki*** (Volkstümler), deren Angehörige aufs Land zogen, um dort zu informieren, zu bilden oder auch revolutionär einzustimmen, was bei den Bauern selbst allerdings auf deutliches Mißtrauen und erheblichen Widerstand stieß. Daneben differenzierten sich mehrere revolutionäre Gruppierungen heraus, die bei ihrem Kampf gegen die tatsächliche oder vermutete politische Unterdrückung mehr umd mehr zu ***terroristischen Formen*** griffen. 1881 fiel *Alexander II.* einem zweiten Attentat zum Opfer. Zur bedeutendsten revolutionären Gruppe wurden die *Marxisten*.

Die Marxisten

Über die Notwendigkeit einer Umgestaltung der gesellschaftlichen und der staatlichen Strukturen war man sich in vielen politischen Zirkeln einig, zumal neben den bestehenden sozialen Gruppen eine kopfstarke Fabrikarbeiterschaft entstanden war, die, wie Jahrzehnte zuvor in Westeuropa, die Hauptlasten der teilweise überstürzten Industrialisierung zu tragen hatte. Umstritten war, auf welchem Wege diese Umgestaltung erreicht werden sollte: vermittels einer Verfassung; vermittels einer bürgerlichen Revolution; vermittels einer sozialistischen Revolution mit der Arbeiterschaft - dem Proletariat - als Träger; vermittels des Aufbaus des Sozialismus unmittelbar aus dem *mir*, der bäuerlichen Dorfgemeinschaft, u. a. m.

Diskussionsgrundlage war vor allem die von ***Karl Marx*** und *Friedrich Engels* formulierte Lehre, die in ihrem Kern folgendes besagte: Die Wirtschaftsform des Kapitalismus führe zwangsläufig zur Überproduktion, zu regelmäßig auftretenden Krisen und zur Verelendung des Proletariats. Die ausgebeuteten Massen würden diese Wirtschaftsform durch die „Expropriierung der Expropriateure" zerschlagen und schließlich eine sozialistische Wirtschaftsform in einer klassenlosen Gesellschaft aufbauen. Voraussetzung für diesen Prozeß seien das Klassenbewußtsein der Arbeiterschaft sowie das Bewußtsein, daß der Klassenkampf zwischen Bourgeoisie und Arbeiterklasse zwangsläufig in einer Revolution gipfeln müsse.

Für die russischen Verhältnisse erhob sich die Frage, ob das Proletariat zahlenmäßig und bewußtseinsmäßig eine Revolution möglich mache oder ob eine Revolution auch von der Bauernschaft ausgehen könne. Marx selbst beantwortete diese Frage dahingehend, daß eine von der Bauernschaft getragene Revolution möglich sei, allerdings unter der Bedingung einer gleichzeitigen proletarischen Revolution in den westlichen Ländern.

Einer der führenden Köpfe der marxistischen Gruppierung wurde ***Vladímir Ul'jánov*** (1870-1924), der sich später ***Lénin*** nannte. Er wurde Mitglied der 1898 gegründeten *Russischen Sozialdemokratischen Arbeiterpartei*, RSDRP, auf deren zweitem Kongreß in Brüssel und London im Jahre 1903 über den Charakter der Partei entschieden wurde: Massenpartei oder Partei der revolutionären Elite. Eine Abstimmungsmehrheit war für Lenins Konzept der Elitepartei, die Anhänger dieser Gruppe erhielten den Namen ***Bol'ševikí*** (Mehrheitler), die anderen den Namen ***Men'ševikí*** (Minderheitler). Einer der entschiedenen Kritiker der Bol'ševikí war in jener Zeit *Lev Brónštejn-Tróckij*, der danach allerdings versuchte, zwischen den Richtungen zu vermitteln. Er entwickelte die Theorie von der „Permanenten Revolution", wurde später Begründer der Roten Armee und schließlich Gegenspieler Stalins.

Nikolaus II., der letzte Zar (1894-1917)

Nikolaus II. (*Nikoláj*), der letzte Zar der Románov-Dynastie, wird als ein liebenswürdiger, etwas schüchterner und auch unausgeglichener Mann beschrieben, der mit seiner ganzen Kraft den Aufgaben eines Herrschers von Gottes Gnaden gerecht werden wollte. Er war mit *Aleksándra Fëdorovna*, einer Deutschen aus dem Hause Hessen-Darmstadt, verheiratet.

Der Beginn bzw. das Ende seiner Herrschaft wurden von zwei durchaus symbolhaften Vorgängen markiert. So kam es bei der festlichen Krönung in Moskau zu einer Panik, der mehrere Tausend Menschen zum Opfer fielen, - die Feierlichkeiten wurden trotzdem fortgesetzt. In den letzten Jahren förderte die Bluterkrankheit des Thronfolgers die mystische und auch schwärmerische Frömmigkeit des Zarenpaares - und als der Mönch und Wunderheiler *Grigórij Raspútin* Hilfe zu bringen schien, bekam er Zutritt zum Hof, wo er mancherlei Einfluß gewann. Dieser Vorgang stieß in der Umgebung der Zarenfamilie und in der Bevölkerung - trotz der bei Russen traditionellen Langmut gegenüber Außenseitern - auf Ablehnung und Widerstand, zumal in der Zeit des Ersten Weltkriegs.

Anderer Art sind die Gefaßtheit und die Würde, mit denen die Zarenfamilie nach der Revolution ihre Gefangenschaft ertrug und offenbar auch in den Tod ging (sie wurde 1918 in *Ekaterinbúrg* von Bol'ševikí ermordet): Sie brachten ihr in der Bevölkerung Bewunderung ein und nährten das nie ganz erloschene Fünkchen Glauben an den „rechten" Zaren ... Die Gebeine des Ermordeten, jahrzehntelang an offiziell unbekanntem Orte verscharrt, wurden in den letzten Jahren als echt identifiziert und im Juli 1998 in St. Petersburg feierlich in der Familiengruft beigesetzt.

Kriege und Revolutionen

Angesichts der komplexen Situation Rußlands war eine Persönlichkeit wie *Nikolaus II.* in gewisser Weise zum Mißerfolg verdammt.

Die außenpolitischen Konstellationen um die Verteilung der Macht- und Interessensphären im Fernen Osten führten Rußland in den ***Russisch-japanischen Krieg*** von 1904 und 1905, in dem es eine schwere Niederlage erlitt. Die verlorene Seeschlacht von Tsushima ist, ebenso wie die Niederlage bei Tannenberg zu Beginn des Ersten Weltkriegs, bis heute im russischen historischen Gedächtnis lebendig.

Im Inneren trieben die sozialen und politischen Gegensätze im Lande einer Konfrontation aller gesellschaftlichen Kräfte zu. Aus einem Arbeiterstreik und einer sonntäglichen Bittdemonstration vor dem Zarenpalast in St. Petersburg, die grausam niedergeschlagen wurden - der Tag ging als „Roter" oder „Blutiger Sonntag" in die Geschichte ein -, entstand die erste große ***Revolution von 1905 bis 1907***, an der sich schließlich auch Bauern, Soldaten, Matrosen und Teile der fremdstämmigen Bevölkerung beteiligten. Der Streik der Besatzung des Panzerkreuzers *Potëmkin* im Hafen von Odessa wurde in der Verfilmung von *Sergéj Eisenstein* weltbekannt.

Die Regierung konnte schließlich der Situation Herr werden, sah sich aber zu politischen Zugeständnissen veranlaßt. So entstanden Manifeste und Gesetze, aufgrund deren ***konstitutionelle Organe*** (z. B. die *Dúma* genannte Volksvertretung) eingeführt und ***bürgerliche Freiheiten*** (z. B. des Gewissens, der Meinungsäußerung, der Versammlung) garantiert wurden. Die Maßnahmen waren wegen ihrer Halbherzigkeit zwar nicht imstande, die sozialen und politischen Spannungen zu lösen, ließen jedoch einen vielfältigen Aufschwung des geistigen Lebens zu: Rußland erlebte das ***„Silberne Zeitalter"*** seiner Kultur, das in alle europäischen Länder ausstrahlte.

Die internationalen Spannungen um die Aufteilung der Interessensphären der Großmächte in Fernost und im Mittelmeerraum, die nationalen Bewegungen in Europa, vor allem in Österreich-Ungarn, die Rolle Rußlands bei diesen Bewegungen und das psychologisch nicht immer geschickte Auftreten des letzten deutschen Kaisers auf der Weltbühne bildeten die Ursachen, die Ermordung des österreichischen Thronfolgers in Sarajevo den Anlaß für den Ausbruch des ***Ersten Weltkriegs*** (1914-1918).

Rußland war einer Kriegsführung wirtschaftlich, politisch und sozial nicht gewachsen. Die unzulängliche Infrastruktur ließ die Versorgung von Armee und Bevölkerung zusammenbrechen; es kam zu einer kaum verkraftbaren sozialen Umschichtung, da ein Großteil der Dorfbevölkerung in den Rüstungsbetrieben der Städte arbeiten mußte; die dünne Intelligencija-Schicht erlebte in der Armee einen in der Relation großen Aderlaß; die anfängliche national-patriotische Einmütigkeit löste sich auf; zentrifugale Tendenzen, vor allem in den ukrainischen und den polnischen Landesteilen, und vermehrte Desertionen verschärften die Lage. Hinzu kam die Entfremdung der Autokratie von den Gegebenheiten des Landes. So bedurfte es nur eines kleinen Anlasses, um die innere Aushöhlung und die äußere Auflösung des Reiches zu vollenden.

Im Februar 1917 kam es in *Petrográd* (wie St. Petersburg seit Kriegsbeginn hieß) zu Streiks und Demonstrationen von Frauen, Arbeitern und Bauern, bei denen es letztlich nicht um Politisches, sondern um Brot, Frieden sowie Grund und Boden ging. Als sich Polizei und Armee mit den Streikenden solidarisierten, verlor der Staat seine Handlungsfähigkeit: Das bedeutete den Sieg der ***Februar-Revolution***.

Nikolaus II. dankte ab. Damit waren die dreihundertjährige Ära der ***Románov-Dynastie*** (1613-1917) und die zweihundertjährige des ***Russischen Imperiums*** (Peter I. - 1917) ***beendet***.

Nach der „bürgerlichen" Februarrevolution stießen in der Republik Rußland zwei seit längerem bestehende politische Kräfte in das Machtvakuum, was zu einer Art ***Doppelregierung*** führte.

Auf der einen Seite gab es die liberale Kraft der ***Provisorischen Regierung,*** die den Staat im Sinne einer parlamentarischen Demokratie neu ordnen und ihre Konzeptionen nur auf dem Wege parlamentarischer Legitimierung erreichen wollte. Rußland sollte als ein großer Gesamtstaat erhalten bleiben, er sollte aufgrund der Bündnistreue gegenüber internationalen Abmachungen den Krieg fortführen. Die Agrarfrage blieb weitgehend unberührt. Da sich das Land und seine Menschen in einer akuten Notlage befanden, mußten der Diskussionsbedarf und die langsame Durchsetzbarkeit solcher Konzeptionen das Ansehen der Provisorischen Regierung rasch sinken lassen.

Auf der anderen Seite gab es die politische Kraft der ***Räte (sovéty, Sowjets)*** der Arbeiter-, Soldaten- und Bauerndeputierten. Derartige Räte waren bereits im Umfeld der Revolution von 1905-1907 entstanden, hatten aber keine größere Bedeutung erlangt. In der jetztigen Lage erschienen ihre radikalen Forderungen jedoch wirkungsvoller als die der Provisorischen Regierung. Hinzu kam, daß die Provisorische Regierung aufgrund ihrer liberalen Prinzipien den zuvor im Untergrund (*Lev Tróckij, Iósif Džugašvíli-Stálin*) oder im Exil (*Vladímir Ul'jánov-Lénin*) tätigen Revolutionären erlaubte, aufzutauchen bzw. zurückzukehren und politisch aktiv zu werden, - und sich damit selbst zum Tode verurteilte.

Kreuzer „Avrora“ (KW)

Die in den Räten bisher kleine Minderheit der Bol'ševikí wurde mit der Rückkehr Lenins zur führenden Kraft. Ihre Forderungen nach einem Frieden „ohne Annexionen und Kontributionen", nach einer radikalen Agrarreform, nach einer Gleichstellung aller Bürger, aller Nationen, aller Konfessionen in Rußland sowie die straffe Führung und der unbedingte Wille zur Macht („*Alle Macht den Sowjets!*") schienen der Bevölkerung überzeugend.

Auf einem gesamtrussischen Rätekongreß wurde der Staatsstreich beschlossen: In der Nacht vom ***24. auf den 25. Oktober 1917*** (nach dem 1918 in Rußland eingeführten Gregorianischen Kalender: 6./7. November) wurden wichtige Punkte in der Hauptstadt St. Petersburg besetzt und die Mitglieder der Provisorischen Regierung verhaftet; der damalige Regierungschef *Aleksándr Kérenskij* konnte fliehen.

Die im Historienfilm von *Sergéj Eisenstein* so dramatisch geschilderten Ereignisse - der vielzitierte Signalschuß der Kreuzers *Avróra* und der nachfolgende „Sturm" auf den Winterpalast - sind sozialistisch verherrlichende Übertreibung. Die ***„Große Sozialistische Oktoberrevolution"*** war in der Realität ein eher unauffälliges Ereignis. Ihre Wirkung war jedoch immens - für Rußland selbst und die Welt insgesamt.

Sowjetmacht, Union der Sozialistischen Sowjetrepubliken

(1917/1922-1991)

Bei den Zielen der sozialistischen Oktoberrevolution handelte es sich nicht um irgendwelche Reformen, sondern um eine grundlegende ***Veränderung der Gesellschaftsform*** mit den entsprechenden Auswirkungen auf alle Lebensbereiche. Einige der wesentlichen, teilweise schon im 19. Jahrhundert bei den Marxisten diskutierten Leitsätze und Prinzipien lauteten: Die bisherige Form des Klassenkampfes sei abgeschlossen, durch die *Diktatur des Proletariats* würden die ausbeuterischen Klassen entmachtet und der Weg in die *klassenlose Gesellschaft* geebnet. *Privateigentum* würde *abgeschafft*, *Produktionsmittel* und *Verteilung* würden *verstaatlicht* bzw. *vergesellschaftet*. Das Prinzip der politischen Repräsentation einer parlamentarischen Demokratie sei abzulehnen. *Alle Gewalt*, ohne ihre prinzipielle Teilung in Gesetzgebung, Vollziehung und Rechtsprechung, werde den *Sowjets* (Räten) übertragen. Der politische Weg werde von der Diktatur des Proletariats zum sozialistischen und schließlich zum vollkommenen kommunistischen Staat führen. Die Staatsorgane (z. B. die Polizei) würden sich, da überflüssig, auflösen, der Staat werde „absterben" und einer selbstverwalteten Gemeinschaft auf der Grundlage der Gleichheit aller Platz machen. [10)]

Diese theoretischen Vorgaben wurden in der historischen Realität sehr unterschiedlich umgesetzt.

So war die Geschichte der Sowjetunion zugleich die Geschichte einer Partei, der *Kommunistischen Partei der Sowjetunion (KPdSU)*. Sie war aus der 1898 gegründeten *Russischen Sozialdemokratischen Arbeiterpartei (RSDRP)* hervorgegangenen und wurde Trägerin der Staatsideologie, d. h. des Marxismus-Leninismus.

In dem nach dem Rätesystem aufgebauten Staat trafen die Führungsgremien der Partei, das *Zentralkomitee (ZK)* und das *Politbüro*, alle wesentlichen politischen Entscheidungen. Dabei sollte nach den Prinzipien des *demokratischen Zentralismus* und der *kollektiven Führung* vorgegangen werden. Hiernach sollten die Wahl der leitenden Organe von unten nach oben stattfinden, die Parteidisziplin der Mitglieder und die Beschlüsse höherer Organe für nachgeordnete bindend sein. Die Leitungsgremien sollten aus gleichberechtigten Personen bestehen; der jeweilige Vorsitzende sollte als der *primus inter pares* gelten.

Abweichend von den Prinzipien des demokratischen Zentralismus und der kollektiven Führung war jedoch die Geschichte der Sowjetunion besonders eng mit dem ***Mann an der***

Spitze der Partei verbunden. Dieser Umstand war in der Zeit, als *Lénin* die maßgebliche politische Führungskraft war, weniger ausgeprägt als unter seinen Nachfolgern, besonders unter *Stálin*. Aber auch unter *Chruščëv* und *Bréžnev* trat das Prinzip der kollektiven Führung bald hinter den richtungweisenden Einfluß des Parteiführers zurück.

Neben dem Marxismus-Leninismus und der Machtkonzentration an der Parteispitze waren es die alten Traditionen des zaristischen Rußland, die die Geschichte der Sowjetunion bestimmten.

Lenin und seine Zeit (1917-1924)

Vladímir Ul'jánov-Lénin (1870-1924) entstammte dem arrivierten Bildungsbürgertum, hatte neben russischen auch tatarische, deutsche und jüdische Vorfahren, wurde Intellektueller, kam früh mit der revolutionären Bewegung in Berührung, in der er bald als einer der führenden Köpfe wirkte. Er verbrachte etliche Jahre seines Lebens in der Verbannung, später in Deutschland und in der Schweiz im Exil, wo er einige seiner grundlegenden Arbeiten schrieb. Im April 1917 konnte er nach Rußland zurückkehren; befreundete Sozialisten hatten ihm die Erlaubnis der deutschen Regierung erwirkt, in einem Sonderzug durch Deutschland zu reisen. Für die eigene Person bescheiden, war er rücksichtslos bei dem Versuch, seine große Utopie in die Wirklichkeit umzusetzen.

Unmittelbar nach der Oktoberrevolution übernahm der „Rat der Volkskommissare" die Regierungsgewalt, dem neben *Lenin* auch *Trockij* und *Stalin* angehörten. Auf die sofort erlassenen Dekrete über die *Enteignung des gesamten Grund und Bodens* zugunsten der Bauern und über den sofortigen Frieden mit den Mittelmächten *„ohne Annexionen und Kontributionen"* folgten weitere, welche die *Banken und die Fabriken verstaatlichten*, *Staat und Kirche trennten*, die *Pressefreiheit abschafften* und die politische Geheimpolizei *Čeka* [11] schufen.

Ein weiteres Dekret gab den Völkern Rußlands das *Recht auf Selbstbestimmung*, einschließlich ihrer Loslösung von Rußland. Dieses Recht wurde gewährt, weil die Regierung von der Überzeugung ausging, daß die Völker nicht souveräne Staaten schaffen, sondern aus freien Stücken einer Gemeinschaft bolschewistisch regierter Länder beitreten würden.

Stalin und Lenin im Februar 1918

Als dies nicht geschah, wurde 1918 auf einem gesamtrussischen Rätekongreß die ***Russische Sozialistische Föderative Sowjetrepublik (RSFSR)*** ausgerufen, auf deren Territorium neben den Russen zahlreiche nichtrussische Völker und Völkerschaften lebten. Gleichzeitig wurden alle anderen Nationalitäten des früheren Russischen Reiches aufgefordert, mit der RSFSR föderativ verbundene Räterepubliken zu bilden.

Die weitere Entwicklung machte deutlich, daß diese Räterepubliken nur von Bol'ševiki geführt und alle konkurrierenden Parteien ausgeschaltet werden sollten.

Im März 1918 verlegte die Regierung ihren Sitz aus dem „westlichen" Petrograd in die alte ***Hauptstadt Moskau*** - ein Schritt, der ihr in großen Teilen der Bevölkerung viel Sympathie einbrachte.

Außenbeziehungen und Bürgerkrieg

Zwischen dem bolschewistischen Rußland und den Mittelmächten wurden von November 1917 bis März 1918 in ***Brest-Litóvsk*** Friedensverhandlungen geführt. Im Friedensschluß mußte die russische Regierung die Abtrennung Finnlands und Polens und die staatliche Souveränität der drei baltischen Länder Estland, Lettland und Litauen anerkennen. Die zeitweilig akzeptierte Souveränität der Ukraine, Georgiens und Armeniens wurde nach der Ungültigkeitserklärung des Brester „Schandfriedens" im November 1918 auf revolutionärem Weg beendet.

An die Stelle der praktisch aufgelösten zaristischen Armee setzte *Trockij* eine neugeschaffene revolutionäre Armee, die ***Rote*** (Arbeiter- und Bauern-)***Armee***. Da sie straff und zielgerichtet geführt wurde und da an der russischen Westfront keine Kampfhandlungen mehr stattfanden, war sie während des ***Bürgerkriegs*** und der ausländischen Intervention zwischen 1918 und 1921 den Truppen der antibolschewistischen *Weißen Generäle* und den Interventionstruppen des Auslands überlegen.

Im Jahre 1922 umfaßte Sowjetrußland annähernd wieder das gesamte Gebiet des zaristischen Rußland - bis auf die territorialen Verluste im Westen, die zwar beträchtlich waren, aber nur ethnisch nichtrussische Gebiete betrafen.

Übergangszeit

Am 30. Dezember 1922 schlossen sich die vier bolschewistisch regierten Einzelrepubliken RSFSR, Ukrainische, Weißrussische und Transkaukasische Republik zusammen und proklamierten die ***Union der Sozialistischen Sowjetrepubliken (UdSSR)***.

Die allgemeine Situation im Lande war katastrophal. Die Zerstörungen des Bürgerkriegs, die radikale Verstaatlichung, die miserable Versorgungslage und die gesellschaftliche Desintegration führten schließlich zu erheblicher sozialer Unruhe. Hier sollte die ***„Neue Ökonomische Politik"***, *NÖP*, die vorübergehend einige privatwirtschaftliche Elemente im handwerklichen und landwirtschaftlichen Bereich zuließ, Abhilfe schaffen - was sie auch sehr bald tat. Solche teilkapitalistischen Maßnahmen wurden auch im weiteren Verlauf der sowjetischen Geschichte immer wieder ergriffen, und zwar dann, wenn das angestrebte Ziel mit sozialistischen Mitteln ganz augenscheinlich nicht zu erreichen war.

Die ersten Jahre der Sowjetära waren für viele Menschen aber auch eine Zeit des Aufbruchs, des Neuanfangs, der Hoffnung. Besonders in der NÖP-Periode gab es eine freie Diskussion über unterschiedliche gesellschaftliche und politische Konzepte sowie eine große geistig-kulturelle Vielfalt, die eine kurze, aber leuchtende Blüte hervorbrachten. Einige der damals entstandenen Werke der Dichtkunst und der Malerei wurden berühmt.

Diese vielfältige Entwicklung wurde aber bald mehr und mehr eingeengt. Fortan sollte es in allen Bereichen - in Politik und Gesellschaft, in Kunst und Kultur - nur noch die „richtige" Orientierung geben. Abweichler wurden unter Druck gesetzt.

Im Verhältnis zur Außenwelt setzte sich eine Grundströmung durch, die bis in die 80er Jahre fortbestand: die Furcht vor der „Einkreisung" - ein Phänomen totalitärer Macht, die sich erst dann nicht mehr bedroht fühlt, wenn kein ernstzunehmender potentieller Feind mehr vorhanden ist. Dies führte zu einer immer deutlicher zutage tretenden Doppelgesichtigkeit des sowjetischen außenpolitischen Verhaltens - ebenfalls ein Phänomen, das bis in die Gegenwart hineinreicht.

So versuchte Sowjetrußland auf der einen Seite, durch seine offizielle Bündnispolitik die Isolierung zu durchbrechen, die durch den Krieg, den Bürgerkrieg und die Enteignung ausländischen Kapitals sowie die Nichtanerkennung der Staatsschulden des Zarenreichs entstanden war. Hierbei bewirkte das 1922 in ***Rapallo*** mit Deutschland geschlossene Bündnis, das den gegenseitigen Verzicht auf Reparationsleistungen und die wirtschaftliche Zusammenarbeit vorsah, den Durchbruch zu diplomatischen Anerkennungen durch andere westliche Demokratien. 1934 wurde die UdSSR in den Völkerbund aufgenommen.

Auf der anderen Seite stand - auch und vor allem nachdem die gehofften Revolutionen in westlichen Ländern ausblieben bzw. nicht von Dauer waren - das Wirken der *Kommunistischen Internationale (Komintern),* welche die revolutionäre Subversion mit dem Ziel der Weltrevolution unvermindert fortführte.

Nach zwei Schlaganfällen war ***Lenin*** nur noch begrenzt oder gar nicht mehr politisch handlungsfähig. Die bis zu seinem Tod 1924 ungeklärte Nachfolgefrage führte zu Machtkämpfen hinter den Kulissen und legte die politische Aktivität der Sowjetunion weitgehend lahm - eine Situation, die auch in der späteren Geschichte immer wieder eintrat.

Stalin und seine Zeit (1924-1953)

Iósif Džugašvíli-Stálin (1879-1953) war Georgier und Kind ärmster Verhältnisse. Nach dem kurzen Besuch eines russisch-orthodoxen Priesterseminars war er wegen revolutionärer Umtriebe in der Verbannung, gelangte dann durch hartnäckige Arbeit und untrügliches Gespür für das Pragmatische in die Führungsgruppe der Partei. Viele seiner persönlichen und politischen Handlungen entsprangen dem tiefen Ressentiment des Aufsteigers gegenüber der alten revolutionären Elite aus der Intelligencija. Bei Auseinandersetzungen scheute er sich nicht, neben der politischen auch die persönliche Diffamierung des Gegners einzusetzen. In seinen letzten Jahren nahmen sein allgegenwärtiger Verfolgungswahn und der ihn umgebende Personenkult absurde Formen an.

Abrechnung mit politischen Gegnern

Obwohl *Lenin* in einem als Testament bezeichneten Brief ausdrücklich davor gewarnt hatte, *Stalin* zu viel Macht zu übertragen, konnte *Stalin* den Kampf um die Nachfolge für sich entscheiden. Unmittelbar danach begann auch die allmähliche Verdrängung *Trockijs*, dessen Theorie der „Permanenten Revolution" und der Revolutionierung der Industriestaaten in deutlichem Gegensatz zu *Stalins* These vom ***„Aufbau des Sozialismus in einem Land"*** stand. *Trockij* wurde 1929 aus der Sowjetunion ausgewiesen, 1940 im mexikanischen Exil von einem Agenten *Stalins* ermordet.

Die Radikalität der Auseinandersetzung zeigte sich z. B. auch darin, daß *Trockij* zur Unperson wurde, sein Name nicht mehr genannt oder etwa in Enzyklopädien aufgeführt werden durfte, er gleichsam inexistent gemacht wurde. Dieses Verfahren gab es schon im Zarenreich und wurde nun in der Sowjetunion zur Methode gegenüber denen, die zu politischen Gegnern geworden waren: Die *„Revolution fraß ihre Kinder"*. [12)]

Zum Exzeß des Staats- bzw. Parteiterrorismus wurde die *čistka,* die ***Säuberung der 30er Jahre,*** der Millionen Menschen zum Opfer fielen (genaue Zahlen sind nicht bekannt, vermutlich mehr als 15 Millionen). Umfang und Art des Straflagersystems des ***GULag*** [13)] wurden später durch *Aleksándr Solženícyn* weltweit bekannt gemacht.

Obwohl die Sowjetunion formal ein Bundesstaat mit national motivierten Gliedstaaten war, fand eine konsequente ***Russifizierung*** statt. Die national-kulturelle Eigenständigkeit der

Unionsrepubliken und der kleineren staatlichen Einheiten wurde in die Folklore abgedrängt. Diese Politik wurde damit begründet, daß in den weniger entwickelten Regionen nur das russische Volk als „Avantgarde" die Führungsrolle beim Aufbau des Sozialismus übernehmen könne.

Wie in vielen anderen Bereichen, so zeigte sich auch hier eine erstaunliche Kontinuität von der Politik des Zarenreichs zu der der Sowjetunion - was allerdings stets offiziell verneint wurde. Lediglich die Begründungen hatten sich verändert: waren früher Erschließung und Missionierung als Aufgabe gesetzt worden, war es nun der Aufbau des Sozialismus.

Mit *Stalins* Zielsetzung, den Sozialismus vorerst in einem Land, der Sowjetunion, aufzubauen, ging auch im kulturellen Bereich eine weitere Vereinheitlichung einher. Der zuvor propagierte proletarische Internationalismus in Literatur und Kunst wurde verworfen. An seine Stelle trat nun der *sozialistische Realismus*, der Kunst als Mittel der Volkserziehung verstand und ganz dem ***Sowjetpatriotismus*** dienen sollte.

Industrialisierung und Kollektivierung der Landwirtschaft

1928 setzte mit den ***Fünfjahresplänen*** eine forcierte ***Industrialisierung*** ein. In relativ kurzer Zeit enstanden zahlreiche Anlagen für Energiegewinnung und Großbetriebe der Schwerindustrie.

Da diese Projekte geographisch punktuell massiert lagen und gleichzeitig die letzten Reste privatwirtschaftlicher Formen aus der NÖP-Zeit abgeschafft wurden, kam es trotzdem nicht zu einer Verbesserung, sondern eher zu einer Verschlechterung des allgemeinen Lebensstandards mit erheblichen Mängeln auf dem Konsumgütersektor.

Auch im Agrarsektor wurden ideologisch bedingte Veränderungen vorgenommen, mit denen auch hier die letzten privatwirtschaftlichen Elemente verschwanden. Zuerst wurden große Staatsgüter geschaffen, die *Sóvchoz-Güter (sovétskie chozjájstva,* Sowjetwirtschaften). Die hiervon noch nicht erfaßte Bauernschaft wurde 1930-1933 in die *Kólchoz-Güter (kollektívnye chozjájstva,* Kollektivwirtschaften) überführt.

Die unter dem Motto „Liquidierung des Kulakentums als Klasse" durchgeführte ***Zwangskollektivierung*** der Mittelbauern, verbunden mit Deportationen und Zwangsarbeit für jeden, der Widerstand leisten wollte, führte zu langjährigen Ernährungskrisen und schweren ***Hungersnöten.*** Das *„planmäßig entfesselte Chaos"* [14] wurde zu einer ungeheuren Tragödie, die gewaltige Opfer forderte (auch hier werden mehrere Millionen vermutet).

Die negativen Folgen der forcierten und einseitigen Industrialisierung konnten nur allmählich und unvollständig ausgeglichen werden. Die Zwangskollektivierung mit ihrer restlosen Vernichtung eines selbständig und eigenverantwortlich handelnden Bauernstandes wirkt sich bis heute lähmend aus, produktionstechnisch und psychologisch.

Der Hitler-Stalin-Pakt und der „Große Vaterländische Krieg" (1941-1945)

Außenpolitisch waren die 30er Jahre durch eine vorsichtige Gleichgewichts- und Vertragspolitik gekennzeichnet, die das Verhältnis zu den Westmächten verbessern und die stets gefürchtete „Einkreisung" verhindern sollte. Sie führte zum Abschluß verschiedener Beistandspakte, z. B. mit Frankreich und der Tschechoslowakei.

Die Furcht vor der „Einkreisung" war auch eines der Motive, die zu einer Neuorientierung der sowjetischen Politik gegenüber Deutschland führten. Nachdem die Etablierung des Nationalsozialismus in Deutschland vorübergehend zu einer Distanz zu Deutschland geführt hatte, kam es 1938 zur Kooperation. Im sogenannten ***Hitler-Stalin-Pakt*** vom 23. August 1939 (nach den Verhandlungsführern auch Ribbentrop-Mólotov-Pakt [15] genannt) wurde der gegenseitige Nichtangriff, im geheimen Zusatzprotokoll die Aufteilung Ostmitteleuropas zwischen der Sowjetunion und Hitler-Deutschland beschlossen. Unmittelbar nach Beginn des Zweiten Weltkriegs am 1. September 1939 erfolgten die entsprechenden Besetzungen. Von

Brennende sowjetische Grenzstation

sowjetischer Seite wurden Ostpolen annektiert, im Winterkrieg Finnland zur Abtretung Kareliens gezwungen, die drei baltischen Republiken Estland, Lettland und Litauen besetzt und inkorporiert und Bessarabien und die Nordbukowina einverleibt.

Der Angriff Hitlerdeutschlands vom 22. Juni 1941 traf die Sowjetunion - trotz mancher Warnungen - unerwartet und für eine Verteidigung unzulänglich gerüstet.

Der nachfolgende Krieg wurde, in Anlehnung an den Abwehrkampf gegen Napoleon, ***„Großer Vaterländischer Krieg“*** genannt. Die zu Beginn des Krieges auftretenden zentrifugalen Tendenzen der Nationalitäten und die potentielle Opposition in der Bevölkerung machten angesichts vieler Exzesse der deutschen Besatzer bald einem allgemeinen Patriotismus Platz. Hinzu kam, daß *Stalin* gleichzeitig den ideologischen Kampf im Lande milderte. So wurde die Sowjetunion auch für Gegner des Bolschwismus zum „Mütterchen Rußland“, das es mit allen Kräften zu verteidigen galt.

Trotzdem wurden, wegen tatsächlicher oder angeblicher Kollaboration mit Hitler-Deutschland, bald nach Kriegsbeginn ganze Völkerschaften und Bevölkerungsgruppen deportiert. Betroffen waren u. a. die Deutschen aus der Autonomen Volga-Republik und der Südukraine, die Krimtataren, die Tschetschenen, die Tscherkessen sowie die Kosaken der Kaukasusregion. Ihre partielle oder völlige Rehabilitierung erfolgte erst 15-25 Jahre später, war aber nur teilweise mit dem Recht der Rückkehr verbunden.

Im kollektiven Gedächtnis des Landes ist der „Große Vaterländische Krieg“ mit dem Opfer von 20-30 Millionen Menschenleben (genaue Zahlen sind nicht bekannt) und gewaltigen Zerstörungen als Trauma lebendig. Unvergessen sind das heroische Verhalten der Leningrader unter der 900tägigen Belagerung und die Schlacht um Stalingrad, die die Wende zum Sieg brachte. Ebenso gegenwärtig sind der patriotische Kampf der Partisanen gegen die Besatzer und der Einmarsch in Berlin. Der Tag der Kapitulation Deutschlands am 9. Mai 1945 (die Unterzeichnung der Gesamtkapitulation in der Nacht vom 7. auf den 8. Mai 1945 in Reims/Frankreich war auf Verlangen der Sowjetunion am 9. Mai in Berlin-Karlshorst wiederholt worden) wird als großer Feiertag begangen, der die älteren Menschen Rußlands und der anderen Nachfolgestaaten der Sowjetunion im patriotischen Gedenken vereinigt.

Nachkriegszeit

Die ***Bilanz des Zweiten Weltkriegs*** hatte für die Sowjetunion zwei Seiten. Auf der einen Seite standen die ungeheuren Opfer an Menschenleben und die Zerstörungen im Westteil des Landes. Auf der anderen Seite konnte sie alle 1939 gemachten territorialen Gewinne behaupten und einige hinzufügen (das nördliche Ostpreußen, die Karpato-Ukraine, Südsachalin und die Kurilen) und auf den Konferenzen von Teheran (1943), Jalta und Potsdam (1945) besonders aktiv bei der Durchsetzung der Kriegsziele der Anti-Hitler-Koalition mitwirken. Im Westen der Sowjetunion wurde ein Gürtel von Volksdemokratien gebildet, die ideologisch gleichgerichtet und von ihr abhängig waren.

Bald nach dem Ende des Krieges kam es zu einer deutlichen ***Entfremdung zwischen der UdSSR und den Westmächten.*** Hierzu trug vor allem die von der Sowjetunion vertretene „Zwei-Welten-Theorie" bei, die besagte, daß das sozialistische Lager unter der Führung der UdSSR und das kapitalistische Lager unter der Hegemonie der USA einander feindlich gegenüberstanden. Verschärfend wirkten auch die im jeweiligen Lager geschaffenen, konträren Militärbündnisse (auf der einen Seite die NATO, auf der anderen der Warschauer Pakt) und Wirtschaftszusammenschlüsse (einerseits die Europäische Wirtschaftsgemeinschaft, andererseits der Rat für Gegenseitige Wirtschaftshilfe, RGW). Hinzu kamen die Berlin-Blockade von 1948/49 und der Korea-Krieg (1950-1953). Alle diese Entwicklungen führten zwar schließlich in den sogenannten ***Kalten Krieg,*** gaben aber der Sowjetunion eine herausragende Position.

Diese außenpolitischen Erfolge wurden für die Menschen gleichsam eine psychische Kompensation des Kriegsschocks und des Nachkriegselends.

Zwar ging der ***industrielle Wiederaufbau*** nach dem Krieg sehr rasch vonstatten, wurden die Kriegsschäden beseitigt und mehrere Großprojekte zur Energiegewinnung in Angriff genommen, entwickelte sich die Schwerindustrie weiter - der Konsumbereich und vor allem der Agrarsektor hielten mit dieser Entwicklung jedoch nicht Schritt. Der allgemeine Lebensstandard blieb unverändert niedrig.

Im ideologisch-politischen Bereich wurden nicht nur manche während des Krieges gemachte Zugeständnisse (z. B. an die Kirche) rückgängig gemacht, sondern auch der ***innenpolitische Druck*** wieder verschärft; etwa 10 Millionen Menschen kamen in Straf- und Arbeitslager.

Bei ***Stalins Tod*** 1953 lag das Land unter der erdrückenden Last von Repression und Stagnation. Trotzdem galt (und gilt) Stalin als der Früher, der dem Land Größe gebracht und es zu einer der beiden Weltmächte gemacht hat. Dafür wurde (und wird) ihm vieles verziehen.

Chruščëv und seine Zeit (1954-1964)

Nikíta Chruščëv (1894-1971) wurde im russisch-ukrainischen Grenzgebiet geboren, er entstammte bäuerlich-proletarischen Verhältnissen. In seiner Jugend arbeitete er als Schlosser, später wurde er Techniker und machte schließlich als aktiver Funktionär und Gefolgsmann Stalins Karriere bis in den engeren Kreis der Parteiführung. Er war ein physisch und psychisch robuster Mann, der seine Fähigkeiten mit dem Willen zur Macht verband. Sein jovialer Humor und seine Kontaktfähigkeit machten ihn bei vielen Menschen beliebt. Seine Handlungen waren oft ungeplant-spontan und sprunghaft. Er pflegte außerdem einen ungezwungenderben Habitus, den er ganz bewußt auch im Ausland einsetzte. So rief sein Auftritt vor der UN-Vollversammlung, bei dem er zum Zeichen des Protests und zur Untermauerung seines Standpunkts mit dem ausgezogenen Schuh auf sein Sitzpult hieb, weltweit Verblüffung hervor.

Nach *Stalins* Tod und nach einer kurzen Übergangsphase kollektiver Führung konnte *Chruščëv* die entscheidenden Ämter in Partei und Staat übernehmen.

Der XX. Parteitag der KPdSU und die Folgen in Inneren

In der sogenannten Geheimrede vor dem XX. Parteitag der KPdSU von 1956 kritisierte *Chruščëv* die Herrschaftsmethoden Stalins und den um ihn betriebenen Personenkult und leitete damit eine - allerdings äußerst vorsichtige und unvollständige - ***Entstalinisierung*** ein, die zu einigen Veränderungen im wirtschaftlichen und im kulturpolitischen Bereich führte.

Die Priorität der Schwer- und Investitionsgüterindustrie blieb unangetastet, die Rüstungsindustrie wurde ausgebaut. Gleichzeitig sollten aber auch in der Konsumgüterindustrie Produktionssteigerungen erzielt werden. Hierzu wurden sogenannte materielle Anreize eingeführt: Die Belegschaften konnten erzielte Überschüsse gewinnbringend verkaufen.

Daneben sollte der notorisch problematische Agrarsektor gefördert werden - durch Neulanderschließungen, vor allem in Kasachstan, in Westsibirien und im Volgagebiet, durch den forcierten Anbau von Mais, durch die organisatorische Zusammenlegung von Sovchoz- und Kolchoz-Gütern und durch die Dezentralisierung von Planung und Verwaltung.

Dieser „Wohlfahrts-" oder „Gulaschkommunismus", wie er scherzhaft bezeichnet wurde, brachte für die Bevölkerung einige Verbesserungen im Konsumbereich, langfristig erwies er sich jedoch wegen seiner Halbherzigkeit und Inkonsequenz als unzulänglich.

In der Kulturpolitik brachte ein ***ideologisches „Tauwetter"*** (der Begriff stammt aus der Zeitschriftenveröffentlichung eines Kurzromans von *Íl'ja Érenburg* im Jahre 1954) eine vorübergehende Lockerung der staatlichen Kontrolle in der Literatur. In rascher Folge erschienen nun literarische Publikationen, die vom Stil des sozialistischen Realismus abwichen oder erstmals die Greuel der GULag-Welt ehrlich schilderten. Besonders bekannt wurden der Roman „Der Mensch lebt nicht vom Brot allein" von *Vladímir Dudíncev* und die Erzählung „Ein Tag des Iván Denísovič" von *Aleksándr Solženícyn*.

Die Tauwetter-Periode verlief nicht einheitlich, sondern war von mehreren repressiven Phasen unterbrochen. Schließlich nahm der Staat die kulturpolitische Lockerung vollends zurück, um ein weiteres Anwachsen der Literatur, die die negativen Erscheinungen der Stalinzeit beschrieb, zu verhindern. 1963 ging die Tauwetter-Periode zu Ende.

Einige ***Wissenschaftsbereiche,*** z. B. die Genetik, konnten sich aus ihrer erzwungenen Nichtexistenz befreien (die Soziologie und nahestehende Disziplinen blieben weiterhin tabu).

Die Hochtechnologie der Weltraumerforschung und der Rüstung verzeichnete spektakuläre Erfolge, z. B. den ersten bemannten Weltraumflug des Kosmonauten *Júrij Gagárin* im Jahre 1961 und den Bau der Wasserstoffbombe.

Äußere Beziehungen

Sozialistische Länder: Die ideologische und politische Führungsrolle der Sowjetunion innerhalb des sozialistischen Lagers war nicht mehr unumstritten. 1958 bzw. 1960 kam es zum ideologischen Bruch mit China (und seinem Parteigänger Albanien); außerdem entstanden Konflikte in und mit den europäischen Satellitenstaaten (Jugoslawien; Aufstände in der DDR 1953, und Polen und Ungarn 1956). Schließlich war die Sowjetunion gezwungen, die Tatsache des *Polyzentrismus* im sozialistischen Lager zumindest teilweise anzuerkennen.

Entwicklungsländer: An die Stelle der „Zwei-Welten-Theorie" trat nun die „Drei-Welten-Theorie" - neben den sozialistischen und den kapitalistischen Ländern die Entwicklungsländer. In ihrem Rahmen wurde die Sowjetunion in der Dritten Welt, vor allem in Asien und Afrika, tätig. Der dortige Entkolonialisierungsprozeß („nationale Befreiungsbewegungen") wurde aktiv unterstützt. Die wirtschaftliche Hilfe war grundsätzlich an militärische und politische Einflußnahme gekoppelt.

Kapitalistische Länder: Bei weiterbestehender ideologischer Konfrontation galt für die praktische Zusammenarbeit fortan die Losung von der „Friedlichen Koexistenz von Staaten mit unterschiedlicher Gesellschaftsordnung". Hierbei wurde die wirtschaftliche Maxime des „Einholens und Überholens" der kapitalistischen Welt aufrechterhalten. Im politisch-militärischen Bereich kam es zu verschiedenen Konfliktsituationen zwischen den Großmächten, z. B. der Kuba-Krise zwischen der UdSSR und den USA um die Aufstellung sowjetischer Raketen in der Karibik.

Einen zentralen Punkt der ost-westlichen Konfrontation bildete die „Deutsche Frage". Hierbei ging es um die Einbindung der getrennten Teile Deutschlands in den einen oder den anderen Machtblock sowie um den Status von Berlin. Der Bau der Berliner Mauer am 13. August 1961 markierte einen Höhepunkt dieser Auseinandersetzung.

Es steht außer Zweifel, daß **Chruščëv** nach der 30jährigen Stalin-Ära der sowjetischen Geschichte neue und wesentliche Impulse gab. Die Ungelöstheit mancher Fragen (Agrarbereich, Planung und Verwaltung), die Sprunghaftigkeit seiner Entscheidungen („Tauwetter" und Repression) und die in den Augen sozialistisch-reaktionärer Kräfte allzu enge Zusammenarbeit mit dem Westen im Rahmen der „Koexistenz" führten 1964 zu seiner Entmachtung.

Chruščëv war übrigens der erste wichtige politische Führer der Sowjetunion, der als „Polit-Rentner" einen friedlichen Lebensabend verbrachte.

Brežnev und seine Zeit (1964-1982)

Leoníd Brežnev (1906-1982) wurde in der Ukraine, im Zentrum der dortigen Hüttenindustrie, als Sohn eines Arbeiters geboren. Später wurde er Hütteningenieur und machte Parteikarriere. Er gehörte schon zur Zeit *Stalins* und *Chruščëvs* dem engeren Führungskreis an. *Brežnev* war weniger ein Mann mit größeren Visionen als vielmehr ein starrer Bürokrat, der beharrlich oder hartnäckig die sowjetisch-sozialistischen Ziele zum Erfolg bringen wollte.

In der Bréžnev-Ära war das Element der kollektiven Führung - mit *Alekséj Kosýgin, Nikoláj Podgórnyj, Michaíl Súslov, Andréj Gromýko* - stärker vertreten als früher. Seit Ende der 70er Jahre bot sie das Bild einer erstarrten Gerontokratie.

Wirtschaft, Staat und Gesellschaft

Trotz der Rücknahme einiger Chruščëvscher Strukturreformen blieben die geltenden Prioriäten der Entwicklung erhalten, vor allem der vorrangig betriebene ***Ausbau der Investitionsgüter- und der Rüstungsindustrie.*** Hier sollten verschiedene Abkommen über wirtschaftliche, wissenschaftliche und technische Zusammenarbeit mit kapitalistischen Ländern - z. B. das Erdgas-Röhren-Geschäft Anfang der 70er Jahre, in dem die Lieferung von Großrohren aus der Bundesrepublik Deutschland gegen die Lieferung von Erdgas langfristig festgelegt wurde - neue Impulse geben. Außerdem wurde eine noch stärkere Nutzung der Wirtschaften der RGW-Länder durch die UdSSR anvisiert.

Die Produktion der sowjetischen ***landwirtschaftlichen Großbetriebe*** blieb ungenügend, sie mußte durch Getreideeinfuhren aus den USA und Kanada ergänzt werden.

Die seit 1936 gültige „Stalin-Verfassung" der Sowjetunion wurde 1977 durch die ***„Brežnev-Verfassung"*** abgelöst, die u. a. die gesellschaftlichen Verhältnisse in der Sowjetunion neu definierte: der Aufbau des Sozialismus sei abgeschlossen; es sei eine „entwickelte sozialistische Gesellschaft" entstanden (im Westen überwiegend als „real existierender Sozialismus" bezeichnet); die „Annäherung" und „Verschmelzung" der Völker der Sowjetunion sei so weit vorangeschritten, daß es nun nur noch das eine „Sowjetvolk" gebe.

Im Bildungsbereich genossen die mathematisch-technischen Fächer nach wie vor Priorität, weil sie für die weitere Industrialisierung des Landes wichtig waren. Die soziale Zusammensetzung der Studierenden hatte sich von den Arbeiterkindern zu den Kindern der technischen Intelligenz verlagert. Diese Gruppe und die politischen Machteliten entwickelten angesichts ihrer Unentbehrlichkeit in den damaligen Strukturen des Landes ein enormes Selbstbewußtsein und die entsprechenden Ansprüche: Es entstand die mit allen unsozialistischen Privilegien ausgestattete ***Nomenklatúra.***

Die in etlichen wissenschaftlichen, literarischen und publizistischen Arbeiten vorsichtig oder offen geführte Kritik an den gesellschaftlichen Verhältnissen führte zu verschärfter ***Repression*** und deutlicher ***Restauration*** von seiten des Staates. Wegen Abweichung von der ideologisch vorgegebenen Linie des Sowjetpatriotismus wurden gegen führende Wissenschaftler und Autoren Prozesse geführt, Verbannungen ausgesprochen (*Andréj Sácharov*) oder Ausbürgerungen (*Aleksándr Solženícyn, Lev Kópelev*) verfügt. Um die Zensur bzw. das Publikationsverbot zu umgehen, wandten sich viele Autoren und ihre Anhänger dem Verfahren des *Samizdát* („Selbstverlag") zu: Jeder Leser eines (verbotenen) Werkes bemühte sich, mit der Schreibmaschine eine oder mehrere Abschriften anzufertigen. Etliche Autoren brachten ihre Manuskripte auf inoffiziellen Wegen ins Ausland, wo sie veröffentlicht werden konnten: *Tamizdát* („Dortverlag").

An die Stelle der offen antireligiösen Politik der Chruščëv-Ära trat nun die Förderung der ***Wissenschaft des Atheismus***. Interessanterweise wurde sie zu einem Vehikel, das die Beschäftigung mit jenen Zeugnissen der christlich-orthodoxen Entwicklung Rußlands erlaubte, welche das nationale Prestige und die nationale Identität fördern konnten, so z. B. mit der Kirchenarchitektur, der Ikonenmalerei oder den großen religiös-literarischen Werken.

Die Beschäftigung mit diesen Zeugnissen russischer Kultur sollte vor allem auch ein Gegengewicht zu den nationalen und muslimisch-religiösen Bewegungen kaukasischer und mittelasiatischer Völker schaffen. Denn ganz im Widerspruch zu der Losung von dem einen „Sowjetvolk" standen der traditionellen Russifizierungspolitik mehr und mehr das wachsende Selbstbewußtsein und die ***Emanzipationsbestrebungen der Nationalitäten*** gegenüber. Bei der deutschstämmigen und der jüdischen Bevölkerung begann eine zunehmende ***Auswanderung.***

Außenpolitik

Das ***Verhältnis zu China*** verschlechterte sich weiter. Neben die ideologischen Differenzen traten Grenzstreitigkeiten. Sie stammten aus dem 19. Jahrhundert, waren nie wirklich beigelegt worden und wurden nun so brisant, daß 1969 Schießereien am Fluß Ussuri an den Rand einer kriegerischen Auseinandersetzung führten. Der Kampf um die Einflußsphären in Asien verschärfte die Situation.

Die sowjetische ***Militärintervention in Afghanistan*** im Jahre 1979 zur Unterstützung eines gefährdeten kommunistischen Regimes verwandelte sich im Laufe des nächsten Jahrzehnts in eine schwere Bürde, welche die Stimmung innerhalb der UdSSR schwer belastete und ihr internationales Ansehen beeinträchtigte.

Im Rahmen des sozialistischen Polyzentrismus hatten sich unterschiedliche „Wege zum Sozialismus" herausgebildet, die den politischen und wirtschaftlichen Hegemonialanspruch der Sowjetunion zu bedrohen schienen. Und als in der Tschechoslowakei während des ***„Prager Frühlings"*** der Versuch gemacht wurde, einen „Sozialismus mit menschlichem Antlitz" zu schaffen, intervenierten Warschauer-Pakt-Truppen: Die Bewegung wurde im August 1968 niedergeschlagen. Diese Militärintervention in einem souveränen Staat wurde mit der sogenannten ***Brežnev-Doktrin*** gerechtfertigt. Sie besagte, daß die Souveränität der sozialistischen Länder begrenzt sei, sobald „Gefahr für die Sicherheit der ganzen sozialistischen Gemeinschaft" entstehe.

Im politischen Ost-West-Konflikt bahnte sich eine gewisse ***Entspannung*** an. So kam es im besonders schwierigen Verhältnis zur Bundesrepublik Deutschland zu Verhandlungen über Gewaltverzicht und die Anerkennung der bestehenden Grenzen in Europa, die sich im Moskauer Vertrag von 1970 niederschlugen. Im Vier-Mächte-Abkommen von 1971 wurden die Bindung und die Verbindungen von Berlin (West) zur Bundesrepublik Deutschland bestätigt.

Auf bilateraler Ebene mit den USA wurden Abrüstungsverhandlungen mit dem Ziel eines Kräftegleichgewichts geführt. Auf multilateraler Ebene bedeutete die Konferenz über Sicherheit und Zusammenarbeit in Europa (KSZE) in Helsinki im Jahre 1975 eine Wende zu partieller Kooperation.

Innerhalb der Sowjetunion war die ***Lage am Ende der Brežnev-Ära*** bedrückend. Arbeitsproduktivität und Produktion waren zurückgegangen, Versorgungsschwierigkeiten belasteten den Lebensalltag der Menschen, der Politik von Ruhe-und-Ordnung-um-jeden-Preis standen Motivationsverlust, Disziplinlosigkeit und Korruption gegenüber.

Die Brežnev-Ära ging als Zeit der verschärften politischen und sozialen Gegensätze sowie der allgemeinen Stagnation in die sowjetische Geschichte ein. Ein Jahrzehnt später waren allerdings die wirtschaftlichen und sozialen Verhältnisse in Rußland so schwierig geworden, daß viele Menschen begannen, die Breznev-Zeit nostalgisch zu verklären und ihre Wiederkehr herbeizusehnen.

Übergangszeit unter Andropov und Černenko (1982-1985)

Júrij Andrópov (1914-1984) und ***Konstantín Černénko*** (1911-1985), alte und kranke Männer, die hintereinander für kurze Zeit die Führungsspitze innehatten, versuchten, die Wirtschaftslenkung zu rationalisieren, das materielle und das menschliche Potential des Landes effizienter zu nutzen und den allgemeinen Lebensstandard zu heben. Beide starben, ehe ihre neuen Ansätze greifen konnten.

In den äußeren Beziehungen demonstrierten die beiden Politiker einerseits militärische Macht, andererseits suchten sie wirtschaftliche Zusammenarbeit auf der Basis der „friedlichen Koexistenz".

Wandel unter Michail Gorbačëv: Glasnost' und Perestrojka

Michaíl Gorbačëv wurde 1931 bei Stávropol' im nördlichen Vorgebirge des Kaukasus in einer bäuerlichen Familie geboren. Er war Agronom, studierte Rechtswissenschaften und machte in der KPdSU Karriere. 1985 wurde er Generalsekretär der Partei. *Gorbačëv* markierte in der sowjetischen Politik nicht nur einen Generationenwechsel, sondern auch einen Stilwechsel: Er demonstrierte das weltläufige Auftreten internationaler Diplomatie.

Die Sowjetunion erlebte seit dem Ende der 70er Jahre eine sich stetig verschärfende ***wirtschaftliche, technologische und gesellschaftliche Krise.*** Die bisherigen Reformversuche im Rahmen des sozialistischen Systems waren gescheitert. Der Staat hatte nun zwei Möglichkeiten: Er konnte entweder zur zentralen Lenkung und Leitung nach stalinistischem Muster zurückkehren oder eine Demokratisierung zulassen.

Gorbačëv versuchte einen ***dritten Weg:*** Er strebte einen „demokratischen, humanen" Sozialismus an. Daher entschied er sich für eine Strategie, die zwar in allen Bereichen eine Demokratisierung bringen, nicht aber das sozialistische System als solches aufgeben sollte.

Er erklärte, daß der Marxismus-Leninismus nicht mehr alleingültiges Dogma sei, sondern fortan nur noch als eine „lebendige Anleitung zur kontinuierlichen Selbsterneuerung der revolutionären Theorie unter der Einwirkung der revolutionären Praxis" [16] betrachtet werden könne. Gleichzeitig wollte er die Leitung der Volkswirtschaft und die Lenkung der gesellschaftlichen Prozesse dezentralisieren. Dabei strebte er eine partielle Eigenverantwortlichkeit der Wirtschaftstätigkeit vor allem der industriellen und der landwirtschaftlichen Betriebe an. Der Sozialpolitik und dem Dienstleistungssektor sollte größere Bedeutung beigemessen werden.

Da seine Pläne zu einem derartigen Umbau *(perestrójka)* auf den erbitterten Widerstand der alten Kader stießen, setzte er das Instrument der Öffentlichkeit (oder Transparenz, Offenlegung: *glásnost')* ein. Sie vermehrte und verbesserte die allgemeine Information und machte dadurch die Einstellungen der Bevölkerung und ihre gesellschaftspolitischen Äußerungen vielfältiger - aber auch radikaler. Gleichzeitig wuchs das nationale Selbstbewußtsein der nichtrussischen Völker und Völkerschaften der Sowjetunion. Aus Gorbačëvs gelenkter „Revolution von oben" wurde bald eine eigengesetzliche „Revolution von unten".

In der ***Außenpolitik*** ließ Gorbačëv den Gedanken von den „antagonistischen Beziehungen" zwischen der sozialistischen und der kapitalistischen Welt endgültig fallen und rückte stattdessen die „Zusammenarbeit im Interesse der Völker" in den Vordergrund. Auf europäischer Ebene sprach er vom *„Gemeinsamen Haus Europa".* In die deutsche Frage brachte er eine prinzipielle Wende, als er mit dem damaligen Außenminister der Sowjetunion, *Éduard Ševardnádze*, 1989 der ***Wiedervereinigung Deutschlands*** nichts mehr in den Weg legte.

Durch *glásnost'* und *perestrójka* hatte eine Reform des wirtschaftlichen und des politischen Systems der Sowjetunion eingeleitet werden sollen. Die ***Eigendynamik der Entwicklungen*** führte jedoch weit über diese Zielsetzung hinaus. Zahlreiche Konfliktstoffe wurden deutlich: Der Zusammenbruch der alten Strukturen, ohne daß systematische neue an ihre Stelle traten, die offenkundigen Wirtschaftsprobleme, der sinkende Lebensstandard, die ökologischen Katastrophen und eine allgemeine gesellschaftliche Krise. Die zuvor latenten nationalen Spannungen und Emanzipationsbestrebungen traten an die Oberfläche.

Die Führung der nationalen Bestrebungen übernahmen die baltischen Nationen, vor allem durch eine breite Diskussion über die Annexion ihrer selbständigen Staaten durch die Sowjetunion im Jahre 1940. Im Herbst 1988 erklärte sich die Estnische Unionsrepublik als souverän, bis Ende 1990 hatten nacheinander auch alle anderen Unionsrepubliken ihre Souveränität erklärt. Im August 1991 sollte ein neuer Unionsvertrag unterzeichnet werden, der für die 15 Republiken der Sowjetunion weitreichende Kompetenzen vorsah.

Die Gegner dieser Entwicklung sammelten sich unter der Führung eines ***Komitees für den Ausnahmezustand.*** Sie putschten und ließen zur Untermauerung ihres Umsturzvorhabens Panzer auffahren. Moskauer Bürger und zahlreiche Führungskräfte des Landes - unter ihnen *Borís Él'cin* (Boris Jelzin) und *Aleksándr Lébed'* - traten den Putschisten entgegen.

Der Umsturzversuch scheiterte - und bewirkte genau das Gegenteil seiner Absicht: er beschleunigte den Auflösungsprozeß der Sowjetunion. Bis Ende des Jahres 1991 proklamierten alle Unionsrepubliken ihre Unabhängigkeit. Die ***Union der Sozialistischen Sowjetrepubliken***, die im Dezember 1922 proklamiert worden war, ***hörte im Dezember 1991 auf zu existieren***. Gorbačëv trat zurück.

Seitdem schlossen sich 12 der 15 ehemaligen Unionsrepubliken zur ***Gemeinschaft Unabhängiger Staaten (GUS)*** zusammen. Die drei baltischen Republiken traten der GUS nicht bei.

Die GUS ist weder ein Bundesstaat noch ein Staatenbund oder ein überstaatliches Gebilde. Die Zusammenarbeit zwischen den Mitgliedsländern der GUS erfolgt durch koordinierende Institutionen, wie den Rat der Staatschefs und den Rat der Regierungschefs. Die Mitgliedsrepubliken verpflichten sich u. a. auf die Anerkennung demokratischer Rechtsstaatlichkeit, auf die gegenseitige Anerkennung und Achtung der staatlichen Souveränitat, auf die Prinzipien der Gleichheit und der Nichteinmischung in die inneren Angelegenheiten. Die faktische Bedeutung der GUS ist gering

Der sozialistische Staat Sowjetunion ist gescheitert. Warum? War es die Kluft zwischen der propagierten Theorie und der gelebten Realität? War es die Hybris der aufgezwungenen Menschheitsbeglückung durch den Menschen? War es die Zurückdrängung der Eigenverantwortung zugunsten des kollektiven Handelns? War es die Entfremdung von Eigentum? War es die Vernachlässigung des Einzelnen und seiner Lebensqualität zugunsten spektakulärer äußerer Ziele? War es der rücksichtslose Umgang mit den Menschen und der Natur? War es die Utopie von der Gleichheit der Menschen? War es die Mißachtung der Rolle der Nationalitäten?

Auch der von *Gorbačëv* angestrebte „dritte Weg" - Demokratisierung ohne Preisgabe des Sozialismus, marktwirtschaftliche Elemente in einer planwirtschaftlichen Umgebung - erwies sich als die Quadratur des Kreises, er erwies sich als utopisch. *Gorbačëvs* undogmatische Denkweise führte aber dazu, daß Rußland einen alten, nicht mehr gangbaren Weg verlassen und einen neuen zumindest einschlagen konnte. Auf internationaler Ebene setzte *Gorbačëvs* Wirken an die Stelle der Konfrontation die Kooperation.

Russisch oder sowjetisch?

Obwohl sich nach dem Zerfall der Sowjetunion und vieler ihrer sozialistischen Strukturen eine solche Frage nach den Denk- und Lebensweisen der Menschen zu erübrigen scheint, taucht sie auch bei Begegnungen mit der heutigen russischen Realität immer wieder auf.

Auf kaum eine Frage fällt die Antwort schwerer, als auf die nach der Mentalität eines Volkes – in sowjetischer Zeit übrigens ein Tabuthema. Daher stellt jede Darstellung der Geschichte und der Gegenwart eines Landes letztlich auch den Versuch dar, aus verschiedenen Blickwinkeln heraus diese Mentalität zu erfassen. Die meisten Autoren nennen Einzelaspekte, nur wenige wagen eine umfassendere Beschreibung. Zu diesen wenigen gehörte schon früh *Klaus Mehnert*, der als Politikwissenschaftler, international tätiger Korrespondent, Fernseh- und Rundfunkkommentator und Autor ein unideologischer Wanderer zwischen den Kulturen war; er nannte als vielzitierte ***Elemente der russischen Mentalität*** *„... die schirokaja Natura (breite Natur) des Russen und seine zwischen Extremen schwankende Unausgeglichenheit; seine Gleichgültigkeit gegenüber dem Begriff Zeit, sein Nitschewó und Awós (‚irgendwie', das heißt: Irgendwie wird es schon gehen); seine in schwermütigen Liedern Gestalt gewordene Melancholie; seine innige Liebe zum 'Mütterchen Rußland' , zum 'heiligen Rußland' ; seine oft schwärmerische, manchmal ekstatische Religiosität. Für viele Freunde Rußlands sammelten sich diese Stichworte zu dem Begriff der 'russischen Seele', in die so viel hineingeheimnißt worden ist."* [85)]

Viele Betrachter sahen in diesen Eigenschaften und Haltungen die Konstanten des russischen Wesens, die sich ***auch in der Sowjetunion*** unverändert erhalten haben. Ganz anders betrachteten die Ideologen des Landes die Wesenszüge der Bürger. Für sie war die Revolution von 1917 der Anfang der Entstehung eines völlig „neuen Menschen": des „Sowjetmenschen" als Bestandteil der neuen sozialistischen Gesellschaft.

Mehnert wiederum stellte die Frage, ob und, wenn ja, worin sich die Mentalität der Menschen in der Sowjetzeit geändert hat. Hierfür untersuchte er die Einstellung der sowjetischen Menschen zu den Grundgegebenheiten des Lebens, ihr Verhalten gegenüber den stärksten menschlichen Bedürfnissen, *„ihre Einstellung zu Familie, Eigentum, Freiheit, Staat, Welt und Überwelt".* [86)] War sie anders als im vorrevolutionären Rußland oder im großen und ganzen unverändert?

Hier soll eine ähnliche Annäherung versucht werden: Einige Fragestellungen lehnen sich an die *Mehnerts* an, andere fassen kurz zusammen, was in den übrigen Kapiteln dieses Buches über die Denkweisen und Lebensformen ausgesagt wird.

• ***Familie:*** Die patriarchalisch bestimmte Familienstruktur der vorrevolutionären Zeit wurde in der Sowjetunion durch die formale Gleichberechtigung der Geschlechter, die umfassendere Ausbildung breiterer Schichten, den Zugang der Frauen zu vielen Berufen u. ä. m. abgelöst. Nach einer längeren Übergangsphase, in der die Institution Familie eine erhebliche Abwertung erfuhr, wurde sie in der zweiten Hälfte der 30er Jahre wieder positiver gesehen, ihre Rolle bei der sozialen Entwicklung der nachwachsenden Generationen fand zumindest teilweise wieder Anerkennung. Die moralische Position des Familienoberhaupts lag von nun an jedoch bei der Frau: bei der Mutter oder der Großmutter, die aufgrund der Berufstätigkeit der Mutter für die Kindererziehung zuständig ist. Die Familienhierarchie ist seither eher matriarchalisch bestimmt. Trotzdem zeigt das Verhalten von Männern und Frauen, z. B. die Verwöhnung der männlichen Kinder, die Schonung der Männer, Hausarbeit und Einkauf fast ausschließlich als Aufgabe der Frauen, daß viele patriarchalische Denkmuster bis heute erhalten geblieben sind. Gleichzeitig wird die nichtberufstätige Mutter mit dem abwertenden Satz charakterisiert: *oná sidít s rebënkom*, etwa: sie sitzt bequem zu Hause und hütet das Kind. Der Zusammenhalt in der Familie ist nach wie vor stark, auch wenn sie nur aus Frauen besteht.

• ***Bildungsschicht:*** An die Stelle der dünnen Schicht der hochgebildeten Intelligencija des vorrevolutionären Rußland, die vielfach die Rolle der politischen Opposition übernommen hatte, trat die breitere Schicht der eher durchschnittlich gebildeten technischen Intelligenz, die der sozialistischen Herrschaft gegenüber loyal eingestellt war. Die Intelligenz der Gegenwart ist gespalten in die Gruppe der Verlierer, die alten Werten nachsinnt und dem heutigen Rußland kritisch gegenübersteht, und die Gruppe der unvoreingenommenen oder auch skrupellosen Gewinner, die aktiv sind bei der Entwicklung ihres Landes oder der Mehrung ihres eigenen Vorteils.

• ***Soziale Schichtung:*** Die sozialen Unterschiede zwischen der dünnen Oberschicht und der großen Mehrheit der Bevölkerung waren im Zarenreich gewaltig. Diese Situation änderte sich in der Sowjetunion nicht, lediglich die Angehörigen der neuen Oberschicht waren nunmehr andere: Sie gehörten der technischen Intelligenz an. Die sozialen Unterschiede in der Gegenwart sind noch größer geworden, außerdem werden sie durch die Abkoppelung vom jeweiligen Bildungsniveau zusätzlich verschärft.

• ***Eigentum:*** Das Eigentum, vor allem an Grund und Boden und den sogenannten Produktionsmitteln, war im zaristischen Rußland ungleich verteilt. Das Prinzip des Privateigentums war indessen unangefochten, wenn auch, vor allem im Bereich der jahrhundertelang an die Leibeigenschaft gebundenen Landwirtschaft, anders geregelt als in den übrigen Gesellschaften des 19. und des beginnenden 20. Jahrhunderts. Die Sowjetunion schaffte das Privateigentum an Grund und Boden und vor allem an den Produktionsmitteln ab und belegte jedwedes Eigentums- bzw. Besitzdenken mit ideologischer Verdammung. Spätestens in den 50er Jahren setzte sich jedoch ein gewisses Konsumdenken durch; das Streben nach materiellen Gütern und die Präsentation von Wohlstand waren zwar nach wie vor ideologisch verwerflich, gehörten in der Praxis jedoch, zumal bei den Angehörigen der Nomenklatura, durchaus zum guten Ton. Im nachsozialistischen Rußland ist die Eigentumsfrage de jure in manchen Bereichen in Richtung Privateigentum geregelt (Wohnung und Haus, Gewerbeunternehmen, Grund und Boden, in geringem Umfang landwirtschaftliche Betriebe u. ä. m.), in anderen Bereichen (Schlüssel-, Export-, Rüstungsindustrien) weder de jure noch de facto geklärt: Die Tendenz geht hier zur Beibehaltung des Prinzips Staatseigentum. Die Einstellung der Menschen zu den verschiedenen Eigentumsformen ist unterschiedlich: Die Verlierer wünschen sich die Sicherheit der staatlichen Eigentumsformen zurück, die gewendeten Funktionäre und Direktoren - und die Mafia - genießen die Vorteile der Mischformen, die echten Gewinner freuen sich an den Möglichkeiten, die der eigenverantwortliche Umgang mit Privateigentum bietet.

• ***Politische Partizipation:*** Die Teilnahme an der politischen Willensbildung war im Zarenreich nur einer kleinen Bevölkerungsminderheit zugestanden, und auch ihr nur in begrenztem Umfang. In der Sowjetunion war die politische Einflußnahme von seiten der Bürger ebenfalls sehr eingeschränkt: einerseits durch ideologische Vorgaben und andererseits durch Institutionen ohne echte Abstimmungen. Die Folge war eine weitverbreitete *apolitičnost'*, d. h. eine Abkehr von allem Politischen und eine Hinwendung zu den privaten

Freiräumen. Im Rußland der Gegenwart scheint sich ein ähnliches Phänomen zu ergeben: Die scheinbare Fruchtlosigkeit politischer Aktivität macht die breiten Massen apolitisch. In der jüngsten Zeit werden Demonstrationen und Protestkundgebungen, welche die wachsende Unzufriedenheit mit den politischen, vor allem aber wirtschaftlichen und sozialen Verhältnissen im Land zum Ausdruck bringen, häufiger und lautstärker.

• ***Kollektiv und Individuum:*** Der Zusammenhalt der Gruppe, das Leben in der Gemeinschaft des Kollektivs haben einen hohen Stellenwert. Die sich daraus zwangsläufig ergebenden Eingriffe in die Privatsphäre wurden und werden toleriert. Hierbei grenzen sich die einzelnen Gruppen durchaus voneinander ab; besonders deutlich wird dies bei den Privilegierten (z. B. der Nomenklatura der Sowjetzeit oder den "neuen Russen" der Gegenwart), die sich und ihre Welt von den breiten Massen der Nichtprivilegierten und deren bescheidenen oder armen Lebensumständen rigide abschotten.

• ***Autorität und Staatsgefühl:*** Die traditionellen Lebensformen in Rußland, wie z. B. die zentralstaatlichen Strukturen mit theokratisch konzipierter Zarenherrschaft, die patriarchalische Familienhierarchie, die bäuerliche Dorfgemeinschaft des *mir*, scheinen eine Bereitschaft zur Unterordnung unter die Autorität - des Alters, des Ranges, des Staates - hervorgebracht zu haben. Sie kommt auch in der russischen Redewendung *im vidnée* zum Ausdruck, die im Deutschen etwa bedeutet: Die da oben werden schon wissen, was sie tun, sie haben ja den besseren Überblick. Vor allem den staatlichen Obrigkeiten wurde ein nicht angezweifelter Anspruch auf Autorität oder Führung zugestanden. Ihnen und ihren Entscheidungen wurde traditionell das Vertrauen oder gar der Glaube entgegengebracht, unbedingt richtig oder zumindest gerechtfertigt zu sein und gewissermaßen die eine Wahrheit zu verkörpern. Die Überzeugung, daß die eine Wahrheit unteilbar sei und daher auch nicht unterschiedliche Aspekte haben könne, verhinderte die Kategorie einer loyalen politischen Opposition - auf beiden Seiten: auf der Seite der Obrigkeit, die hinter jedem oppositionellen Denken den Umsturz wähnte, und auf der Seite der oppositionell Denkenden, die glaubten, ihre Erkenntnisse und Vorstellungen nur durch Umsturz, durch Revolution verwirklichen zu können. Die derzeitigen Versuche, pluralistisches Denken in Staat und Gesellschaft einzuführen, werden von den russischen Menschen überwiegend als Auflösung und Chaos wahrgenommen und letztlich abgelehnt. Diese Tendenz wird verstärkt durch die gegenwärtig außerordentlich schwierigen Lebensverhältnisse: Die Menschen verlieren ihr Vertrauen in "die da oben" und bezweifeln mehr und mehr, daß der Staat über echte Autorität und Führungskompetenz verfügt.

• ***Patriotismus:*** Die Liebe zur Heimat, aber auch zum großen und mächtigen Staat - ob er Russisches Imperium, Sowjetunion oder, wie in der Gegenwart, Rußland heißt, ob seine Handlungen positiv oder kritikwürdig sind - ist eine Konstante russischen Lebensgefühls. Auch die Vorstellung, daß Rußland, in welcher Staatsform es auch auftrete, gleichsam der Mittelpunkt der Welt sei und ihm eine bedeutende, wenn nicht entscheidende Rolle im Leben der Völkergemeinschaft zukomme, scheint unverändert erhalten geblieben zu sein.

Bereits diese wenigen Beispiele scheinen die ***Schlußfolgerung*** zu erlauben, daß die russische Mentalität von den revolutionären Umwälzungen nach 1917 und den Strukturen der Sowjetgesellschaft durchaus beeinflußt wurde und daß eine Gesellschaft mit besonderen ethno-kulturellen Zügen entstanden ist. Gleichzeitig ist aber auch das Moment der Kontinuität in den Eigenschaften und den Verhaltensweisen der Menschen sehr deutlich erkennbar. Mit anderen Worten: Die Frage „russisch“ oder „sowjetisch“ läßt sich mit ***„russisch“ und „sowjetisch“*** beantworten, wobei russisch wohl überwiegt.

Wandel und Kontinuität

Die Christ-Erlöser-Kirche in Moskau (BF)

„Das Gestern holst du nicht ein,
dem Morgen entkommst du nicht."

(Russisches Sprichwort)

Strukturen

Russische Föderation/Rußland

Einer der Nachfolgestaaten der Sowjetunion ist die ***Russische Föderation/Rußland*** *(Rossíjskaja Federácija/Rossíja)*. Sie versteht sich als ein „Fortsetzerstaat" der UdSSR. Aufgrund der am 12. Dezember 1993 durch Volksentscheid angenommenen Verfassung ist Rußland eine demokratische föderale Präsidialrepublik mit einem Zweikammer-Parlament: der *Staatsduma* („Unterhaus") und dem *Föderationsrat* („Oberhaus") als Vertretung der Territorialeinheiten, d. h. der sogenannten Subjekte der Föderation. Der Präsident wird auf 4 Jahre direkt vom Volk gewählt, es besteht die Möglichkeit der einmaligen Wiederwahl. Die Bürger erhalten mit 18 Jahren das aktive, mit 21 Jahren das passive Wahlrecht.

Die Russische Föderation besteht aus ***89 Subjekten der Föderation,*** die zum einen Teil aufgrund der ethnischen Zugehörigkeit ihrer Titularnation bestehen, zum anderen reine Verwaltungseinheiten darstellen:

- ***21 Republiken,*** z. B. Republik Altaj, Tschetschenische Republik, Republik Sacha (Jakutien), Republik Tatarstan;
- ***5 Verwaltungsregionen*** *(kraj)*, z. B. Region Chabárovsk;
- ***50 Verwaltungsgebieten*** (*óblast'*), z. B. Gebiet Kaliningrad, Gebiet Nižnij Novgorod;
- Moskau und St. Petersburg als ***Städte föderalen Ranges***;
- das ***Jüdische Autonome Gebiet*** (in Russisch-Fernost);
- ***10 Autonome Bezirke*** *(ókrug)*, z. B. Autonomer Bezirk der Tschuktschen.

Die ***russische Verfassung*** entspricht der eines demokratischen Rechtsstaats; sie garantiert die ideologische und politische Vielfalt mit Mehrparteiensystem; einen weltlichen Staat, in dem keine Religion als staatlich oder verbindlich festgelegt ist; die „Rechte und Freiheiten des Menschen und des Bürgers" (Artikel 2) – wie die Gleichheit der Menschen vor dem Gesetz, das Geheimnis von Schriftverkehr und anderen Kommunikationsformen, die Unverletzlichkeit der Wohnung, das Recht auf Verwendung der Muttersprache, die Freizügigkeit, die Gewissens- und Glaubensfreiheit, die Gedanken- und Redefreiheit, das Versammlungsrecht – in Übereinstimmung mit den allgemein anerkannten Prinzipien und Normen des Völkerrechts (Artikel 17). Die Verfassung sieht die Trennung der drei Gewalten und eine Verfassungsgerichtsbarkeit vor. Unterschiedliche Eigentumsformen – Privateigentum, Staatseigentum, Kommunaleigentum und andere Eigentumsformen an Grund und Boden und seiner Nutzung – sollen von der Planwirtschaft zu einer pluralistischen Wirtschaftstätigkeit führen.

Die Verfassung gibt dem ***Präsidenten*** (z. Zt., 1999, *Boris El'cin)* eine erhebliche Machtfülle gegenüber der Regierung und den beiden Kammern des Parlaments: er kann Erlasse (*ukáz*) und Anordnungen ergehen lassen; er bestimmt die Richtlinien der Innen- und der Außenpolitik, ist Oberbefehlshaber der Streitkräfte, kann den Ausnahmezustand verhängen u. a. m. Außerdem hat der Präsident durch seine Einsetzungskompetenz großen personalen Einfluß auf verschiedene Gremien und Institutionen, deren Funktionen nicht eindeutig umrissen sind, aber eine wichtige Rolle spielen (Sicherheitsrat, Kremladministration).

Das ***Staatswappen*** der Russischen Föderation ist ein Doppeladler, über dessen zwei Köpfen drei Kronen und in dessen Mitte der Hl. Georg, der Moskauer Stadtpatron, dargestellt sind. Das Wappen wurde nach jahrelanger Diskussion über die „richtige" Interpretation dieser Symbolik per Dekret eingeführt, nach dem Vorbild des Wappens, das im 15. Jahrhundert für den Moskauer Staat von Byzanz übernommen worden war. Die ***Staatsflagge*** ist weiß-blau-rot in Querbalken. Es wurde auch eine eigene ***Nationalhymne*** eingeführt - ein im 19. Jahrhundert von Michail Glinka komponiertes patriotisches Lied.

Die parallele Verwendung von ***zwei Staatsbezeichnungen -*** *Rossíjskaja Federácija* (Russische Föderation) und *Rossíja* (Rußland) - ist nur auf den ersten Blick verwirrend; laut Verfassung sind sie gleichbedeutend. Eine wirkliche Verwirrung entsteht z. B. durch den deutschen Sprachgebrauch, zwei russische Adjektive - *rossíjskij* und *rússkij* - mit nur einem deutschen wiederzugeben. Im eigentlichen Wortsinne heißt *rossíjskij* jedoch „rußländisch", d. h. den Staat und seine Strukturen betreffend, während *rússkij* sich auf ethnische oder kulturelle Zugehörigkeit bezieht (russischer Mensch, russische Sprache, russische Malerei). In manchen Dokumenten und historischen Beschreibungen hieß und heißt denn auch das Zarenreich nicht „Russisches Imperium", sondern genauer und informativer - wenn auch nicht eleganter - „Rußländisches Imperium", ebenso wie heute etliche juristische Texte, die sich mit den staatlichen Strukturen Rußlands beschäftigen, neben der Übersetzung „Russische Föderation" auch „Rußländische Föderation" verwenden. So betrachtet, sind zwar alle Bürger Rußlands „Rußländer" - aber keineswegs alle sind Russen. Die ethnischen Russen neigen allerdings dazu, sich als <u>die</u> Bürger des Landes zu betrachten und darum *rossíjskij* und *rússkij* gleichzusetzen.[17] Von den (1998) 147,2 Millionen Einwohnern - die Zahl ist zur Zeit wegen sinkender Lebenserwartung (1996: m. 60, w. 73 Jahre, 1998: m. 57, w. 69 Jahre)

Das Wappen der Russischen Föderation

und niedriger Geburtenrate rückläufig - sind 81,5 % Russen, 3,8 % Tataren, 3 % Ukrainer sowie Angehörige weiterer 125 Völker und Völkerschaften.[18] Die russische Föderation ist also ein Vielvölkerstaat mit allen sich daraus ergebenden Problemen. Seit 1992 sind rund 3 Millionen Russen aus den übrigen GUS-Staaten in die Russische Föderation eingewandert, rund 25 Millionen leben noch dort.

Wie in vielen anderen Ländern, so besteht auch in Rußland ein deutlicher Unterschied zwischen ***Verfassungstext und Verfassungswirklichkeit.*** Beispielsweise verfügen die Republiken und die kleineren Territorialeinheiten über weniger Souveränität oder faktische Macht, als die bundesstaatliche Struktur des Landes vermuten ließe: Die jahrhundertealten zentralistischen Traditionen sind nach wie vor sehr lebendig. In der letzten Zeit nehmen sich die Regionen indessen größere Entscheidungsfreiheit, wobei sie vor allem ihre wirtschaftlichen Ressourcen stärker selbst nutzen und nur in geringerem Umfang an die Zentrale abführen wollen. Generell existieren in der Wirtschaft Rußlands staatlich-planwirtschaftliche Strukturen und marktwirtschaftliche Elemente ziemlich unvereinbar nebeneinander. Eine verbreitete Rechtsunsicherheit führt zu unberechenbaren und irrationalen Verhaltensweisen, und zwar sowohl von seiten des Staates als auch von seiten der Bürger.

Sprachen und Schriften

Wie zuvor im Russischen Reich und in der Sowjetunion, so ist heute in der Russischen Föderation das ***Russische*** die ***Amtssprache***. Es wird von den Russen als Muttersprache und von der überwiegenden Mehrheit der anderen Völker und Völkerschaften als zweite Muttersprache oder zusätzlich erlernte Sprache gesprochen. Weltweit steht Russisch - nach Mandarin (Chinesisch), Englisch, Hindi und Spanisch - an der 5. Stelle der meistgesprochenen Sprachen. [19] Die dialektalen Unterschiede des Russischen sind trotz des riesigen Sprachgebiets relativ gering, es bestehen aber deutliche sprachliche Unterschiede zwischen Stadt und Land.

Das Russische ist - neben dem Ukrainischen und dem Weißrussischen - eine ostslavische Sprache und gehört damit zur indoeuropäischen Sprachenfamilie.

Geschrieben wird das Russische mit dem ***kyrillischen Alphabet***, das im Gefolge der christlichen Missionierung Rußlands entstanden ist. Auch die anderen im Russischen Reich gesprochenen ostslavischen Sprachen verwenden das kyrillische Alphabet, ggf. mit einigen Zusatzzeichen versehen. Für etliche andere im Land gesprochene Sprachen existierten ursprünglich eigene graphische Systeme, auf dem Arabischen aufbauende Schriften sowie die lateinische Schrift. Einige Völker und Völkerschaften hatten bis ins 19., teilweise sogar 20. Jahrhundert hinein für ihre Sprachen keine eigenen Schriften; wenn dann für sie graphische Systeme geschaffen wurden, basierten sie in der Regel auf dem Kyrillischen.

Aus verschiedenen innen- und außenpolitischen Gründen verfügte die Sowjetunion 1928 eine erste ***Alphabetreform,*** aufgrund deren die nichtslavischen Sprachen sich der lateinischen Schrift zu bedienen hatten. Ungewollt entstand dadurch eine zusätzliche Hürde zwischen den slavischen und den nichtslavischen Völkern des Landes. So wurde Mitte der 30er Jahre des 20. Jh. in einer zweiten Alphabetreform auch für die nichtslavischen Völker die (Wieder-)Verwendung des kyrillischen Alphabets beschlossen; ihre Umsetzung zog sich bis in die 40er Jahre hin. Esten, Letten und Litauer - und Rußlanddeutsche - blieben für ihre Sprachen bei der lateinischen Schrift, Georgier und Armenier behielten ihre eigenen alten Schriften bei, das Jiddische wird mit hebräischen Schriftzeichen geschrieben.

Das Recht bzw. das Verbot der ***Verwendung der jeweiligen Muttersprache*** - und ggf. der jeweiligen Schrift - über den häuslichen Bereich oder die Folklore hinaus war jahrzehntelang immer wieder Kristallisationspunkt politisch-nationaler Spannungen in der Sowjetunion. Daher gehörte es nach dem Zerfall der UdSSR in fast allen selbständig gewordenen Republiken zu den ersten Maßnahmen, die Sprache der jeweiligen Titularnation zur Amtssprache zu erheben oder auch eine eigene Schrift einzuführen. Die Russische Föderation garantiert in ihrer Verfassung von 1993 zwar das Recht auf die Benutzung der Muttersprache, in der Praxis bleibt jedoch die Abgrenzung der Verwendungsbereiche schwierig und emotionsbeladen. Als *lingua franca*, d. h. als allgemeine Verkehrssprache, dient in jedem Fall das Russische.

Übrigens: Es ist für Menschen, die andere indoeuropäische Sprachen sprechen, gar nicht sooo schwer, ***Russisch zu erlernen,*** wie es scheinen mag. Zu den tatsächlich vorhandenen Schwierigkeiten, z. B. für Deutschsprachige, zählen einige Denkweisen innerhalb des Verbalsystems, manchmal auch die Wortbetonung und die Wortstellung im Satz. Probleme macht bisweilen der Wortschatz, der, auch im Vergleich mit anderen indoeuropäischen Sprachen, sehr umfangreich ist und durch die Formenvielfalt sehr nuanciert eingesetzt werden kann.

Wer sich anschickt, Russisch zu lernen, betrachtet anfangs die kyrillische Schrift als die größte Hürde. In der Tat jedoch ähneln die Zeichen aufgrund ihrer Entstehung in vielem der lateinischen und der griechischen Graphik und sind schnell zu erlernen. Der lernende Ausländer wird natürlich niemals wie ein Russe schreiben: Man wird ihn, auch wenn er das kyrillische Alphabet völlig korrekt verwendet, stets am andersartigen Schreibduktus erkennen. Aber diese Fremdheit steht einer gelungenen Kommunikation keinesfalls im Wege.

Die Russisch-Orthodoxe Kirche

Die Kiever Rus' hatte Kontakte zu allen großen Weltreligionen - dem Judentum, dem Christentum in seiner römischen und seiner byzantinischen Ausprägung, dem Islam und dem Buddhismus -, entschied sich aber für die Annahme des ***Christentums von Byzanz.***

Seit dem Taufakt unter dem Großfürsten *Vladímir* im Jahre 988 war die Russische Orthodoxe Kirche (*Rússkaja Pravoslávnaja Cerkov'*, wörtlich *Russische Rechtgläubige Kirche*) eng mit den Herrschern und deren Geschick verbunden. ***Die Symphonia zwischen geistlicher und weltlicher Gewalt*** sollte die Kräfte im Staat im Gleichgewicht halten; sie wurde der Ausgangspunkt der Idee des *„heiligen Rußland"*.

Die Spaltung (*raskól*) der russisch-orthodoxen Kirche im 17. Jahrhundert und der wachsende Absolutismus im Staat ***drängten die Rolle der Kirche zurück.*** Oberstes kirchliches Organ war seit Anfang des 18. Jahrhunderts der *Heilige Synod*, der unter der Kontrolle des Staates stand und in seine Belange eingebunden war: die Kirche wurde Staatskirche. Auch ihr Besitz und ihre Finanzen unterlagen staatlicher Kontrolle. In den letzten Jahrzehnten des zaristischen Rußland reifte jedoch eine Bewegung heran, welche die Verflechtung der Kirche mit dem Staat lockern und sie schließlich aus dessen Bevormundung befreien wollte. Als im Februar 1917 der Zar abdankte, konnte ein seit langem vorbereitetes Konzil beginnen, als dessen Ergebnis das Moskauer Patriarchat nach 200 Jahren wiederhergestellt wurde - inmitten der Turbulenzen der Oktoberrevolution.

Die grundlegende ***Umgestaltung des „heiligen Rußland" in die atheistische Sowjetunion*** wirkte sich naturgemäß auch auf die Rechtsposition der Kirche und auf das kirchliche Leben in der Praxis des Alltags aus. Die Verflechtung mit der staatlich-politischen Entwicklung blieb erhalten, allerdings in völlig anderer Weise: an die Stelle der *Symphonia* trat eine grundlegende Disharmonie. Die Kirche mußte sich fortan gegen mehr oder weniger restriktive Maßnahmen zur Wehr setzen und nach einer entsprechenden Existenzform suchen.

Entscheidend waren die Dekrete, die Privateigentum - auch kirchliches - an Grund und Boden abschafften und die Kirche vom Staat und die Schule von der Kirche trennten. So wurde das Eigentum der religiösen Gemeinschaften zum Volkseigentum erklärt, das den Gläubigen zur Verfügung gestellt werden konnte. Außerdem wurden religiöse Zeremonien im staatlichen und im gesellschaftlichen Bereich sowie jegliche Unterstützung der religiösen Gemeinschaften abgeschafft, Religionsunterricht aus den Schulen verbannt, die freie Kultausübung eingeschränkt.

Diese Vorgänge führten zur psychischen ***Unterdrückung der Gläubigen*** und in der Folge auch zur physischen Liquidierung eines großen Teils der geistlichen Führung und der Priesterschaft. Es kam zu einem innerkirchlichen Dissens darüber, wie darauf zu reagieren sei. 1927 erklärte die Kirche dem Staat ihre Loyalität mit der Formel: *„Wir wollen Rechtgläubige sein und zugleich die Sowjetunion als unsere irdische Heimat anerkennen, deren Freuden und Erfolge unsere Freuden und Erfolge, deren Mißerfolge unsere Mißerfolge sind."* [20)]

Diese Haltung wurde und wird, wenn auch nur in leisen Tönen, der orthodoxen Kirche zum Vorwurf gemacht; eine bewußte Aufarbeitung der Vergangenheit ist wohl nicht beabsichtigt.

Während des „Großen Vaterländischen Krieges“ von 1941 bis 1945 lockerte der Staat den ***Druck auf die Kirche,*** damit sie - wie in früheren Jahrhunderten - mit allen anderen Gruppen der Gesellschaft zur patriotischen Motivierung der Bevölkerung beitragen konnte. Diese Haltung des Staates fand in der Nachkriegszeit ein rasches Ende. Allmählich trat jedoch für die Kirche und die Gläubigen eine, wenn auch bescheidene ***Rechtssicherheit*** ein. Das Millennium der russisch-orthodoxen Kirche im Jahre 1988 wurde zum Wendepunkt. Die Kirche nutzte das Datum, um sich ***weitere Freiräume*** zu schaffen, und der Staat leugnete nicht mehr die zentrale Rolle der Kirche bei der kulturellen Entwicklung des Landes. Zahlreiche Kirchengebäude (die jahrzehntelang in entwürdigender Weise zweckentfremdet gewesen waren) wurden zurückgegeben, der Patriarch nahm seinen Sitz im altehrwürdigen Daniil-Kloster in Moskau, zahlreiche Publikationen zu kirchlich-religiösen Themen wurden veröffentlicht.

1995 gab es in Rußland wieder 17.500 orthodoxe Gemeinden und 400 Klöster [21)], ihre Zahl nimmt weiter zu.

Heute mag die Christ-Erlöser-Kirche *(Chram Christá Spasítelja)* im Zentrum Moskaus als Sinnbild der wechselvollen Geschichte der russisch-orthodoxen Kirche dienen. Begonnen wurde der Bau der riesigen Kirche auf Anordnung von *Zar Alexander I.,* der damit der "Erlösung" Rußlands im Vaterländischen Krieg, d. h. dem russischen Sieg über *Napoleon* im Jahre 1812, ein Denkmal setzen wollte. Fertiggestellt wurde sie 1883. *Stalin* ließ sie 1931 sprengen, um an ihrer Stelle einen Palast zur Verherrlichung der Sowjetmacht zu errichten. Da die Fundamente den Baudimensionen nicht standhielten und die Finanzen ausgingen, konnte dieser Plan nicht verwirklicht werden. *Chruščëv* ließ auf dem Gelände das Freibad "Moskva" anlegen, das mit seinen Warmwasserbecken bei den Moskauern zu allen Jahreszeiten sehr beliebt war. Seit 1994 wird an der Wiedererrichtung der Kirche gearbeitet, 1996 wurde der untere Kirchenbau konsekriert, 1997, zu 850-Jahr-Feier-Moskaus, waren wesentliche Teile des Bauwerks fertiggestellt. Ursprünglich war eine Finanzierung des gigantischen Vorhabens ausschließlich mit Spenden vorgesehen, inzwischen muß auch der Staat Mittel zuschießen. Und manche Moskauer murren: das Geld ließe sich sinnvoller einsetzen. Andere freuen sich der prachtvollen nationalen Selbstdarstellung.

Rund ***40 % der Bevölkerung*** des heutigen Rußland bezeichnen sich als ***gläubig:*** hiervon fühlen sich rund ***75 % mit der russisch-orthodoxen Kirche*** verbunden, rund 25 % sind Anhänger anderer Konfessionen oder Religionen. So gibt es eine katholische (unter 1 %) und eine protestantische (unter 2 %) Minderheit sowie andere christliche Glaubensgemeinschaften, wie Baptisten oder Mennoniten, sowie etliche kleinere Sekten. Zum Islam bekennen sich 15 bis 20 % der Gläubigen. (Die Zahlenangaben sind nicht eindeutig belegt, können aber eine allgemeine Orientierung geben.) Dem Judentum als Religionsgemeinschaft gehört nur eine kleine Minderheit an, die durch Auswanderung noch weiter geschrumpft ist. Daneben gibt es einige andere Religionen und religiöse Gruppen sowie Angehörige von Naturreligionen.

Die ***tiefe Gläubigkeit vieler Menschen,*** vor allem der Frauen, hat jeder Bedrängung und Verfolgung durch den atheistischen Staat standgehalten. Und wer in sowjetischer Zeit einen Gottesdienst besuchte, Taufe, Trauung oder Beerdigung nach kirchlichem Ritual wünschte, legte ein Bekenntnis ab - und nahm die negativen Folgen für den Alltag in Kauf. Wer im Rußland der Gegenwart kirchliche Rituale in die Lebensgestaltung einbezieht, kann damit durchaus seinen Glauben demonstrieren; möglicherweise folgt er aber nur

Kuppeln und Kreuze (BF)

der derzeitigen gesellschaftlichen Korrektheit, nach der wichtige Feste eben mit der Kirche begangen werden, wie in anderen pluralistischen Gesellschaften auch. Einig sind sich die meisten Menschen in der Erwartung, daß die orthodoxe Kirche eine stabilisierende Rolle im herrschenden Chaos übernehmen und das Wertevakuum füllen sollte - was ihr bislang jedoch kaum gelungen ist. Eine Antwort auf die sozialen Probleme in der Gesellschaft wird von der orthodoxen Kirche allerdings nicht erwartet - sie hat sie auch traditionell nicht zu bieten.

Das ***religiöse und religiös-kulturelle Wissen*** in der Gesellschaft ist nach den Jahrzehnten des Unterweisungsverbots sehr gering, vor allem unter der Jugend. Der Patriarch von Moskau und ganz Rußland, *Aléksij II.,* äußerte denn auch besorgt: *"Wenn wir noch ein oder zwei Generationen verlieren, wird es das Rußland, das wir kennen und lieben, nicht mehr geben."* [22] Inzwischen gibt es Sonntagsschulen, religiöse Zirkel, von der orthodoxen Kirche getragene Kindergärten und Gymnasien sowie Religionskunde an allgemeinbildenden Mittelschulen. 1992 nahm in Moskau die erste Russisch-Orthodoxe Universität ihren Lehrbetrieb auf, daneben gibt es 50 weitere Ausbildungsstätten für Geistliche. [23] Der Nachholbedarf ist immens.

Im ***Verhältnis zum Staat*** knüpft die russisch-orthodoxe Kirche an eine alte Tradition an: sie pflegt die ***Nähe zu den jeweils Mächtigen,*** national-patriotisches Gedankengut und alte mystische Rußlandvorstellungen im Dreiklang von "Monarchie, Orthodoxie, volksverbundenem Patriotismus". Patriarch *Aleksij* ist bei vielen wichtigen Ereignissen des staatlichen Lebens präsent. Vor Wahlen reklamieren die meisten politischen Gruppierungen die Kirche für sich, was bei den Wählern durchaus gut ankommt. Denn das ***russische Nationalgefühl*** beinhaltet stets auch eine ***Bindung an die Orthodoxie,*** selbst bei den Menschen, die nicht gläubig sind.

Wie im Russischen Imperium, so sieht sich die ***russisch-orthodoxe Kirche*** auch in der Gegenwart als die ***führende und staatstragende Religionsgemeinschaft,*** als untrennbaren Bestandteil des historischen, geistigen und kulturellen Erbes Rußlands. So setzt sie auch im ***Verhältnis zu anderen Konfessionen und Religionen*** die Tradition fort, nach der man zwar den Protestanten mit einiger Toleranz begegnet, dem ***katholischen Bekenntnis*** gegenüber aber außerordentlich streitbar ist. In diesem Zusammenhang steht auch die ablehnende Haltung *Aleksijs* gegenüber einem Besuch von *Papst Johannes Paul II.* in Moskau. Generell gehört Ökumene nicht zu den vorrangigen Zielen der russisch-orthodoxen Kirche. [24]

Versucht man einen Vergleich der christlichen Welten, so könnte man sagen, daß die westliche Christenheit das Reich Gottes stärker unter der Perspektive des Fortschritts, der Veränderung dieser Welt hin zu mehr Menschlichkeit, Gerechtigkeit, Freiheit sieht, während in der östlichen Spiritualität das Reich Gottes die irdische Existenz heiligt, die Ewigkeit in unabänderliche irdische Drangsal hineinleuchtet: westliche "Aktivität" und östliche "Passivität".

Juden in Rußland

Im Mittelalter waren Juden im Moskauer Staat kaum vertreten, erst gegen Ende des 15. Jahrhunderts traten einige wenige Gemeinden in Erscheinung. Mit der kontinuierlichen Expansion des Russischen Reiches nach Süden und Westen, vor allem mit den Teilungen Polens *gegen* ***Ende des 18. Jahrhunderts,*** kamen große Gebiete unter russische Herrschaft, in denen die größte jüdische Gemeinschaft Europas lebte. Damit gelangte die jüdische Frage auch in den Vielvölkerstaat Rußland, wo sie fortan im Rahmen der sogenannten Nationalitätenpolitik, d. h. der Politik gegenüber den ethnischen Minderheiten im Lande, behandelt wurde. [87]

So folgten auf die anfängliche ***Integration*** allmählich immer rigider werdende Einschränkungen (z. B. Wohnrecht nur in "Ansiedlungsrayons"), in der **zweiten Hälfte des 19. Jahrhunderts** kam es, u. a. im Gefolge der nationalen Bewegungen jener Zeit, zu einer konsequenten **Diskriminierung** durch den Staat und einer wachsenden ***Judenfeindschaft*** von seiten der Bevölkerung, die zur Jahrhundertwende in ***Massenpogromen*** gipfelte. Zwischen 1881 und 1914 ***emigrierten rund 2 Millionen Juden*** aus dem Russischen Reich, die meisten in die USA; um 1900 betrug der jüdische Anteil an der Gesamtbevölkerung Rußlands noch etwa 4 Prozent.

Gleichzeitig spielten die verbliebenen Juden eine wesentliche Rolle in der *Intelligencija,* fühlten vielfach eine enge Verbundenheit mit Rußland und hatten in Wissenschaft, Industrie, Bank- und Transportwesen eine bedeutende Position inne. Viele Juden wurden in der ***revolutionären Bewegung,*** nach der Revolution von 1917 in der ***Staatsführung*** aktiv. Die proklamierte Rechtsgleichheit für Juden machte jedoch in der Praxis bald wieder spürbaren Repressionen Platz, zu denen seit 1928 auch die forcierte Umsiedlung vieler jüdischer Bürger in eine unwirtliche und unerschlossene Region im Fernen Osten der Sowjetunion gehörte, die einige Jahre später zum Jüdischen Autonomen Bezirk erklärt wurde.

Mit der allgemeinen Lockerung der innenpolitischen Repression während des ***Großen Vaterländischen Krieges von 1941 bis 1945*** gelangten jüdische Bürger in höhere zivile Ämter und militärische Ränge, wurden zahlreiche jüdische Angehörige der Roten Armee ausgezeichnet, auch als "Helden der Sowjetunion". - Auf dem von Hitlerdeutschland besetzten Gebiet der Sowjetunion fielen wahrscheinlich mehr als 3 Millionen Juden dem Holocaust zum Opfer.

Die antisemitische Einstellung innerhalb der Sowjetunion flammte nach dem Krieg in den späten 40er Jahren und in den letzten Jahren vor Stalins Tod (1953) wieder auf und führte fortan zu zahlreichen Repressalien von seiten des Staates und der nichtjüdischen Mitbürger. So bekannten sich in der Volkszählung von 1979 in der Sowjetunion nur 1,8 Millionen Menschen zum Judentum, weniger als 1 Prozent der Gesamtbevölkerung. In der Tat waren es vermutlich mehr als 3 Millionen Menschen.

Seit den 70er und den 80er Jahren, vor allem seit Mitte der 90er Jahre wird der latente ***russische Antisemitismus*** zunehmend ***aggressiv:*** Man sucht Sündenböcke für die Probleme des Landes. Mitte der 80er Jahre wurden für jüdische Bürger, die das Land verlassen wollten, die Grenzen geöffnet. Es begann ***eine massive Auswanderung,*** die sich anfangs überwiegend nach Israel orientierte, seitdem verstärkt nach Deutschland führt.

Bereits im 17. Jahrhundert beschrieb der deutsche gelehrte Gesandte *Adam Olearius,* daß sowohl die russisch-orthodoxe Kirche als auch die russischen Menschen anderen Konfessionen und Religionen gegenüber sehr unterschiedliche Gefühle hegen:

"Die Mußcoviter mügen allerhand Nationen und Religions Verwandte wol leiden - vnd mit ihnen umgehen/als Lutheraner/Calvinisten/Armenier/Tartern/Persianer und Türcken. Aber Papisten vnd Juden mügen sie nicht gerne sehen noch hören/vnd kann man einem Russen nicht weher thun/als wenn man jhn einen Juden schilt ..." [25)]

Der Antisemitismus hat in Rußland Tradition.

Das ***Verhältnis zum Islam*** ist heute vor allem aus politischen Gründen angespannt: man fürchtet ein Übergreifen islamisch-fundamentalistischen Gedankenguts aus den muslimischen Ländern.

Im Mittelpunkt des kirchlichen Erscheinungsbildes steht die ***Laienfrömmigkeit.*** Und für die Gläubigen ist sicherlich das Gotteshaus der zentrale geistliche Ort, bei dessen Betreten die Frauen den Kopf mit einem Tuch bedecken und die Männer die Kopfbedeckung abnehmen. Sie versenken sich in die goldfarbene Pracht, das geheimnisvolle Dunkel, den Duft von Wachs und Weihrauch. Sie lauschen den Gesängen der Priester, küssen die Ikonen, vertiefen sich in ihren Anblick, entzünden Kerzen und stecken sie zu den vielen anderen. Dem Priester küssen sie Ring oder Gewand - ins Gesicht blicken sie ihm nicht. Sie murmeln Gebete und sprechen immer wieder das *„Góspodi, pomíluj!"*, das „Herr, erbarme Dich!" Der Besuch eines russisch-orthodoxen Gottesdienstes ist keine Angelegenheit des Kopfes, er erfaßt den ganzen Menschen mit seinen Sinnen und seinem Herzen.

Mit den ***Kerzen*** hat es übrigens eine besondere Bewandtnis: Sie werden in orthodoxen Kirchen aus kanonischen Gründen aus reinem Bienenwachs hergestellt. Da das ein kostbares Material ist, läßt man die Kerzen nicht völlig herunterbrennen, sondern entfernt 3 bis 5 cm lange Stummel, um sie einzuschmelzen und neue Kerzen zu gießen. Seit *Alexander I.,* seit rund 200 Jahren also, hat die Kirche das verbriefte Recht des Kerzenverkaufs, womit sie einen Teil ihrer Ausgaben finanziert. Und außerhalb wird man schwerlich Kerzen finden.

Zum Erscheinungsbild der russisch-orthodoxen Kirchen gehören auch die ***Ikonen.*** In ihnen wird die abgebildete Person verehrt oder der Zyklus der zwölf großen Kirchenfeste dargestellt. Sie sind zeitlos-gegenwärtig und verweisen gleichzeitig auf die geistige Kraft, für die sie stehen, die sie aber nicht sind.

Die Gläubigen verehren die Ikonen (und das, wofür sie stehen), indem sie Kerzen davor aufstellen, sie küssen. Auf einem Pult in der Mitte des Kirchenraumes wird jeweils die Ikone des Tagesheiligen oder -festes ausgelegt. Im Kirchenraum befindet sich außerdem eine *Ikonostase,* eine Bilderwand, die den Altarraum vom Laienraum trennt. Eine vollausgebildete Ikonenwand ist in eine Senkrechte und eine Waagrechte gegliedert. Im untersten der vier waagrechten Ränge befinden sich drei Türen, die zum liturgischen Einzug der Priester geöffnet werden. Und wer als Fremder eine Kirche besucht und nicht weiß, welchen Namen sie trägt, betrachte einfach das zweite Bildnis rechts von der mittleren Tür: hier befindet sich die sogenannte Ortsikone, welche die heilige Person oder das Heilsereignis darstellt, deren bzw. dessen Namen die Kirche trägt ...

Die ***russische Ikonenmalerei*** entwickelte sich früh zu einer großen Kunst mit sehr differenzierten Regeln. Bereits an der Wende vom 14. zum 15. Jahrhundert erreichte sie mit dem Wirken von *Andréj Rublëv* einen Höhepunkt, der sie weltbekannt machen sollte. Die Ikonen wurden meistens auf Holz gemalt, in späterer Zeit auch mit prunkvollen Verkleidungen aus Edelmetall bedeckt, die nur Gesicht und Hände frei ließen.

Manche Ikonen haben für Rußland und seine Menschen große Bedeutung, ihre Schicksale sind mit dem Leben des Landes verbunden. So soll nach der Überlieferung am 8. September 1395 eine Ikone der Gottesmutter, vor der zuvor bereits in Kiev gebetet worden war, von *Vladímir* nach Moskau gebracht worden sein, damit sie die Stadt vor den Angriffen der Tataren beschütze: Moskau wurde gerettet. Seitdem gilt die *Gottesmutter von Vladímir* als "nationale" Ikone und wird zutiefst verehrt. Nach der Unterbrechung der Sowjetzeit wurde am 8. September 1995 in Moskau der 600. Jahrestag ihres Wirkens feierlich begangen.

Das in der orthodoxen Kirche verwendete ***Doppelkreuz*** entstand wohl im 6. Jahrhundert, seine Ausformung als ***Dreifachkreuz*** kam wohl erst später hinzu. Der zusätzliche kürzere Querbalken, der über dem großen Querbalken angebracht ist, weist auf die Inschrift über dem Kreuz Jesu hin: *INRI (Jesus Nazarenus Rex Judaeorum,* Jesus von Nazareth, König der Juden). Der zusätzliche unterere, meist schräge Querbalken wird als Brett angesehen, auf das der Gekreuzigte die Füße setzte. [26)]

Dem ***andersgläubigen Betrachter*** *Adam Olearius* fiel schon im 17. Jahrhundert in einer russisch-orthodoxen Kirche ***manches Vertraute, aber auch manches Fremde*** auf:

„Indem nun die Messe gelesen wird/stehet das Volck vnd neiget sich gegen jhre Bilder/vnd wiederholen das Gospodi pomilui zum offtern. Sonst thun sie kein Predigten und Außlegung über die Biblische Texte/sondern lassen sich an den blossen Text lesen begnügen.

Von der Russen Chreutzschlagen/segnen und Bildern der Heiligen/für welche sie sich neigen: Daß nemblich die drey Finger die heilige Dreyfaltigkeit bedeutet.

Ein Bild wird nothwendig zum Gebet erfordert. Sie schreiben den Bildern auch grosse Krafft zu/als wenn sie sonderliches könten wircken helfen.

Die Russen haben in jhren Kirchen weder Stüle noch Bäncke/dann es muß niemand sietzen/sondern alle stehend oder auch auff der Erde kniend oder liegend jhr Gebet vnd Gottesdienst verrichten.

Sie mügen weder Orgel noch andere Musicalische Instrumente in jhren Kirchen leiden: die Jnstrumente/die keinen Geist vnd Leben haben/können Gott nicht loben.

An den Kirchen haben sie viel, bißweilen fünff oder sechs Glocken/mit welchen sie leuten. Eine Person kan drey oder vier Glocken regieren. Denn sie binden die Stricke nicht an die Glocken/sondern an die Knoppel/vnd fassen einen mit der Hand vnd bewegen eins vmbs andere.

Muß auch nichts vnsaubers hinein kommen. Sie lassen nicht gerne fremde Religions Verwandten hinein gehen. Als wir anfänglich ins Land kamen/vnd etliche der Vnserigen aus vnwissenheit in jhre Kirchen/dieselben zu besehen/giengen/führten sie vns bey den Armen wieder heraus/vnd kehrten mit Besen hinter vns her." [27)]

Wir Heutigen müssen nur die Rechtschreibung ein wenig ändern, dann haben wir eine ganz und gar aktuelle Beschreibung einer russisch-orthodoxen Gegenwart. Dann können wir uns auch so verhalten, daß die orthodoxen Gläubigen uns nicht mit dem Besen hinausfegen ...

Zeitrechnung und Kalender

Der im Jahre 46 v. Chr. von *Julius Caesar* geschaffene, 365,25 Tage umfassende ***Julianische Kalender,*** der in Mittel- und Westeuropa Geltung fand, wurde in Rußland erst im 13. Jahrhundert eingeführt. Die Jahre wurden hier allerdings von der „Erschaffung der Welt" (3761 v. Chr.) an gezählt, und der Jahresanfang fiel auf den 1. September. *Peter I.* paßte im Jahre 1700 die Zeitrechnung an die anderen europäischen Länder an, wonach die Jahreszählung mit dem Jahr 0 der christlichen Zeitrechnung beginnt und der Jahresanfang auf den 1. Januar fällt.

Da die Julianische Jahresberechnung sich immer mehr von den natürlichen Gegebenheiten entfernt hatte, führte *Papst Gregor XIII.* 1582 eine Veränderung der Schaltjahre ein, wodurch das Kalenderjahr genauer an das Sonnenjahr angepaßt wurde. Der ***Gregorianische Kalender*** galt in den katholischen Ländern sofort, in den protestantischen wurde er erst allmählich übernommen. In Rußland wurde er 1918, nach der Oktoberrevolution, gültig. So wurde aus dem 1.2. a. St. (alten Stils) der 14. 2. n. St. (neuen Stils). Die russisch-orthodoxe Kirche hielt jedoch am Julianischen Kalender fest, so daß ihr Kalender um 13 Tage hinter dem staatlichen zurückbleibt.

Denkweisen und Lebensformen

Weite und Unbegrenztheit

„Širókaja natúra" /weit angelegte Natur (Gängiges Klischee über Russen)

Wesentliches Element russischen Lebensgefühls ist die gewaltige ***Ausdehnung*** des Landes. Sie vermittelt ***Weite, Unbegrenztheit, Größe*** (in mehrfacher Bedeutung). Dieses Gefühl wird durch die relativ unstrukturierten Ebenen der mittleren Breiten verstärkt: man kann von der Westgrenze über Moskau, den Ural bis weit nach Asien hinein mit der Eisenbahn fahren und dabei tagelang eine gleichmäßige, wenig gegliederte, leicht hügelige Landschaft sehen, mit grünen Flächen, Birken-, Misch- und Kiefernwäldern, in denen ab und zu der Zwiebelturm einer Kirche oder eine kleine Siedlung zu erkennen ist, manchmal wird ein kilometerbreiter Fluß überquert - so geht das Tausende von Kilometern in gleicher Weise. Und nirgendwo stößt man auf ragende Gebirge, schroffe Felsen, scharfe Konturen. [28)]

Das europäische Rußland und auch große Teile Sibiriens sind nicht Regionen von Fels und Gestein, sondern von ***Holz.*** So war auch bis weit in das 19. Jahrhundert hinein Holz das übliche Baumaterial, in Stadt und Land - dort teilweise bis heute. Stein wurde meistens nur für Kirchen, Klöster und befestigte Stadtkerne (die Kreml) sowie für Festungs- und Gefängnisanlagen verwendet.

Nicht selten heißt es, die unbegrenzte Weite habe auch dazu geführt, daß die ***Menschen ihre Bemühungen nie*** auf einen Bereich und auf die Optimierung seiner Möglichkeiten ***konzentrieren mußten.*** So hätten sie sich nie daran gewöhnt, einem Terrain - im wörtlichen und im übertragenen Sinne - langanhaltende, konsequente Aufmerksamkeit zuzuwenden; sie konnten es einfach verlassen, wenn es verbraucht war und nicht mehr das zu bieten schien, was sie erwarteten. So formulierte auch eine Moskauer Psychologin und Soziologin: *„Da wir über allzuviel Raum und allzu viele Ressourcen verfügen, sagen wir uns gewöhnlich: Wozu soll ich mein Fleckchen Erde zur Vollkommenheit bringen, wenn ich es einfach aufgeben und zum nächsten gehen kann?"* [29)] Hierher rührt wohl auch der großzügig-nachlässige Umgang mit der Natur (und mit den Menschen): der dünnbesiedelte, weite Raum ohne natürliche Grenzen ließ die russischen Menschen *„mehr Pionier- und Pfadfinderinstinkte ausbilden als pflegerische"* [30)].

Russische Menschen waren stets den ***unberechenbaren Launen der Natur*** ausgesetzt, sie mußten lernen, ihnen die ebenso unberechenbaren Launen des eigenen Wagemuts entgegenzusetzen. Sie entwickelten die Neigung, das Schicksal herauszufordern, den Erfolg zu riskieren, auf gut Glück zu handeln. [31)]

Die Unberechenbarkeiten der Natur und die daraus entstehenden Zufälligkeiten des Daseins veranlaßten die Menschen auch, ***eher rückblickend zu überdenken,*** zu analysieren, sozusagen Folgen zu registrieren; Ziel-Setzungen rückten in den Hintergrund. In den Vordergrund gelangte die Neigung, sich anzupassen, zu lavieren, die Dinge zu drehen und zu wenden, *„Hintersinn"* zu entwickeln. Sie lernten, auf verschlungenen und unebenen Wegen voranzukommen. [32)]

Außerdem zwangen die natürlichen Gegebenheiten - u. a. die kurzen Sommer und die langanhaltenden Winter - die Menschen zu ***raschem, aktivem Tun mit anschließender ausgedehnter Entspannung.*** [33)] Dieser Wechsel im Arbeitsverhalten scheint sich bis heute erhalten zu haben.

Die zur Zeit vor allem in den Ballungszentren zu beobachtende Gereiztheit und Grobheit unter den Menschen wird auf die allzu raschen Veränderungen der Lebensstrukturen in der jüngsten Zeit zurückgeführt.. *„Bei uns ist es besser, ohne heftige Bewegungen vorzugehen. Das hängt irgendwie mit unserem Nationalcharakter zusammen. Denn wie unsere Vorfahren leben wir mehrheitlich in der Ebene, wo es weniger Impulse und Anregungen, weniger heftige Veränderungen gibt als beispielsweise im Gebirge. Daher brauchen wir mehr Zeit als andere Menschen, um uns an Neues zu gewöhnen. Daher rührt auch unsere Abneigung gegenüber Veränderungen, die wir anfangs fast immer negativ aufnehmen. Diese negativen Empfindungen stauen sich langsam auf (die berühmte russische Geduld), dann aber kommt es oft zu einer heftigen Explosion."* [34)] Die ***Geduld*** der Russen wurde sprichwörtlich, ihre ***relative Langsamkeit*** fand häufige Kritik.

Und in der Tat scheinen russische Menschen ***den Raum und die Zeit*** irgendwie ***unbegrenzter zu erleben*** als andere. Eine russische Aussage, daß etwas sich „in der Nähe" befinde oder „bald" stattfinde, umfaßt meistens wesentlich größere Distanzen bzw. Zeiträume, als das bei mittel- oder westeuropäischen Menschen der Fall wäre.

Individualismus

„Der Großrusse ist besser als die großrussische Gesellschaft." [35)]
(Vasílij Ključévskij, russischer Historiker, 1841-1911)

Die natürlichen Gegebenheiten des Landes führten auch zu bestimmten sozialen Verhaltensweisen. Die Menschen mußten im allgemeinen allein oder in kleinen Gemeinschaften mit der Natur und dem Dasein zu Streich kommen - ohne in größere Gemeinschaften eingebunden zu sein. So entwickelten sie einerseits viele ***stark individualistische Züge*** (einen *„schrankenlosen Individualismus"* [36)]), andererseits die unverbrüchliche Solidarität und den ***Gemeinschaftssinn innerhalb der kleinen Gruppe.*** Weniger entwickelten sie jene Selbstbeschränkung des einzelnen in den großen überindividuellen Gemeinschaften und jene „demokratischen" Traditionen, wie sie die dichte Besiedlung und das enge Zusammenleben in den westeuropäischen Ländern hervorbrachten. [37)]

Beides brachte jenen tiefen ***Widerwillen gegen jeglichen staatlichen Zwang*** und jegliche Bürokratisierung des Lebens hervor, der jeder Regierung zu schaffen machte. Und immer wieder wirkte die *„Saugkraft des Raumes“* [38], kam es zur regellosen Binnenwanderung - bis in die Gegenwart hinein.

Das ***heutige Rußland*** ist - trotz seiner gewaltigen Ausdehnung - ***kleiner als das Zarenreich oder die Sowjetunion.*** Das kollektive Bewußtsein der Russen reagiert auf diesen Umstand zwiespältig. Einerseits meint man, daß das verbleibende Rußland durch diese „Verkleinerung“ um einen wesentlichen Teil seiner Identität gebracht worden sei, denn das Land sei von Westen, Süden und Südosten her „geschrumpft“, die ehemals unwichtigen (Binnen-)Grenzen zwischen den „eigenen“ Republiken der Sowjetunion seien jetzt die Außengrenzen des Landes. Das wird als störend, unbillig oder ungerecht empfunden, zumal sich rund 25 Millionen Russen bzw. russischsprachige Menschen nun als Minderheiten in diesen Republiken wiederfinden. Andererseits ist das Gefühl der Unbegrenztheit Rußlands im kollektiven Bewußtsein nach wie vor erhalten geblieben und somit prägend für die Gefühlswelt, die Denk- und Lebensweise der Menschen - bisweilen über die faktische Größe des Landes hinaus ...

Patriotismus

„Das Vaterland kann einen jeden von uns entbehren,
aber keiner von uns das Vaterland.“
(Iván Turgénev, russischer Schriftsteller, 1818-1883)

Trotz oder jenseits ihres Widerwillens gegen staatlich-bürokratische Strukturen hegen russische Menschen ihrem Land gegenüber generell patriotische Gefühle. Patriotismus gilt in der Gesellschaft als hoher Wert; seine in einigen anderen Ländern gepflegte Verteufelung stößt auf Unverständnis und sogar Mißtrauen: Wer seinem eigenen Land gegenüber nicht patriotisch ist, muß überhaupt ein illoyaler Mensch sein.

Der Patriotismus ist in Rußland ***in vielen Jahrhunderten entstanden*** - durch geschichtliche Ereignisse und Prozesse als solche und durch ihre russische Interpretation: während des Tatarenjochs und seiner schließlichen Abschüttelung im 13., 14. und 15. Jahrhundert; während der Abwehr der Fremdherrschaft am Ende der *Smuta* zu Beginn des 17. Jahrhunderts; während der Eroberung Sibiriens und Mittelasiens vom 16. bis zum 19. Jahrhundert; während des Vaterländischen Krieges 1812 und des Großen Vaterländischen Krieges von 1941 bis 1945. Dieser Patriotismus ist immer mit der ***außenpolitischen Situation des Landes*** verbunden. Außenpolitische Größe wirkt so stark patriotisierend, daß innere Probleme des Landes toleriert werden - ob es sich um die bekannte „Zweiteilung“ vieler Herrschaftsperioden handelt, bei der auf eine „gute“ eine „schlechte“ Phase folgt, oder um den niedrigen Lebensstandard, der oft die Folge außenpolitischer Aktionen ist. Verliert der Staat außenpolitisches Gewicht und ist er - angenommenen oder tatsächlichen - äußeren Bedrohungen ausgesetzt, kann der Patriotismus verbissen werden und irrationale Reaktionen auslösen.

Der Patriotismus russischer Menschen kann recht umfassend auftreten und ihnen den vergleichenden oder relativierenden Blick verstellen. Er läßt ihnen ihr Land als das unbedingt beste aller Länder, als den Nabel der Welt erscheinen.

Die dünne Schicht der publizistischen und literarischen ***Intelligenz*** Rußlands pflegt gegenüber dem Staat und seinen Institutionen traditionell einen kritischen und pessimistischen Nonkonformismus. Dieser mündet jedoch keineswegs in apatriotisches oder gar antipatriotisches Denken und Handeln ein, sondern versteht sich letztlich als die wahre Form des Patriotismus.

„Patriotismus, das ist das ganzheitliche und festverankerte Gefühl der Liebe zu seiner Heimat und zu seiner Nation, verbunden mit der Verpflichtung, ihnen beiden zu dienen, und zwar nicht sklavisch, nicht durch die Unterstützung unberechtigter Ansprüche, sondern offen für das Erkennen ihrer Schwächen und Mängel.“ [39)]

Hierbei muß es sich aber stets um innere, d. h. ***von Russen ausgehende Kritik*** handeln, die sich mit den Schwächen und Mängeln in Rußland auseinandersetzt; kommt sie von außen, wird sie leidenschaftlich abgewehrt.

Auch im ***Exil*** oder bei ***freiwilligem Auslandsaufenthalt*** behalten Russen meistens ihre patriotische Grundeinstellung gegenüber Rußland bei - durchaus nicht nur im Sinne einer nostalgischen Verklärung, sondern aus tiefer Überzeugung. Dieser Patriotismus aus der räumlichen Entfernung ist umfassender als die Liebe zur Heimat - er ist auch die Liebe zum Vaterland, selbst wenn dieses sich kritikwürdig verhält. In jüngster Zeit gibt es hier Ausnahmen: einerseits jene neureichen „neuen Russen“ der Gegenwart, die sich ins Ausland begeben, um ihre exorbitanten Luxuswünsche zu befriedigen, andererseits viele Angehörige der Bildungsschicht, die dem Land in jedwedem Sinne den Rücken kehren und aus der Distanz mit Gleichgültigkeit oder Verachtung die Klimmzüge betrachten, mit denen sich Rußland und seine Daheimgebliebenen um einen Neuanfang bemühen.

Der russische Patriotismus bezieht heute auch jene Zeugnisse der zaristischen Vergangenheit oder ***Autoren*** ein, die in der Sowjetunion lange Zeit mit Mißachtung gestraft und drangsaliert wurden. Ein Beispiel mag der Lyriker und Prosaiker *Borís Pasternák* (1890–1960, „Doktor Živágo“) sein, der 1958 mit dem Nobelpreis für Literatur ausgezeichnet worden war, sich aber gezwungen sah, seine Annahme zu verweigern, weil die Literaturfunktionäre jener Zeit eine rücksichtslose Hetzkampagne gegen ihn inszenierten. 1961, nach seinem Tod, wurde er mit seinem lyrischen Werk rehabilitiert, später wurden sein Haus und seine Grabstätte in Peredélkino bei Moskau zu einer Art Wallfahrtsort. Heute reklamiert der Staat auch seine in Privatbesitz befindlichen Handschriften als nationales Erbe und will sie in staatlichen Archiven zusammenführen. [40)]

Auch ***Maler*** (und deren Werke) werden nachträglich mit Liebe und Stolz der russischen Heimat zugeordnet, selbst wenn sie aufgrund einer frühen (freiwilligen oder unfreiwilligen) Auswanderung die längste Zeit ihres Lebens im Ausland gelebt und gearbeitet haben. So erschienen in der renommierten Tageszeitung „Izvestija" kurz hintereinander zwei Artikel zu dieser Thematik. Der eine Artikel setzte sich unter der Überschrift *„Kandinskij-Syndrom: wird der hundertste Geburtstag des großen Künstlers unser Feiertag sein oder ein französischer?"* nachdrücklich für die russische Variante ein[41)], der andere beklagte unter dem Titel *„Rußlands Schätze sind in alle Welt verstreut - wie kommen sie zurück?"* die Tatsache, daß im Laufe des 20. Jahrhunderts aufgrund von *„Revolutionen, Kriegen, sozialen Erschütterungen, Okkupation, Emigration"* unermeßliche Kunst- und Kulturschätze Rußlands ins Ausland gelangt seien, mehr als das bei irgendeinem anderen Land der Welt der Fall sei.[42)]

Dabei wird allerdings außer acht gelassen, daß die Sowjetregierung selbst sehr viele Kulturschätze ins Ausland verkauft hat - gegen Devisen.

Russen definieren ihre nationale Identität im wesentlichen über die russische Sprache und ihre literarischen Werke. So gehört auch die ***Liebe zur Muttersprache, zur Literatur, zur Folklore*** zu den grundlegenden Lebensgefühlen russischer Menschen – und zwar bei allen Generationen. Literarisches Wissen und allgemeine Gelehrsamkeit wird traditionell als hoher Bildungswert angesehen. Die aktive Kenntnis der klassischen Schriftsteller mag bei den jüngeren Menschen etwas kleiner sein als bei den älteren, sie ist aber in jedem Falle umfassender als beispielsweise bei den Deutschen. Und Sprichwörter und Redewendungen sind in jedermanns Munde.

Hierarchien und načál'nik-Denken

Die russische ***Gesellschaft*** ist seit jeher ***hierarchisch gegliedert.*** In der sowjetischen Zeit führten Lebensalter, Bildungsgrad, Kompetenz, Autorität wenn sie mit der „richtigen" Klassenzugehörigkeit, der „richtigen" gesellschaftspolitischen Einstellung verbunden waren, automatisch zum Aufstieg auf der Hierarchieleiter.

Mit der partiellen Auflösung und Umstrukturierung in Politik, Wirtschaft und Gesellschaft in nachsowjetischer Zeit verloren die gewohnten Muster ihre Gültigkeit, wurden teilweise entwertet, umgewertet oder auf den Kopf gestellt. So ist z. B. finanzieller Erfolg, zuvor eher die Folge einer höheren Hierarchiestufe, heute zu ihrem Ausgangspunkt geworden. Diese ***Kluft zwischen gewachsener Tradition und gegenwärtiger Realität*** verursacht bei den Menschen Unsicherheit und Desorientierung.

Eines der zentralen Phänomene der hierarchischen Tradition in Rußland scheint indessen bislang erhalten geblieben zu sein: das ***Načál'nik-Denken.*** Da in der hierarchisch aufgebauten Gesellschaft jedermann zwangsläufig einen *načál'nik*, einen Chef oder Vorgesetzten, hatte, entstand die verbreitete Haltung, immer und für alles die Verantwortung einem anderen zu übertragen - dem Chef für Entscheidungen, dem Untergebenen für offensichtliche Mißerfolge. Die relativ kleinstufige Struktur der Hierarchie und des *načál'nik-Aufbaus* lähmte auch die Eigeninitiative oder die Flexibilität bei der Wahrnehmung von Aufgaben. Man arbeitete in seinem Bereich, erledigte die dort vorgesehenen Arbeiten, ging aber nicht darüber hinaus: Wer für das Servieren zuständig war, räumte nicht nebenbei auch Geschirr ab; wer Vorlesungen hielt, tippte nicht Manuskripte, etc. In vielen Fällen übernahm der „Plan" der sozialistischen Volkswirtschaftsordnung die Rolle des „Chefs": Im Plan nicht vorgegebene Arbeiten wurden nicht erledigt, auch wenn sie sozusagen auf der Hand lagen. Die Nicht-Initiative und das Abschieben von Verantwortung wurden durch das sozialistische Kollektiv, in das der einzelne von klein auf eingebunden war, verstärkt. In den Verwaltungs- und Wirtschaftsstrukturen der Gegenwart sieht es immer noch so aus.

Titel, Ränge und Würden

Titel, Ränge und Würden spielen in Rußland seit jeher eine große Rolle. Die Beachtung der jeweils richtigen Rangordnung und des entsprechenden Protokolls war immer ein wesentliches Element für den Erfolg einer Verhandlung, eines Vorhabens oder eines Berufslebens. Wie komplex und - für Außenstehende - ***schwer durchschaubar diese Strukturen*** sind, ist oft beschrieben worden. So verfaßte z. B. der österreichische Gesandte *Sigmund von Herberstein*, der im Auftrag der Habsburger Kaiser in diplomatischer Mission 1517 und 1526 für längere Zeit nach Moskau reiste, eine ausführliche Schilderung von Land und Leuten, in der es an einer Stelle heißt: *„... sogleich fragt man, welchen Standes und Ranges der Botschafter sei und wer mit ihm kommt: sie wollen die Namen aller Personen und der Diener und deren Vatersnamen wissen. Je nach der Stellung des Herrn, von dem die Botschaft kommt, auch je nachdem, in welchem Rang oder Ansehen der Botschafter steht, schickt der Statthalter Leute an die Grenze, ihn aufzunehmen und zu empfangen. Ebenso schickt er eine eilende Post zum Großfürsten nach Moskau, um all das Erkundete anzuzeigen."* [43)]

Auch in sowjetischer Zeit waren Rangordnung und Titel außerordentlich wichtig. Da die Menschen des Landes in diese Ordnung hineingewachsen waren, entwickelten sie eine enorme Meisterschaft bei der ***Interpretation von scheinbar unwichtigen Details:*** Wer steht bei Gruppenfotos von Politikern von wem rechts oder links, näher oder entfernter; in welcher Reihenfolge sind bei Nachrufen auf wichtige Persönlichkeiten die Unterzeichnenden aufgeführt; welche Ränge, Ämter und Auszeichnungen werden bei offiziellen Anlässen genannt bzw. nicht genannt, etc. Selbst aus der Qualität der winterlichen Pelzkappe *(šápka)* konnten Einheimische auf Rang und Ansehen ihres Trägers schließen. Ein Moskauer Schriftsteller, *Vladímir Vojnóvič* (geb. 1932), benutzte diese Pelzmützenrangordnung für eine satirische Erzählung („Šápka"), die große Popularität erlangte, auf die Bühne gebracht und verfilmt wurde.

Orden, Medaillen und Ehrenbezeichnungen waren in der Sowjetunion außerordentlich verbreitet und sehr beliebt, da sie vielfach mit Vergünstigungen im Alltag gekoppelt waren: freie Fahrt mit Verkehrsmitteln, kein Schlangestehen, beschleunigte Wohnungszuweisung, Sonderurlaub etc. Ausgezeichnet wurden nicht nur Personen, sondern auch Städte, Fabriken, Großprojekte, Zeitungen u.a.m. für herausragende oder so eingestufte zivile, militärische oder ideologische Leistungen. Die Bandbreite der möglichen Auszeichnungen war groß, sie reichte vom "Helden der Sowjetunion" bis zum "Verdienten Traktoristen". Viele dieser Auszeichnungen sind auch in nachsowjetischer Zeit beibehalten worden, zeitgenössische (meist wiedereingeführte aus der Zarenzeit) sind hinzugekommen.

Bürokratie und blat

Die hierarchischen Strukturen in Staat und Gesellschaft brachten im Laufe der Jahrhunderte eine krakenhafte und ***festgezurrte Bürokratie*** hervor, die jeden „amtlichen" Vorgang zu einer Mühsal für die Menschen macht. Wer sich als Außenseiter ihren Zwängen und Verflechtungen ausgesetzt sieht, fühlt sich weitgehend hilflos.

Eingeweihte kennen jedoch die zweite Ebene, auf der ein gut funktionierendes Gegensystem existiert, den ***blat.*** Dieser Begriff beinhaltet das dichte ***Netz der Bekanntschaften und Beziehungen,*** innerhalb deren Hilfestellung gegeben wird, eine Hand die andere wäscht und Bestechung greifen kann: Der Verwandte, Freund, Freund des Freundes, Gleichgesinnte, gute Bekannte wird niemals allein gelassen.

Diese traditionellen, eingespielten Beziehungsstränge sind in den letzten Jahren ***zu einem undurchdringlichen Dickicht verwuchert:*** Bestechung, Erpressung, Vorteilsnahme sind allgegenwärtig. Ohne sie feiert die Bürokratie Triumphe und funktioniert nichts, im Kleinen wie im Großen. Die Grenze von der „Glättung" des Alltagslebens durch *blat* zur kriminellen Korruption ist längst überschritten. So „kauft" der Normalbürger seinen Führerschein, um nicht immer wieder hintangestellt zu werden, schiebt der Autofahrer dem Tankwart Geld zu, um sich nicht in die Warteschlange einreihen zu müssen oder bekommt der Zollbeamte eine Summe zugesteckt, damit der Koffer nicht kontrolliert wird. Das Ganze geht aber auch andersherum: Der Verkehrspolizist sieht von einem Strafmandat ab, wenn etwas für ihn herausspringt. Vielleicht hat der Autofahrer aber auch keinerlei Verkehrssünde begangen und wurde nur einmal gestoppt, damit ...? Und mancher verschafft sich einen „Nebenerwerb". So errichtet ein Grüppchen junger Kerle ein Hindernis auf der nächtlichen Straße, „hilft" dem Autofahrer, es zu beseitigen, gegen Bares natürlich. Und richtet es danach wieder auf, für das nächste Opfer. Bei der kleinen Pizza-Bude an der Ecke und auf den großen Obst- und Gemüsemärkten geht ohne Schutzgeldzahlung nichts: Sie werden in der

Regel von der Mafia kontrolliert. Die mafiösen Strukturen erfassen alle Bereiche, auch die der großen Wirtschaft und der Staatsorgane.

Kollektivismus

Die Tradition des gemeinschaftlichen Lebens und des Gemeinschaftssinns innerhalb der kleinen Gruppe war für die überwiegende Mehrheit der Bevölkerung, die leibeigene Bauernschaft, prägend. Auch nach der Aufhebung der Leibeigenschaft betrieben die wenigsten Bauern bäuerliche Individualbetriebe, die meisten gehörten zwangsläufig der ***Dorfgemeinschaft,*** dem *mir*, an. Diese Gegebenheiten brachten einerseits menschliche Nähe und Solidarität, andererseits beschränkten sie die Entfaltungsmöglichkeiten des einzelnen. Hieraus entwickelte sich eine gewisse Tendenz, die Daseinsgestaltung und die Überwindung allgemeiner Fährnisse weniger selbst in die Hand zu nehmen, als eher der Gruppe, der Gemeinschaft zu übertragen.

Nach 1917 konnte der Staat auf diese Tradition zurückgreifen und relativ leicht das ***sozialistisch orientierte Kollektiv*** einführen: beim Wohnen, beim Arbeiten, in Bildung und Erziehung, in der Freizeitgestaltung. Der nach kurzer Zeit absolut gesetzte Kollektivismus hatte die Menschen sozusagen von der Wiege bis zur Bahre im Griff. Sehr einschneidend wirkte hierbei vor allem die Regel, im Rahmen des Kollektivs Kritik und Selbstkritik zu üben. So galt auch die Privatsphäre des einzelnen bald nicht mehr als tabu, wurden Bespitzelung und Denunziantentum mit positiven Vorzeichen versehen.

Die miteinander verflochtenen und einander bedingenden Strukturen der hierarchischen Ordnung, des *načál'nik-Denkens,* der Bürokratie und des Kollektivismus sind heute ins Rutschen geraten. Die ***Entwertung der gewohnten Muster*** und die offensichtliche Ungültigkeit des traditionell binären Wertesystems - entweder Gut oder Böse, entweder Held oder Verbrecher - vergrößerten für den einzelnen und seine Lebenentfaltung zwar den Freiraum, brachten aber auch Orientierungsprobleme mit sich. Im Augenblick jedenfalls fühlen sich die meisten Menschen weniger über die reiche Auswahl der Möglichkeiten beglückt, als vielmehr zwischen allen Stühlen sitzend.

Gegensätze

Frauen und Männer, Großmütter und Enkel

Die Frauen brachten das durchgehende Pferd zum Stehen
und betraten die brennende Hütte.
(*Nikoláj Nekrásov,* Russischer Dichter, 1821 - 1878)

Rußland hat trotz allem Glück -
es hat Erdöl, Erdgas, Holz - und seine Frauen!
("Izvestija", am Vorabend des Internationalen Frauentags 1998)

Russische ***Frauen*** sind oft beschrieben und bewundert worden: wegen ihrer sehr weiblichen Schönheit, ihrer Wärme und Herzlichkeit, ihrer Charakterstärke und ihres Muts, ihrer psychischen und physischen Ausdauer, ihrer unermüdlichen Schaffenskraft. Ihnen wird die Aufgabe zugeschrieben, Hüterinnen von traditionellen Werten, von Sitte und Anstand zu sein.

Dieses Bild der russischen Frau und ihre reale Gestalt haben sich in ***Jahrhunderten*** geformt, als Spiegel und Symbol der allgemeinen gesellschaftlichen Entwicklung.

Jahrhundertelang setzten die Frauen diese Eigenschaften überwiegend im häuslichen Umfeld ein, das sich im allgemeinen auf die Haushaltsführung, die Erziehung der Kinder und die Versorgung der außer Haus arbeitenden Männer erstreckte. Diese auch von der russisch-orthodoxen Kirche vorgegebene Rollenverteilung zwischen Mann und Frau galt sowohl für die ländliche Bevölkerung - die stets überwog und oft in Armut lebte[45)] - als auch für die sehr dünne Mittel- und Oberschicht des Bürgertums und des Adels.

Folklore-Fest

Schon im 16. Jahrhundert war, vermutlich unter der Federführung der russisch-orthodoxen Kirche, der sogenannte ***Domostrój*** entstanden, eine Art „Hausordnung", in der detailliert niedergelegt war, welche Regeln innerhalb des Hauses für die einzelnen Familienmitglieder und die Bediensteten, außerhalb des Hauses gegenüber der Obrigkeit und der Kirche zu beachten waren. In beiden Bereichen galt eine absolute Unterordnung: im Innenverhältnis gegenüber dem männlichen Familienoberhaupt, im öffentlichen Leben gegenüber Zar und Kirche. Das Regelwerk ist sprichwörtlich geworden: wer heute von *Domostrój*-Verhältnissen in einer Familie spricht, meint damit ein streng geordnetes, meist patriarchalisches Regime.

Trotzdem konnten ***in Bürger- und Adelsfamilien*** - aufgrund der erheblich besseren Lebensverhältnisse - die Frauen über die rein materielle Haushaltsführung hinaus schon früh einen wesentlichen Part im geistigen und kulturellen Leben des Hauses spielen.

Daneben gab es eine kleine Gruppe von Frauen, die in alle Wissensgebiete vordrangen und im gesellschaftspolitischen Leben außerhalb des häuslichen Umfelds ihre Wirkung entfalteten. Sie waren ***Angehörige der berühmten russischen Intelligéncija*** der zweiten Hälfte des 19. Jahrhunderts. Hochgebildet, weltläufig, zielstrebig und konsequent, wurden sie Vorbilder für manche emanzipatorische Bestrebungen in Mittel- und Westeuropa. Wohl jeder Russe kennt Verkörperungen der verschiedenen Frauentypen jener Zeit. Er hat von jener literarischen Gestalt gehört, die gleichsam zum stets bewunderten und angestrebten Idealtyp der russischen Frau geworden ist, die Gestalt der *Tat'jána* aus *Aleksándr Púškins* Versepos (und nachmaligen Oper *Čajkóvskijs*) „Evgénij Onégin": die empfindsame, kluge und charakterstarke Dame der Petersburger Gesellschaft, die einem großen Hause vorsteht. Ebenso kennt er Repräsentantinnen des Kampfes um Bildung, wie *Sóf'ja Kovalévkaja*, die u. a. in Heidelberg Mathematik studierte und in Stockholm Professorin war,[46] und des Streitens für gesellschaftliche Veränderungen, wie *Véra Zasúlič*, die revolutionäre Aufklärerin, die für eine gerechte Strafjustiz eintrat.

Mit der ***bolschewistischen Revolution von 1917,*** der Gestaltung von Gesellschaft und Staat nach sozialistischen Vorgaben und dem forcierten Versuch, das überwiegend agrarisch geprägte Land zum Industriestaat zu machen, verlagerten sich die Gewichte. Die soziale Funktion der Familie und ihre eventuell individualisierende Rolle widersprachen der Ideologie, wurden als schädlich angesehen und bekämpft. Der Staat versuchte, den Primat des Lebens im (Kindergarten-, Schul-, Arbeits-)Kollektiv durchzusetzen und damit der Familie und der Frau in ihr eine erheblich reduzierte Rolle zuzuweisen.

Gleichzeitig wurde die ***Gleichberechtigung von Mann und Frau*** in der Verfassung verankert. Frauen wurden in alle Ausbildungsgänge einbezogen; sie bekamen den vollen Anteil am Arbeitsleben außer Haus. Diese Tendenz verstärkte sich während des Zweiten Weltkriegs, als Frauen viele früher von Männern eingenommene Arbeitsplätze übernehmen mußten oder durften,

und beim Wiederaufbau in der Nachkriegszeit. Frauen fand Zugang zu fast allen ***qualifizierten Berufen,*** bald waren weibliche Ärzte, Lehrer, Erzieher, Bibliothekare (allerdings waren das teilweise die schlecht bezahlten Berufe, die Männer nicht ausüben wollten), aber auch Ingenieure und Techniker vielfach in der Überzahl. Einige Frauen konnten auch zu politischen Ämtern gelangen.

So betrachteten russische Frauen - und auch Männer - die Frage der Gleichberechtigung als gelöst; sie meinten, daß es eine ***Frauenfrage,*** wie sie in den westlichen bürgerlichen Gesellschaften bestehe, nicht gebe und daß jede Frau sich nach ihren Fähigkeiten und Bedürfnissen entfalten und entsprechend wirken könne.

In der Tat jedoch erwies sich, wie in anderen Ländern auch, die Gleichberechtigung eher als ***Gleichverpflichtung.*** Ohne Rücksicht auf physiologische Gegebenheiten mußten Frauen oft körperliche Schwerstarbeit leisten, z. B. im Bausektor, in der Fabrik (seit 1996 teilweise verboten); gleicher Lohn für gleiche Arbeit blieb eine Fiktion; trotz gleicher Qualifikation der Frauen blieben Führungspositionen überwiegend in den Händen von Männern.

Die Frauen begannen, die ***Zwiespältigkeit der Situation*** zu erkennen; das im Selbstverständnis und in der offiziellen Darstellung geschönte Bild der Gleichberechtigung bekam mehr und mehr dunkle Flecken.

Ausdruck dieses veränderten Bewußtseins bei den Frauen wurde die 1969 veröffentlichte Erzählung „Nedélja kak nedélja" („Woche um Woche"), in der die Autorin *Natál'ja Baránskaja* den tagtäglichen Dauerlauf zwischen Haus, Kinderkrippe und Kindergarten und Arbeitsplatz schildert, den ***berufstätige Frauen mit Kindern*** in Rußland absolvieren müssen. Ihre Aussagen sind in vielen Aspekten bis heute gültig. So wurde in den 70er und den 80er Jahren (ganz im Gegensatz zu der Zeit davor) von Frauen vermehrt der Wunsch geäußert, ihre Arbeit außer Haus aufzugeben und nur für die Familie da zu sein; aber auch damals konnten es sich nur die wenigsten Familien leisten, auf das zweite Einkommen zu verzichten - heute ist es praktisch unmöglich.

Die soziale und politische Entwicklung in der Sowjetunion sowie der Aderlaß durch Krieg und Arbeitslager hatten zu einem deutlichen ***Männermangel*** geführt. Der Mann war ***Mangelware*** geworden. Als solche wird er nun, wenn denn vorhanden, nach Kräften ***umhegt*** und gepflegt, auf ein Piedestal gehoben, bewundert und verwöhnt. Junge Mädchen und Frauen schauen zu ihnen auf, sind sehr sanft und anschmiegsam. Ältere Frauen bleiben zwar beim Verwöhnen, werden aber, vor allem im häuslichen Umfeld, sehr bestimmend. Dieses Phänomen wird vielfach als das ***russische Matriarchat*** bezeichnet; es ist eine ***widersprüchliche Mischung*** aus traditionellen Denk- und Verhaltensweisen, aus umfassender Fürsorge, erdrückender Bevormundung und häuslicher Dominanz der Frauen. (Diese Dominanz zeigt sich bisweilen auch außer Haus, z. B. im Habitus mancher Lehrerin oder Dozentin, mancher weiblichen Amtsperson oder mancher Etagenfrau im Hotel.).

Die ***Männer*** bleiben im Hause vielfach verwöhnte Paschas, mental unreif,

unselbständig, untätig, larmoyant und nicht bereit, Verantwortung zu übernehmen, häufig dem Alkohol zugeneigt. Gleichzeitig legen sie aber ein außerordentlich anspruchsvolles, präpotentes Auftreten an den Tag. Eine partnerschaftliche Beziehung zwischen Mann und Frau ist eher untypisch.

Im Alltag führt das nicht nur zur bekannten Doppelbelastung, sondern zur ***Mehrfachbelastung der Frauen,*** von denen erwartet wird, daß sie neben ihrer Arbeitstätigkeit auch ihre üblichen Aufgaben erfüllen. Haushaltsführung (mitsamt dem tagtäglichen Geschleppe von schweren Einkaufstaschen in überfüllten öffentlichen Verkehrsmitteln) und Kindererziehung gelten nach wie vor als Frauensache. Allerdings steigt mit dem Bildungsgrad auch die Bereitwilligkeit der Männer, an diesen Arbeiten mitzuwirken.

Das ***Thema Sex*** war jahrzehntelang tabu. Und bisweilen hieß es moralisch entrüstet aus russischem Munde *„Bei uns gibt es keinen Sex!"*, wenn ein Westler die eine oder andere vorwitzige Frage stellte. Aber auch manche Russen konnten nicht umhin, über diese Feststellung zu lachen. Heute ist Sex kein Tabu-Thema mehr. So werden die Hindernisse, die die Wohnungsnot einem entspannten Sexualleben in den Weg legt, und die verzweifelt-dubiosen Auswege (Park und Wald, Schlafwagen, stundenweises Mieten von Zimmern, Hauseingänge, Büro etc.) breit diskutiert.

Keineswegs diskutiert wird jedoch die Tatsache, daß man die Verantwortung für die ***Verhütung*** im allgemeinen der Frau zuschiebt; das wird offenbar als gegeben hingenommen, auch von den Frauen. Pille und Kondome sind in den großen Metropolen zwar erhältlich, aber nicht immer zuverlässig, dazu teuer. Die Pille wird außerdem vielfach als unnatürlich abgelehnt, und junge Mädchen genieren sich oft, wegen eines entsprechenden Rezepts einen Arzt aufzusuchen. Allgemein stehen derartige Verhütungsmittel nicht im Vordergrund des Bewußtseins. Daher ist - wie seit Jahrzehnten - der ***Schwangerschaftsabbruch*** die übliche Form der Geburtenkontrolle; er ist in Rußland legal. Vier bis fünf Abtreibungen unter elenden medizinischen Bedingungen sind im Leben einer Frau keine Ausnahme, was eine ungeheure physische und psychische Belastung für die Betroffenen darstellt. Trotzdem scheinen die Frauen die Abtreibungen gleichsam als unabdingbaren Bestandteil eines vollgültigen Frauenlebens hinzunehmen, ebenso die strafendstrenge Behandlung, die ihnen das medizinische Personal in dieser Situation angedeihen läßt. Viele Frauen entscheiden sich für eine Sterilisation. Die ***Geburtenzahlen*** stagnieren auf niedrigem Niveau: statistisch gesehen entfielen 1993 auf jede Frau 1,4 Geburten, heute sind es noch weniger. Die allgemeine Erschöpfung der Menschen Rußlands zeigt sich auch in der ***niedrigen Lebenserwartung.*** Sie liegt für Frauen (1998) bei 69 Jahren, für Männer bei 57 Jahren (Deutschland 79 bzw. 73 Jahre).[47)]

Die ***Scheidungsrate*** ist hoch: In Moskau z. B. wird jede zweite Ehe geschieden, das Scheidungsbegehren geht in rund zwei Dritteln der Fälle von der Frau aus. Und trotzdem drängen die jungen Mädchen in die ***Ehe,*** von

der sie oft romantisierende Vorstellungen haben, die sie auch aus der klassischen Literatur entlehnen. Und Männer erwarten, daß ihre Braut jungfräulich in die Ehe geht.

Aufklärung wird in Rußland traditionell vernachlässigt, auch in sexuellen Fragen.

Homosexuelle Beziehungen unter Männern, bis 1994 generell strafbar, galten in der Gesellschaft immer als Tabu, sie wurden nur bei Künstlern toleriert. Heute ist die Akzeptanz größer. ***Weibliche Homosexualität*** wird, wenn bekannt, nach wie vor geächtet. Eine plakative Selbstdarstellung von Homosexualität oder Forderungen nach Gleichstellung mit heterosexuellen Beziehungen sind undenkbar.

Prostitution, in der Sowjetunion offziell als Thema nicht existent, wird auch heute in der Gesellschaft im Prinzip abgelehnt, ist aber verbreitet. Veröffentlichte Umfragen zeigen, daß junge Mädchen in den Großstädten nicht selten wegen der guten Verdienstmöglichkeiten Prostitution als ersten Berufswunsch nennen. Inzwischen gibt es auch sogenannte Intimshops, Pornoschriften etc.

Eine besonder Rolle im familiären Gefüge spielen die ***bábuškas,*** jene legendären Großmütter, die vor allem für die ***Betreuung des Nachwuchses*** unerläßlich sind. Sie erfüllen diese Aufgabe auf ihre besondere Art. Die Enkel, vor allem die männlichen, werden gehegt und gepflegt, üppig gefüttert, sehr warm angezogen, unselbständig gehalten und als "privilegierte Klasse" behandelt, die man erst einmal von den rauhen Seiten des Lebens fernhalten will. Wie oft sieht man erschöpfte Großmütter, die, schwere Lasten tragend, in den öffentlichen Verkehrsmitteln stehen und liebvoll auf ihre durchaus nicht mehr kleinen und schutzbedürftigen Enkelkinder hinunterschauen, die selbstverständlich den vorhandenen Sitzplatz einnehmen.

Die Institution *babuška* ist oft die Voraussetzung für die Bewältigung des Familienalltags. Sie bietet außerdem eine gewisse Gewähr für die Weitergabe ethischer, auch religiöser Werte. Der traditionelle Zusammenhalt in der Familie, die sprichwörtliche Kinderliebe der Erwachsenen, spielen, vor allem in der sogenannten Restfamilie aus Kind, Mutter und Großmutter, nach wie vor eine Rolle. Das enge bzw. beengte Zusammenleben von drei Generationen offenbart aber auch ***Probleme.*** Der Unterschied zwischen dem häuslichen Alltag und der Realität der Außenwelt tritt zutage. Schon im relativ kleinen Rahmen der Familie wird deutlich, daß die ***Autorität*** der Eltern- und Großelterngeneration mehr und mehr ***in Frage gestellt*** wird, daß aus dem üblichen Generationenkonflikt heute eine tiefe ***Kluft*** zwischen den Denk- und Lebensweisen der Generationen geworden ist, daß der Konsens zwischen den einzelnen Bevölkerungsgruppen und in der ganzen Gesellschaft verlorengeht.

Aufgrund dieser partiellen ***Auflösung traditioneller familiärer Bindungen*** sowie der im Rußland der Gegenwart weit verbreiteten ***Armut*** (nach einigen Medienberichten im Jahre 1998 leben 35 - 40 % der Bevölkerung

Rußlands unter der Armutsgrenze, manche sprechen von 70 - 80 %) kam es (wie schon einmal in den 20er Jahren), vor allem in den Großstädten wie Moskau und St. Petersburg, zur Entstehung einer ***Verwahrlosung von Kindern,*** von Kinderkriminalität, Kinderbanden, obdachlosen Kindern. Man geht davon aus, daß in Rußland zur Zeit (1999) rund eine Million Straßenkinder leben, davon etwa 50.000 - 80.000 in Moskau und etwa 20.000 in St. Petersburg.

Bessergestellte Familien können es sich heute leisten, an eine besondere frühere Tradition anzuknüpfen: sie haben manchmal wieder eine ***nánja,*** d. h. eine Amme oder Kinderfrau. In der vorrevolutionären Zeit lebten diese Kinderfrauen über Jahrzehnte mit "ihrer" Familie, begleiteten ihre inzwischen erwachsenen Schützlinge in Ehen, teilten mit ihnen gute und böse Tage und blieben ein Leben lang wichtiger Anlaufpunkt, Sicherheitsanker und wärmende Mitte. Auch die oben erwähnte literarische Idealgestalt, die *Tat'jana* in *Puškins Evgenij Onegin,* wendet sich, als Glück und Leid der großen Liebe sie erfassen, trostsuchend an ihre *nanja.* Auch ein anderer alter Beruf ist wiedererstanden: In manchen Familien gibt es wieder eine ***Gouvernante.***

Und es gibt auch die ***Minderheit*** jener Familien, die sich einem grenzenlosen ***Konsum*** hingeben, in denen die Kinder mit allem ausgestattet und durch und durch egoistisch sind, einen Leibwächter haben, mit Chauffeur zur Schule gebracht werden, ihre Ferien in den arabischen Emiraten oder an der Côte d'Azur verbringen und ihre Eltern in deren ***aggressiver Anspruchshaltung*** nachahmen.

Das ***Bild der russischen Frau der Gegenwart*** zeigt unvereinbar scheinende ***Gegensätze.*** Sie sind zwischen den einzelnen Frauen in der Stadt, vor allem aber zwischen denen der Stadt und des ländlichen Raumes viel größer als man das in westlichen Industrieländern kennt. Da gibt es das

Das verklärte Bild der russischen Frau

wohlerzogene junge Mädchen, das fast wie eine "höhere Tochter" früherer Zeiten wirkt. Die ausgeflippte Rumtreiberin. Die harsche Studentin und die coole Jungintellektuelle. Die hochnäsige Nouvelle Riche und die schrille Karrieristin, die sehr hohe Ansprüche an das Leben stellen. Die flexible, realistisch denkende Berufstätige. Die früh ermüdete Arbeiterin. Die grelle und die verschämte Prostituierte. Die ältere Dozentin eines für den ungeübten Blick eher mütterlich-hausfraulich wirkenden Typs, deren hohe fachliche Kompetenz erst im Gespräch deutlich wird. Die völlig abgearbeitete alte Frau (die an Jahren gar nicht so alt ist), die versucht, ihre Enkel zu hüten, ihre unzureichende Rente durch einen kleinen Nebenverdienst aufzubessern (z. B. als *dežúrnaja,* d. h. Etagenfrau in einem Hotel oder einem Wohnheim, oder bei der Straßenreinigung), den irgendwo vielleicht doch preiswert erhältlichen Lebensmitteln nachzujagen und sich warmzuhalten. Die obdachlosen, die bettelnden, die betrunkenen Frauen. Die Landbewohnerin, die einem früheren Jahrhundert anzugehören scheint ...

Das ***Selbstbild*** der Frauen ist zwiespältig. Sie verstehen sich als wichtiges Element der Gesellschaft und wollen allen ihren Rollen, der traditionellen im Hause und der berufstätigen außer Haus, voll und ganz gerecht werden. Gleichzeitig sind sie durch die Belastungen des Alltags manchmal verbittert und enttäuscht.

Die ***Haltung der Gesellschaft*** zu den Frauen ist ebenfalls zwiespältig. Einerseits pflegt sie das idealisierte Bild der Frauen und hegt vor ihnen und ihrer moralischen Autorität große Hochachtung. Andererseits ist sich die Gesellschaft offenbar nicht bewußt, daß diese Hochachtung meistens in der Theorie steckenbleibt und in der Praxis der Lebensgestaltung nur wenig Niederschlag findet.

"Das Leben der Frauen ist erbärmlich", meinte *Sigmund von Herberstein,* der österreichische Gesandte im 16. Jahrhundert. [48] Und in der Gegenwart sieht es für die Mehrheit nicht viel anders aus, auch wenn die Frauen selbst das vehement verneinen ...

Privilegierte und andere

Vor gar nicht langer Zeit schienen in Moskau ***zweierlei Verkehrsregeln*** zu existieren, die für die gewöhnlichen Bürger und die für die „anderen". Die einen versuchten, mit dem Verkehrsalltag honorig zurechtzukommen, die anderen saßen in großen schwarzen, von Chauffeuren gelenkten Limousinen mit verhängten Seitenscheiben, überfuhren durchgezogene weiße Linien, benutzten ansonsten streng verbotene Mittelstreifen, ignorierten rote Ampeln, scheuchten Fußgänger und fuhren erheblich schneller als die erlaubten 60 km pro Stunde. [49]

Wer durfte sich so „anders" verhalten? Einheimische kannten sich aus, ausländische Gäste wunderten sich, anfangs ...

Die ***ungleiche Lebenssituation*** der Menschen, je nachdem, welcher Gesellschaftsschicht, welcher Klasse sie angehörten, gab es ***in Rußland*** immer. Der Adel, Inhaber hoher Ämter in Staat, Wirtschaft und Militär, Wissenschaftler mit Reputation, aber auch Angehörige der oberen Ränge der Bürokratie beanspruchten stets Vorrechte, und zwar in allen Lebensbereichen. Dieser Personenkreis war relativ klein, er entsprach der sozialen Schichtung der Gesellschaft. Die Bevorzugung wurde von den Angehörigen der nicht- oder unterprivilegierten Schichten, die die große Mehrheit ausmachten, offenbar widerspruchslos und neidlos akzeptiert, wurde als gottgegeben, der hierarchischen Ordnung entsprechend angesehen.

Mit dem Aufbau der ***sozialistischen Gesellschaft in der Sowjetunion*** sollten die Vorrechte und die wirtschaftliche Bevorzugung jener Oberschicht abgeschafft und durch eine allgemeine Gleichberechtigung und Gleichbehandlung ersetzt werden.

„Die neue Klassenstruktur unterscheidet sich grundlegend von der der bürgerlichen Gesellschaft, in der sich die antagonistischen Klassen von Ausbeutern und Ausgebeuteten gegenüberstanden. Diese Klassengegensätze sind überwunden worden. Bourgeoisie, Grundbesitzer, Kulaken und andere ausbeuterische Schichten, die im zaristischen Rußland 16,3 Prozent der Bevölkerung ausgemacht hatten, haben aufgehört zu existieren. Die sowjetische Gesellschaft besteht fortan aus zwei Klassen - der neuen Arbeiterklasse und der neuen Kolchoz-Bauernschaft - und der Zwischenschicht der neuen Volks-Intelligenz.“ [50)]

Weiter hieß es, die formale Existenz der zwei Klassen und der Zwischenschicht der Volks-Intelligenz (und nicht der klassenlosen Gesellschaft) sei durch die zwei Formen sozialistischen Eigentums an Produktionsmitteln bedingt, das Staats- (und damit Volks-)eigentum und das Kollektiveigentum. Durch die Annäherung dieser drei gesellschaftlichen Kräfte entstehe eine ***neue soziale Einheit.*** [51)]

Es zeigte sich indessen sehr bald, wieviel rosige Theorie, schiere Realitätsferne oder gezielte Augenwischerei das verkündete Ideal der sozialen Einheit ausmachten. Die ***Produktionsmittel*** befanden sich nun zwar im Eigentum des Staates und somit, nach der Theorie, im Eigentum des Volkes, die Verfügungsgewalt über die Produktionsmittel, die Produktion und die Verteilung lagen aber fortan in den Händen eines noch kleineren Personenkreises als vor der Revolution. Und dieser Personenkreis hatte eine fast unbeschränkte Macht, da er mit der Partei- und Staatsführung praktisch identisch war.

In der Realität der Sowjetunion hatte also eine Ausdifferenzierung der Gesellschaft in voneinander höchst ***unterschiedliche soziale Gruppen*** stattgefunden. Die breite Basis der sozialen Pyramide bildeten die Industrie- und Landarbeiter (1986: 61,7 %) und die Kolchozangehörigen (1986: 12,1 %). Darüber gab es die Schicht der „Intelligenz und der Angestellten“, deren Anteil 1986 26,2 % betrug. [52)] Innerhalb dieser Schicht unterschieden sich bald die Gruppe der kleinen Angestellten in Betrieben und Behörden und die der

„neuen Oberschicht" [53], zu der vor allem Parteifunktionäre, Wirtschaftsführer, Techniker, Ärzte, Lehrer, auch Juristen und Offiziere zählten. Diese „werktätige Intelligenz" bildete ihrerseits bald eine herausgehobene Gruppe, die unter dem Namen „Nomenklatura" bekannt wurde und mit umfassenden Privilegien ausgestattet war. [54] *„Die Diskrepanz im Lebensstandard (Wohnung, Lebensmittel, Gebrauchsgegenstände) zwischen der Nomenklatur und den „einfachen Sowjetmenschen" [war] ebenso groß wie die zwischen Würdenträgern des entsprechenden Ranges und dem ärmsten Teil der Bevölkerung vor der Revolution." (Egór Gajdár,* russischer Wirtschaftswissenschaftler und Reformpolitiker) [55]

„Nomenklatúra" bedeutete ursprünglich „Namensliste", wurde aber dann für die Personen gebraucht, die auf dieser „richtigen" Liste standen. Zu diesem Kreis gehörten, an oberster Stelle, die Mitglieder der Partei- bzw. Staatsführung, danach folgten die wirklich herausragenden Wissenschaftler und Künstler, dann die mittleren Parteikader, die Fabrikdirektoren, die Projektleiter, schließlich die Behördenleiter usw. Durch die zahlreichen Hierarchiestufen innerhalb der Gesellschaft entstand ein höchst komplexes Gefüge von Privilegierten und Privilegierung. Die Dazugehörenden und ihre Familien genossen weitreichende Vorteile, die ihnen in allen Bereichen sehr preiswert oder unentgeltlich zur Verfügung gestellt wurden. So lebten sie in komfortablen Wohnungen, arbeiteten in angenehmen Positionen, kauften in Spezialläden ein, hatten (auch für private Belange) Dienstwagen, eigene Kliniken. Ihre Freizeit verbrachten sie in großen Datschas außerhalb der Metropolen; sie verkehrten in noblen Restaurants mit vorzüglichem Service; im Urlaub fuhren sie in den Süden oder ins Baltikum und wohnten dort in angenehmen Hotels. Wer unterwegs überraschend ein Hotelzimmer brauchte, hatte keine Probleme: die dort bereits übernachtenden „einfachen" Gäste wurden dann schlichtweg ausquartiert. Ihre Kinder schickten sie an besondere Schulen und Hochschulen. Sie konnten ins Ausland reisen und Devisen besitzen ... In gewissem Sinne war die Nomenklatura der kollektive Besitzer des „Staatseigentums". Ihre Mitglieder verteilten unter sich das, was sie nicht produziert hatten. Staatseigentum bedeutete also in der Praxis die private Nutzung dieses Eigentums durch die Nomenklatura.

Die neue Oberschicht entwickelte bald ein ausgeprägtes „Klassenbewußtsein" mit Zügen dünkelhafter Spießbürgerlichkeit. Man blieb unter sich, immer und in allem. Im Widerspruch zu den sozialistischen Idealen der Anfangszeit galt im inneren Kreis eine gewisse ***Demonstration von Wohlstand und Besserstellung*** bald als durchaus angemessen.

So versuchten die Angehörigen der Nomenklatura auch nur mehr schlecht als recht, ihre Vergünstigungen und Sondereinrichtungen vor den Augen der Durchschnittsbürger zu verbergen – auch wenn sie ihnen den Zugang in jedwedem Sinne verbauten. Bescheid wußte jedermann. Aber wie schon früher, so schien es auch in sowjetischer Zeit bei den ***Benachteiligten*** kaum Neid oder Widerstand gegen dieses System zu geben. *„Jeder Unwille, den sie viel-*

leicht fühlen könnten, wird von dem Respekt übertönt, den sie für all jene empfinden, die in der Rangliste nun einmal eine höhere Stellung einnehmen." [56)]

Ausländische Besucher nahmen übrigens stets erst einmal die graue Oberfläche des Jedermanns-Alltags wahr. Beim zweiten Blick erkannten sie aber, daß es eine sehr viel farbigere Ebene sowjetischer Realität gab und welche Diskrepanz zwischen beiden Realitäten herrschte. Darum versuchten sie bisweilen, ein wenig zu provozieren: wenn sie z. B. zu Hause einmal ein exklusives sowjetisches Mitbringsel bekommen hatten, wollten sie nun bei ihrer Reise solcherlei unbedingt in einem normalen Laden kaufen. Da sie natürlich nie und nimmer fündig wurden, starteten sie hartnäckige Fragen. Und das war durchaus nicht gern gesehen ...

Das Nomenklatura-Wesen der Sowjetunion schuf also letztlich eine ***Klassengesellschaft,*** in der die Kluft zwischen Privilegierten und Durchschnittsbürgern zumindest ebenso tief war wie in der Zarenzeit, wenn nicht tiefer. Es gab eine *„sehr deutlich ausgeprägte und steile soziale Pyramide ... mit einem kraß voneinander verschiedenen Oben und Unten, mit zahlreichen, klar unterscheidbaren Etagen dazwischen. ... Das Auseinanderklaffen des Einkommens und Lebensstandards ... ist es, was ... mehr als alles andere ins Auge springt - hie Luxus, dort Armut; hie komfortable Wohnungen und Landhäuser, dort vollgepferchte Massenquartiere; hie bequeme Schlafwagen und elegante Limousinen, dort Güterwagen und überfüllte Busse."* [57)]

Auch die ***russische Gesellschaft der Gegenwart ist von Klassen geprägt.*** Geändert haben sich ihre prozentualen Anteile und ihre Zusammensetzung: Das Oben ist noch abgehobener und gleichzeitig dünner geworden, das Unten hat gewaltige Ausmaße angenommen.

Nach wie vor „privilegiert" sind jene ***Angehörigen der ehemaligen Nomenklatura,*** die sich aufgrund ihrer guten Verbindungen rechtzeitig Vorteile verschaffen konnten, als in der ersten Hälfte der 90er Jahre ein Teil der staatlichen Betiebe und Einrichtungen in unterschiedlicher Weise privatisiert wurde. Vielfach konnten sie - unter neuer Bezeichnung - ihre früheren Posten in den Strukturen von Staat und Wirtschaft beibehalten.
Sie gehören zur Gruppe der ***„neuen Russen"*** (die bis 1993 in der Regel „Neureiche", *nuvoríši,* genannt wurden).
„Die 'neuen Russen', im Unterschied zu den 'alten', sind jene, die Ende der 80er, Anfang der 90er Jahre zu Geld gekommen sind. Sie verblüffen die Bürger des Westens mit ihren enormen Ausgaben, ihren unersättlichen Luxus-Wünschen. Sie haben in Europa jene Nische besetzt, die während der 20 Jahre davor von arabischen Scheichs und Ölkönigen eingenommen worden war. Sie besuchen die nobelsten Kurorte, kaufen in den feinsten Boutiquen und bei den exklusivsten Antiquitätenauktionen, erwerben die teuersten Immobilien." [58)]

Die „neuen Russen" - etwa 5 Prozent der Bevölkerung - sind indessen keine homogene Masse. Auf der einen Seite gibt es die ***überwiegende Mehrheit,*** die dieser kritischen Schilderung entspricht. Ihre Angehörigen

sind relativ wenig gebildet, stellen ihre luxuriöse Lebensweise demonstrativ zur Schau, sind absolut apolitisch und auf allen Ebenen in mafiöse Strukturen verstrickt. [59)]

Auf der anderen Seite gibt es die ***kleine Elite der „neuen Russen“***, die sich nicht nur in ihrem Bildungshintergrund, sondern auch in ihrer Philosophie und Lebensweise deutlich abhebt. Ihre Angehörigen haben Führungspositionen in Management, Finanzwesen, Handel und staatsnahen Bereichen inne, sind hochgebildet und kommen mit den Gegebenheiten des Umbruchs von sozialistischen zu marktwirtschaftlichen Strukturen gut zurecht. Sie arbeiten angespannt und partizipieren am politischen Leben.

In regelrechter ***Armut*** leben dagegen große Teile der ehemals gutgestellten sowjetischen Bildungsschicht, vor allem Lehrer an Schulen und Hochschulen, Ärzte, Verwaltungsangestellte, aber auch Techniker und Ingenieure etc. sowie die meisten Arbeiter und Bauern. Die Mitarbeiter von staatlichen Betrieben und Behörden, von Universitäten und Schulen beziehen seitdem Gehälter, die mit der Inflation keineswegs Schritt gehalten haben und oft nur alle paar Monate ausgezahlt werden.

In sowjetischer Zeit waren alle Einrichtungen, Unternehmen, Institutionen staatlich, ihre Arbeitstätigkeit und Finanzierung planwirtschaftlich festgelegt, jedermann war letztlich beim „Staat“ und seinen Institutionen angestellt. Und diese Institutionen - ob Fabrik oder Kolchoz, ob Schule oder Forschungszentrum - stellten in der Praxis auch die gesamte ***soziale Infrastruktur:*** von den Kinderkrippen bis zu den Lebensmittelgeschäften, von den Reparaturwerkstätten bis zu den Krankeneinrichtungen, von den Büchereien bis zu den Freizeitparks, von den Wohnungen bis zum monatlichen Lohn und zur Rente. Mit der Abschaffung der sozialistischen Planwirtschaft fiel nicht nur die zentrale Lenkung weg, die sich oft in hemmender Bevormundung geäußert hatte, sondern auch diese „Betreuung“, in der sich alle relativ verantwortungsfrei und gesichert gefühlt hatten: die sozialen Einrichtungen hörten auf zu funktionieren oder zu existieren, eine Versorgung fand nicht mehr statt, jeder wurde mehr oder weniger sich selbst überlassen.

Besonders dramatisch wurde die Situation dort, wo industrielle oder sonstige ***Großeinrichtungen*** praktisch der einzige „Arbeitgeber“ einer Stadt oder einer Region gewesen waren. Viele dieser Großbetriebe hatten veraltete und abgewirtschaftete Ausrüstungen und erwiesen sich im herrschenden Vakuum zwischen staatlicher Planwirtschaft und etablierter Marktwirtschaft als nicht konkurrenzfähig. Einige konnten irgendwie in eine wirtschaftliche Rentabilität gelangen, indem sie einen Teil der viel zu großen Belegschaften entließen; andere brachen vollständig zusammen - und mit ihnen das gesamte Versorgungssystem für den Lebensalltag der Menschen.

So muß sich heute der ***Durchschnittsbürger,*** neben seiner eigentlichen Tätigkeit, einen oder mehrere ***Nebenjobs*** besorgen, um zu überleben. Der Dozent, so er ein Auto hat, macht Taxifahrten, die Sekretärin geht putzen

oder bedienen, der Techniker versucht, eine Reparaturwerkstatt aufzuziehen. Wer irgendwie mit „Ware" zu tun hat - in seiner Fabrik, seinem landwirtschaftlichen Betrieb -, versucht, einen Teil davon privat zu verkaufen. Jedes Vorortgärtchen wird zur Mini-Produktionsstätte für landwirtschaftliche Erzeugnisse, für den Eigenbedarf und für den Verkauf ...

Im Rußland der Gegenwart gibt es den ***Sozialneid,*** gibt es den Groll über die soziale Deklassierung und die Unsicherheit, von der die Mehrheit der Bevölkerung betroffen ist. Voller Bitterkeit und Verachtung urteilen die (meistens älteren) Verlierer über die (meistens jüngeren) Gewinner: *„Viel Geld und wenig Bildung!"* Dabei scheren sie alle Arten von „Gewinnern" rigoros über einen Kamm. Gleichzeitig wachsen ihr Zorn auf die Politiker der Gegenwart, die ihrer Ansicht nach für die Situation verantwortlich sind, und die Sehnsucht nach „der guten alten Zeit", die sich in ihrer Erinnerung längst verklärt hat.

Eliten und Volksbildung

Zaristisches Rußland

Die im zaristischen Rußland des 18. und des 19. Jahrhunderts nach und nach entstehenden schulischen Einrichtungen waren, wie in vielen anderen Ländern Europas auch, überwiegend ***ständisch konzipiert,*** d. h. ihre Schülerschaft entstammte im allgemeinen jeweils ein und derselben Gesellschaftsschicht. Hierbei hatten allerdings die Kinder der oberen Schichten (vor allem des Adels, des gehobenen Bürgertums, der höheren Beamten-

Herausgeputzt für den Schulbeginn am 1. September

schaft, der Offiziere) ein erheblich vielfältigeres und besseres Angebot als die der anderen Schichten.

Gleichzeitig herrschte ein wirkungsvoller Dualismus von ***staatlicher und gesellschaftlicher Bildungstätigkeit.*** So gab es neben den vom Staat getragenen Einrichtungen auch zahlreiche Einrichtungen in anderer Trägerschaft, z. B. der Kirche, der ländlichen Selbstverwaltungsorgane, der Städte, des Adels, der Kaufmannschaft etc. In den Familien der adeligen Oberschicht und in manchen wohlhabenden Bürgerhäusern waren Hauslehrer beschäftigt, die das entsprechende Wissen (oder erheblich mehr) vermittelten. An vielen Einrichtungen konnten auch sogenannte Externe eine Abschlußprüfung ablegen. Dieses Nebeneinander von staatlichem und gesellschaftlichem Engagement führte zu einer großen Vielfalt von schulischen Einrichtungen und pädagogischen Konzeptionen. Rußlands Pädagogen nahmen aktiv an der in den europäischen Ländern geführten Diskussion über Erziehung und Bildung teil. Der vertikale Aufbau des Bildungswesens umfaßte vorschulische, grundschulische, mittlere allgemeinbildende, berufsschulische und hochschulische Einrichtungen.

Manche ***Institute des mittleren Schulwesens*** haben großes Ansehen erlangt, z. B. das Lyzeum in *Cárskoe Seló*, an dem *Puškin* und andere später berühmt gewordene Schüler lernten. In die Geschichte eingegangen ist auch das 1764 gegründete erste Institut für (adelige und bald auch bürgerliche) höhere Töchter in St. Petersburg, das Smól'nyj-Institut. Vom Gebäude dieses Instituts aus dirigierte *Lenin* später die Aktivitäten der Bol'ševiki während der Oktoberrevolution im Jahre 1917, heute befindet sich darin das Bürgermeisteramt *(meríja)* der Stadt.

Zu ***renommierten Hohen Schulen*** wurden die 1755 entstandene Lomónosov-Universität (nach ihrem Mitbegründer, dem russischen Gelehrten und Dichter *Michaíl Lomonósov,* 1711-1765), sowie die Universitäten von *Chár'kov* in der heutigen Ukraine, *Kazán'* (1802 und 1805) und *St. Petersburg* (1819). An diesen - und den anderen - im eigentlichen Rußland gegründeten Universitäten gab es übrigens keine Theologischen Fakultäten, die andernorts in Europa von Anfang an zum klassischen Repertoire gehörten. Es gab sie nur an den Universitäten, die bereits bestanden hatten, bevor die betreffenden überwiegend katholischen oder protestantischen Regionen an das Russische Reich fielen, z. B. in Warschau und Dorpat. Im orthodoxen Rußland fand die theologische Ausbildung dagegen an speziellen geistlichen Seminaren und Akademien statt.

Zu den Studenten gehörten auch die sogenannten ***raznočíncy.*** Ursprünglich hatte diese Bezeichnung für Menschen gegolten, die gleichsam zwischen den Schichten standen oder von ihrer ursprünglichen Schicht losgelöst waren: Abkömmlinge der Geistlichkeit, des Kaufmannsstandes, des Kleinbürgertums, der niedrigen Beamtenschaft, des verarmten Adels. Sehr bald schon bildeten junge Menschen dieser Herkunft die bürgerliche Intelli-

gencija, die in der zweiten Hälfte des 19. Jahrhunderts neben die adelige Intelligencija trat und später in Bildung, Kultur und Politik bedeutende Initiativen entwickelte.

Die große Vielfalt des Bildungsbereichs und seine potentielle Effizienz wirkten sich vor allem im europäischen Teil des Landes und da wiederum in den großen Zentren aus. Landesweit betrachtet waren die Unzulänglichkeiten unübersehbar, deutlicher vielleicht als in anderen europäischen Ländern. So waren gegen Ende des 19. Jahrhunderts im Landesdurchschnitt 70 % der Bewohner ***Analphabeten,*** wobei der Prozentsatz im europäischen Teil deutlich niedriger lag. Das Analphabetentum war im wesentlichen ein Problem der Landbevölkerung, der Frauen und vor allem der nichtrussischen Nationalitäten. Das hing allerdings nicht nur mit der allgemeinen Benachteiligung der zentrenfernen Regionen zusammen, sondern auch mit der Tatsache, daß ein Teil der dortigen (nomadischen) Kulturen auf mündlicher Überlieferung beruhte und daher keine eigene Schrift entwickelt hatte und einer Alphabetisierung auf der Grundlage der kyrillischen Schrift und der russischen Kultur ablehnend gegenüberstand.

Sowjetunion

Naturgemäß hatte die Bildungspolitik für Sowjetrußland von Anfang an zentrale Bedeutung. Die Regierung baute bei der Volksbildung teilweise auf den vorhandenen Strukturen auf, im wesentlichen strebte sie jedoch eine Neuordnung an. ***Grundlegende Postulate*** der sowjetischen Bildungspolitik waren: alle haben das Recht auf gleiche Bildung; Staat und Kirche und damit Schule und Kirche sind getrennt; der Staat ist alleiniger Schulträger; der Besuch der Bildungseinrichtungen ist unentgeltlich; Erziehung, Bildung und Ausbildung erfolgen im Sinne der marxistisch-leninistischen Ideologie.

Als eines der Grundprinzipien des gesamten Bildungsbereichs galt die ***Erziehung im Kollektiv zum Kollektiv,*** die allein gewährleisten konnte, daß die Menschen zu einer Einheit des Denkens und der Lebensauffassung gelangten. Erziehung und Primärausbildung durch die Familie waren folglich nicht erwünscht und wurden mit allen Mitteln in den Hintergrund gedrängt – ein Ansatz, der Jahrzehnte später teilweise korrigiert werden mußte.

Die Gesetzgebung für den Bildungssektor orientierte sich an der wirtschaftlichen, politischen und ideologischen Entwicklung, an den Möglichkeiten und Notwendigkeiten der jeweiligen Zeit. Eines der ersten Dekrete der Sowjetregierung nahm de facto die Bemühungen des Zarenreichs um eine Alphabetisierung der Gesamtbevölkerung auf und initiierte eine landesweite Kampagne, die unter dem Kürzel *likbez* (*likvidácija bezgrámotnosti,* ***Beseitigung des Analphabetenums)*** bekannt wurde. Sie ging vom russisch-europäischen Teil des Landes aus und konnte schließlich auch zentrumsferne Winkel erreichen, wobei sie immer auch Vehikel für die Verbreitung und die Verankerung der Idee des Sozialismus war. Die Aktivitäten, die im Rahmen

dieser Kampagne durchgeführt wurden, fanden in vielen etwas romantisierenden Darstellungen ihren Niederschlag: Da beugen sich nicht nur Kinder, sondern auch ältere Männer und Frauen mit faltigen Gesichtern und verarbeiteten Händen eifrig übend über ihre Hefte ...; alle Menschen im Alter von 8 bis 50 Jahren waren ja verpflichtet worden, lesen und schreiben zu lernen.

1930 wurde die ***allgemeine Schulpflicht*** eingeführt, die anfangs, je nach Region, 4 bis 7 Jahre umfaßte. Im Gesetz von 1958 wurde die Schulpflicht auf 7 bis 8 Jahre erhöht und die „Verbindung der Schule mit dem Leben" gefordert. In der praktischen Umsetzung brachte das die ***Polytechnisierung*** der mittleren Bildung, d. h. die Einführung technisch-praktischer Fächer und die Zusammenfassung von Bildung und Ausbildung im Rahmen der allgemeinbildenden Schulen. Nach diesem Schulabschluß konnten die Absolventen unmittelbar in eine Arbeitstätigkeit wechseln oder eine weitere berufliche Ausbildung aufnehmen.

Die gesetzlichen Bestimmungen von 1974 verlagerten das Gewicht der allgemeinbildenden Schule wieder mehr auf die ***„Hebung des allgemeinen Bildungsniveaus"*** und die Einführung in die „Grundlagen der Wissenschaft". Gleichzeitig trat neben die 8jährige „unvollständige Mittelschule" die 10jährige allgemeinbildende „vollständige Mittelschule". In einigen Regionen, vor allem in den baltischen Sowjetrepubliken, wo diese Schule schon früher 10 Jahre umfaßt hatte, wurde sie nun auf 11 Jahre verlängert. Sie galt als Voraussetzung für eine qualifiziertere Tätigkeit bzw. für die Aufnahme eines höherqualifizierenden Bildungsgangs oder eines Studiums.

Zum ***vertikalen Aufbau des Bildungswesens*** gehörten außerdem: die vorschulischen Einrichtungen (für Kinder von „0" bis zum Schuleintritt: traditionell im Alter von 7 Jahren), die mittleren und gehobenen beruflich-technischen Ausbildungsgänge (die nach der 8- oder nach der 10-Jahres-Schule besucht wurden), die Hochschulen und Universitäten (mit Vollzeit-, Abend- und Fernstudiengängen) sowie die zahlreichen außerschulischen Einrichtungen.

Zentrale Bildungsinstitution war die 10jährige vollständige ***Mittelschule.*** Der Schulanfang am 1. September war ein festlich begangener Tag, an dem sich die Betrachter vor allem an den kleinen Erstklässler-Mädchen mit ihren riesigen Schleifen im gestriegelten Haar erfreuen konnten. Die Schüler wirkten wohlerzogen und eifrig, sie lernten nach Lehrbüchern und schrieben in Hefte; sie standen auf, wenn der Lehrer (meistens übrigens die Lehrerin) oder ein erwachsener Gast den Klassenraum betraten oder wenn sie auf Fragen antworteten. Schönschrift war Unterrichtsgegenstand. An vielen Schulen gab es Kleider, Kittel oder Überwürfe für die Mädchen und Anzüge für die Jungen, die als eine Art Schuluniform getragen wurden. Für besondere Neigungen wurden ***Spezialschulen*** eingerichtet, die einige Fächer „vertieft" unterrichteten oder den gesamten Stoff in der gewählten Fremdsprache anboten. Der erfolgreiche Abschluß der vollständigen Mittelschule und be-

sonders einer prestigeträchtigen Spezialschule war in der Gesellschaft gut angesehen, die Absolventen wurden feierlich verabschiedet, für besonders gute Leistungen wurden Auszeichnungen und Medaillen verliehen.

Voraussetzung für das Studium an einer ***Hochschule*** oder ***Universität*** waren der erfolgreiche Abschluß der Mittelschule und eine Aufnahmeprüfung *(kónkurs),* bei der nicht nur die Kenntnisse im anvisierten Studienfach, sondern auch immer die in russischer Sprache und Literatur (bzw. der jeweiligen Nationalsprache) geprüft wurden. Auszeichnungen der Mittelschule gaben Pluspunkte. Wer von der Schule her oder aus anderen Gründen noch nicht angemessen auf den *kónkurs* vorbereitet war, konnte, ebenfalls nach einer Aufnahmeprüfung, an den in der Regel einjährigen Kursen der sogenannten *Vorbereitungsfakultäten* teilnehmen. Auch ihr erfolgreicher Abschluß brachte Pluspunkte oder ermöglichte den direkten Zugang zum eigentlichen Studium ohne *kónkurs*. Das Studium dauerte, je nach Fachrichtung, 4 bis 6 Jahre, es war in einjährige Kurse mit häufigen Zwischenprüfungen gegliedert.

Die planwirtschaftliche Handhabung des Hochschulstudiums durch den Staat hatte bestimmte Konsequenzen: Die Zahl der aufgenommenen Studenten und ihre Verteilung auf die einzelnen Studienfächer entsprachen weitgehend der Zahl der ***Absolventen,*** für die man nach Abschluß ihres Studiums eine entsprechende Verwendung plante. So wurden die Hochschulabsolventen im Prinzip für einige Jahre bestimmten Arbeitsorten und -stellen zugewiesen. Allerdings entzogen sich viele dieser Pflicht, weil sie lieber am Studienort bleiben wollten: Sie mußten sich dann selbst um einen Arbeitsplatz bemühen.

Wer nach dem Diplom eine ***wissenschaftliche Laufbahn*** anstrebte, konnte in einer meist 3jährigen „Aspirantur" den Grad eines „Kandidaten der Wissenschaften" (der etwa dem Grad eines Magisters in westlichen Ländern entspricht, verwaltungstechnisch dem deutschen Doktor-Titel gleichgesetzt wird) erwerben; eine weitere Hochschullaufbahn konnte zum „Doktor der Wissenschaften" führen (der etwa einem deutschen Dr. habil. vergleichbar ist). Die in manchen westlichen Ländern traditionell postulierte Einheit von Forschung und Lehre war in der Sowjetunion weniger ausgeprägt: Hochschulen waren in der Regel vorwiegend Stätten der Lehre, die große Forschung wurde überwiegend an den „Akademien der Wissenschaften" betrieben. (Übrigens: der russische Terminus *akadémik* bezeichnet den Angehörigen einer „Akademie der Wissenschaften" und keineswegs jeden Hochschulabsolventen!)

Die ***Erfolge des sowjetischen Bildungswesens*** konnten beeindrucken: Die allgemeinbildende 10-Jahres-Schule war im Prinzip für alle vorgesehen; alle hatten das gleiche Recht auf die Teilhabe an der Bildung; der Besuch der Bildungseinrichtungen war untentgeltlich; der inhaltliche Umfang der Lehrpläne war überwältigend; die Studenten besuchten den Unterricht bzw. die Vorlesungen regelmäßig, wirkten arbeitseifrig und diszipliniert; sie wohn-

ten in Studentenwohnheimen und konnten nach Abschluß des Studiums auf einen angemessenen Arbeitsplatz rechnen ...

Es gab jedoch auch die ***Kehrseite.***

Die ***regionale Ungleichheit*** der faktischen Möglichkeiten blieb erhalten, sowohl zwischen dem städtischen und dem ländlichem Raum als auch zwischen den überwiegend von Russen bewohnten Regionen und denen der einzelnen Nationalitäten. Eine Standardkritik lautete, die Schulen und Hochschulen in den einzelnen Unionsrepubliken seien zwar national in der Form, aber russisch im Inhalt.

Zwischen den einzelnen Hochschulen und Universitäten gab es erhebliche ***Rangunterschiede,*** nicht nur im wissenschaftlichen Sinne, sondern auch im gesellschaftlichen Prestige: Stets konkurrierten die Moskauer und die Leningrader Einrichtungen um den ersten Platz, einige sibirische und einige wenige nationalregionale Hochschulen versuchten mehr schlecht als recht mitzuhalten. Außerdem gab es bald „Eliteeinrichtungen", die praktisch nur den Kindern der Nomenklatura offenstanden. Wer die richtige Spezial-Mittelschule oder Hochschule besucht hatte, konnte auf eine Karriere rechnen, innerhalb des Landes oder im diplomatischen Dienst.

Die ideologische Vorgabe, daß es keine individuellen Minderbegabungen gebe, sondern gegebenenfalls nur die negativen Einflüsse der gesellschaftlichen Umgebung, sowie die auch im Bildungsbereich angewandten planwirtschaftlichen Prinzipien hatten auf das Schul- und Hochschulleben erheblichen Einfluß. So kamen offiziell unbegabte Schüler oder Studenten nicht vor, höchstens unfähige Lehrkräfte; selbst reichlich schwache Schüler oder Studenten konnten sicher sein: Hatten sie den Zugang geschafft, wurden sie ***durchgeschleppt um jeden Preis,*** oder richtiger gesagt - um jede geschönte Note. (Die Mehr- und Hochbegabten wurden vielfältig gefördert, vor allem eben, wenn sie der Nomenklatura angehörten.)

Die Präsentation einer in allen Bereichen erfolgreichen Gesellschaft wirkte sich auch auf die schulischen Einrichtungen für ***behinderte Kinder*** aus. Sie hatten weniger die Integration der behinderten Kinder zum Ziel - die das geschönte Bild der Sowjetgesellschaft gestört hätte -, als vielmehr ihre Verwahrung, die in der Praxis zur Ausgrenzung führte.

Nach der konzeptionellen Vielfalt der Anfangsjahre Sowjetrußlands führte das spätere sowjetische Erziehungs- und Bildungsziel, alle auf einen gemeinsamen Nenner zu bringen, in der Tat zu einer gewissen Einheitlichkeit des Denkens und der Lebensauffassung, zumindest an der Oberfläche. Die sowjetischen Schulen und Hochschulen entwickelten sich in vielem zu jenen Institutionen, die als ***Buch- und Paukschulen*** kritisiert wurden, in denen das Erlernen bzw. Auswendiglernen von schablonenhaften Aussagen oder auch nur Sätzen im Vordergrund stand. *„Alles, was Ideologie, Ethik, Ästhetik, Religion und Politik betrifft, all das haben die sowjetischen Gymnasiasten in ein und derselben Form zu lernen. ... Wortblöcke ersetzen die Diskussion."* [60] Durch

formelhafte Fragen waren bestimmte Antworten gleichsam vorgegeben, wie: *„Warum war die Kollektivierung der Landwirtschaft unumgänglich?“* [61] Die Bildung solcher Art wurde von den wirklich Gebildeten beißend als *obrazovánščina* kritisiert, als aufgesetzte Schein-Bildung ohne moralisch-philosophisches Fundament. Und in der Tat: Selbständiges Denken, Analysieren, Vergleichen, Abwägen, Urteilen, die man vielerorts als unabdingbare Bestandteile echter Bildung betrachtet, gehörten nicht unbedingt zu den Zielen sowjetischen pädagogischen Wirkens.

Der gemeinsame Nenner wurde auf zweierlei Weise erreicht. Zum einen gab es die Einheitlichkeit der pädagogischen Mittel und des Argumentationssystems, die zu einer Art Zwang führte, jeden ***Andersdenkenden,*** unabhängig davon, um welches andere Denken es sich bei ihm handelte, als feindlich und gefährlich einzustufen. Zum anderen war die ***Information streng reglementiert.*** Alle Tatsachen oder Gesichtspunkte, die der „richtigen“ Beleuchtung der Dinge widersprachen, wurden den Menschen nach Möglichkeit vorenthalten. Je aktueller das zu benennende Phänomen oder

Am ersten Schultag

Ereignis war, desto schablonenhafter waren die im Unterricht verwendeten Formulierungen. Allerdings konnten sich diese Schablonen ändern, je nach ideologischer oder politischer Situation. *„In jedem einzelnen Augenblick gibt es einen 'einzig richtigen' Standpunkt."* [62] So gerieten bisweilen westliche Dozenten (die soeben noch ganz begeistert waren, weil ihre sowjetischen Studenten in Lexik, Phraseologie, Gedichtpassagen etc. absolut kompetent waren) in schiere Verzweiflung, wenn sie eben diesen Studenten zu einem dargelegten Stoff eine Analyse mit Meinung und Gegenmeinung entlocken wollten: Immer stießen sie auf Schweigen oder die stereotype Antwort: *„So wie Sie es gesagt haben, ist es richtig."*

Kritiker mit gründlichen Insider-Kenntnissen meinten, daß diese Verhältnisse in der Sowjetunion Schüler- und Studentengenerationen heranwachsen ließen, von denen eine „schweigende Masse" von rund 75 % satt, gekleidet, nicht überarbeitet und ohne geistige Ansprüche mit sich und ihrer Umgebung zufrieden war. Diese Masse wußte nicht und begehrte nicht zu wissen, daß es auch andere politische und ethische Wertesysteme gab, und in jedem Sinne in Ruhe gelassen werden wollte. Sie wurden ***steuerbare Rädchen im gesellschaftlichen System.*** [63]

Etwa 20 % der jungen Leute wurden zwar zu denkenden und kenntnisreichen Personen, gleichzeitig aber zu Konformisten, die opportunistisch und *„mit Überzeugung die sowjetische Vorstellungswelt akzeptieren"*. [64] Sie wollten unter allen Umständen einen Hochschulabschluß erreichen und verachteten insgeheim, bisweilen auch ganz offen, diejenigen, die körperliche Arbeit verrichteten. Sie wurden ***eifrige Diener des Systems,*** in dessen Rahmen sie manches leisteten, über dessen Rand sie aber niemals hinausschauten, sie machten den Großteil der Nomenklatura aus.

Die verbleibende kleine Minderheit von etwa 5 % bestand aus den brillanten Köpfen der unbequemen ***Nonkonformisten:*** *„Sie lehnen die sowjetische Ideologie von vornherein ab, sie glauben dem Lehrer oder der offiziellen Propaganda kein Wort. Skepsis und Mißtrauen bestimmen ihre gesamte intellektuelle Existenz. Geistige Dinge nehmen sie nur in einer absoluten Kontrastierung wahr: Alles, was der Lehrer sagt oder die sowjetischen Massenmedien laut behaupten, ist für sie Lüge oder bestenfalls Halbwahrheit, dagegen ist alles, was in Samisdattexten behauptet wird, absolute Wahrheit, die keiner Überprüfung bedarf."* [65] Die nonkonformistischen jungen Leute strebten keinen Hochschulabschluß an und keine berufliche Zukunft. Über sie hieß es in zwiespältiger Resignation: *„Sie werden entweder Dissidenten oder versuchen das Land zu verlassen, oder ... sie werden Alkoholiker; nur selten fliehen sie in das normal-bürgerliche Familienleben ..."* [66]

Nachsozialistisches Rußland

Im nachsozialistischen Rußland ist der vertikale Aufbau der Bildungseinrichtungen bislang im wesentlichen beibehalten worden. Verändert haben sich die inneren Strukturen. Die Bildungseinrichtungen wurden aus dem staatli-

chen Monopol entlassen und konnten eine ***Vielfalt von Konzeptionen, Inhalten und Formen*** entwickeln. Alte Traditionsschulen und -namen sind zu neuem Leben erwacht, vom Kindergarten bis zur Hochschule. Mit dem Prinzip der Einheitlichkeit ist auch der Zwang zur gemeinsamen Erziehung und Bildung in der 10-Jahres-Schule verschwunden; die Eltern können jetzt, wie im vorrevolutionären Rußland, schon relativ früh differenzierende Schulen für ihre Kinder wählen. Inzwischen gibt es neben dem Staat auch andere Schulträger, welche die gesellschaftlichen Veränderungen der letzten Jahre widerspiegeln: Es weht ein frischer Wind.

Der Wegfall des staatlichen Monopols beendete allerdings auch die volle staatliche Finanzierung aller Einrichtungen, vom Kindergarten bis zur Hochschule, und, aus der Sicht der Schüler und Studenten (bzw. ihrer Eltern), die Unentgeltlichkeit des Besuchs. Da alle schulischen Institutionen in größten ***finanziellen Problemen*** stecken, erheben sie Gebühren: die staatlichen bei einem bestimmten Prozentsatz ihrer Klientel, die privaten im Prinzip bei allen. Dieser Umstand hat Folgen: Zahlende Schüler und Studenten sind zwangsläufig gern gesehen; so drückt man notfalls vor mangelnden Leistungen beide Augen zu ... Die Lehrkräfte erhalten, vor allem an den staatlichen Einrichtungen, miserable Gehälter, die zudem oft mit Verspätung ausgezahlt werden. Sie sind gezwungen, sich mit weiteren Arbeitsstellen oder Jobs über Wasser zu halten: nicht unbedingt die idealen Voraussetzungen für ein hohes Niveau ihres Unterrichts.

Viele jüngere, wendige und qualifizierte Lehrkräfte wandern ganz ab, in Handelsunternehmen, Dienstleistungsbetriebe, ins Ausland. Der ***brain-drain*** läßt manche Schule oder Hochschule gleichsam ausbluten. Die finanziellen Probleme und die gesamtwirtschaftliche Unausgewogenheit im heutigen Rußland haben die Kluft zwischen dem Bildungsangebot in den Zentren und im ländlichen Raum bzw. in den zentrenfernen Regionen weiter vertieft. Wer irgendwie kann, besucht eine Einrichtung in Moskau oder St. Petersburg: Es findet also auch ein *brain-drain* von der Provinz in die Metropolen statt.

Sowjetische Schüler und Studenten verhielten sich im allgemeinen „aufgabenkonform". So wagen heute durchaus nicht alle den Sprung in den ***selbstverantworteten Wissenserwerb,*** für den keine konkreten und detaillierten Vorgaben genannt werden, obwohl gerade er im Rußland der Gegenwart gefragt wäre. Auch der Umgang mit der „Freiwilligkeit" wirkt noch recht ungeübt. Zusätzlich verunsichert sind manche Schüler und Studenten (und auch Lehrkräfte) durch die Fülle der nicht mehr reglementierten Information, die heute auf sie einstürmt. Vor allem in den geisteswissenschaftlichen Fächern herrscht eine gewisse Desorientierung, die dazu führt, daß man einerseits durchaus Bewährtes über Bord wirft, andererseits gern in die Sicherheit bietenden Lehrbuchregale der Sowjetzeit greift ...

Noch sind es keine rundum blühenden Bildungslandschaften, über die der frische Wind weht.

Intelligencija und Intelligenz

Zaristisches Rußland

Die Intelligencija, die im 19. Jahrhundert ***aus unterschiedlichen Wurzeln entstanden*** war,- der Schicht des gebildeten Adels, dem gehobenen Bildungsbürgertum und der Gruppe der *raznočíncy*, der Intellektuellen aus nicht privilegierten Kreisen -, wurde bald, obwohl die Zahl der ihr Angehörenden klein war, zu einer der wesentlichen Kräfte der russischen Gesellschaft. Mit ihrer exquisiten Bildung und noblen Kultiviertheit rief sie überall in Europa Bewunderung hervor.

Zum ***klassischen Typus des Intelligenzlers,*** wie er auch aus der russischen Literatur des 19. Jahrhunderts bekannt wurde, gehören, neben dem umfassenden Wissen, die innere Komplexität, Widersprüchlichkeit und Unüberschaubarkeit.

„Seine Komplexität ergab sich aus seiner Position in dem weiten geistigen Raum zwischen dem einfachen Volk und der zaristischen Bürokratie, zwischen Ost und West, Rußland und Europa. Der Intelligenzler ließ schon immer mehrere Wahrheiten gelten, unterzog alles zwischen Himmel und Erde, einschließlich seiner eigenen Person, dem Zweifel und der Analyse und wurde mit Recht eine 'kritisch denkende Persönlichkeit' genannt." [67]

Wesentliches Element des geistigen Habitus innerhalb der Intelligencija war auch das traditionelle ***Schuldgefühl gegenüber dem Volk.*** *„Diese Schuld bestand darin, daß das Volk arbeiten, Not leiden und unwissend bleiben mußte, während die Intelligenzija sich sämtlicher Wohltaten der Bildung und Zivilisation erfreute. Dieses Gefühl wurde zu einer unterträglichen Last, die Verschuldung schien kaum zurückzahlbar. Im neunzehnten Jahrhundert erfreute sich ein Begriff, der die Psyche der russischen Intelligenzija zum Ausdruck brachte, besonderer Beliebtheit - der 'büßende Adel'. Zum 'büßenden Adel' gehörte der beste Teil des gebildeten Rußland."* [68]

Diese Grundstimmungen führten naturgemäß dazu, daß sich in der Intelligencija zahlreiche ***unterschiedliche Erscheinungsformen*** und Ausdrucksweisen entwickelten. So gab es die oppositionelle Bewegung der ***naródniki,*** welche Bildung ins Volk zu tragen versuchte; die revolutionären Strömungen, welche die staatlichen Strukturen verändern wollten; das „einfache Leben" *Lev Tolstójs*, welches eine veränderte Gesellschaft anstrebte, und viele andere.

Im „büßenden Adel" und in der ihn darstellenden Literatur gab es auch den Typus des ***„überflüssigen Menschen",*** der keinen Platz im Leben fand, sich in Selbstanalyse und Selbstzerfleischung verlor. [69] Die Gestalt des „Überflüssigen" entstammt dem Roman *„Ein Held unserer Zeit"* (1840) von *Michaíl Lérmontov* (1814-1841), er ist *„übersättigt von Genuß, wird von Lebensüberdruß und Langeweile gequält. ... Die Gesellschaft, die große Welt stößt ihn ab, er ... kennt keine Ideale und verfällt aus Selbstsucht einer Einsamkeit, die wie Krankheit an ihm zehrt."* [70]

Sowjetunion

Die bolschewistische Revolution und der Sowjetstaat sahen in der ***„bourgeoisen" Intelligencija ihren Hauptgegner.*** Die Vorwürfe, die ihr gemacht wurden, waren zahlreich: *„Individualismus, Humanismus, Verweichlichung, Rückgratlosigkeit, Kompromißbereitschaft, Indifferenz, Parteilosigkeit, Reflexion, Skeptizismus, Liberalismus usw."* [71] Diese zum Intelligenzler gehörenden Eigenschaften und Haltungen und die daraus entstehenden intellektuellen, geistigen und moralischen Fragen wurden als Bedrohung angesehen. In der Einsträngigkeit der ideologischen Vorgaben des Sozialismus war jeder, der reflektierte, der nicht eindeutig „dafür" war, ein erklärter Gegner. *„In diesem Sinne ist ein weißer Offizier, der auf die Roten schießt, weniger schlimm als ein konformistischer Intelligenzler, der überhaupt nicht schießen will, und zwar aus verwaschenen humanistischen Erwägungen heraus. ... Der Intelligenzler mit seiner politischen Indifferenz [begeht] ein Sakrileg an der proletarischen Revolution."* [72]

Die ***Reaktion der Intelligencija*** ihrerseits auf die Revolution und den Sowjetsstaat war unterschiedlich. *„Vor der Revolution war sie im großen und ganzen sehr demokratisch gewesen, revolutionär gestimmt, von Mitleid und Liebe zum einfachen Volk erfüllt. Sie hatte an den schönen, wenn auch nebulösen Sozialismus geglaubt."* [73] Einige Intelligenzler, die zum Typus des „überflüssigen Menschen" gehört hatten, schienen nun plötzlich eine Aufgabe gefunden zu haben und glücklich zu werden. Andere riefen zu ruhigem Abwägen, zum Verzicht auf revolutionäre Besessenheit und Despotismus auf und erinnerten an die unaufhebbaren Werte der Religion, der Ethik und der menschlichen Persönlichkeit, denn sie erkannten sehr wohl, daß ein ideologisch fixierter Intelligenzler eigentlich keiner mehr ist, *„sondern ein gewöhnlicher sowjetischer mechanischer Befehlsempfänger mit engem Fachwissen"* [74]. Viele Intelligenzler emigrierten. Die anderen suchten ihre Rolle im sowjetischen Staat: ein in jedem Sinne schwieriges Unterfangen, da die möglichen Arbeitsbereiche in Wissenschaft, Kunst, Bildung und Presse nur bei Linientreue offenstanden. So ergaben sie sich ihr, mußten sich ihr ergeben. Aus der Intelligencija wurde die sozialistische Intelligenz, die „technische" Bildungsschicht der Sowjetunion.

Die russische Sprache unterscheidet übrigens nicht zwischen „Intelligencija" und „Intelligenz", Differenzierungen müssen, wenn gewünscht, mit anderen sprachlichen Mitteln vorgenommen werden.

Die ***neue sozialistische Intelligenz*** wandelte sich zum integralen Bestandteil der sowjetischen Gesellschaft, teilweise in Gestalt der privilegierten Nomenklatura. Die Quantität ihrer Angehörigen wuchs, vielleicht mehr als die allgemeine Qualität ihrer intellektuellen Ausstattung. So hieß es bisweilen von ihren Bestrebungen und ihrem Wirken, sie seien von enormen Spitzenleistungen in Einzelbereichen und einem vergleichsweise niedrigen Gesamtniveau gekennzeichnet gewesen.

In den 70er Jahren trat eine Bewegung ins Bewußtsein, deren Angehörige unter der Bezeichnung ***Dissidenten*** bekannt wurden. Das Wort bedeutete

etwa „Unangepaßte", „Häretiker", „Andersdenkende".[75] Aus dem Gefühl persönlicher Verantwortung heraus begannen sie, an einigen Phänomenen der sowjetischen Realität und am System als solchem Kritik zu üben. Einige Repräsentanten dieser Gruppe verstanden sich bald als das eigentliche „Gewissen des Landes", wie z. B. der Atomwissenschaftler *Andréj Sácharov* und der Schriftsteller *Aleksándr Solženícyn*. Der höchst individuell auftretende moralische Ansatz der kleinen Gruppe der Dissidenten stand in krassem Widerspruch zur ideologischen Vorgabe.

Folglich reagierte der Staat scharf: Er zwang die Dissidenten in die berufliche Untätigkeit, in die innere Emigration, in die Einrichtungen des GULag, in psychiatrische Anstalten oder in die äußere Emigration. Wie unausgewogen und überzogen diese ***staatlichen Reaktionen*** waren, zeigte folgender Aphorismus: Ein Dissident ist nicht jemand, der gegen das Sowjetregime kämpft, sondern jemand, gegen den das Sowjetregime kämpft. [76]

Trotzdem hatte das ***Dissidententum erhebliche Auswirkungen:*** Es *„stellte innerhalb der Sowjetzivilisation den verlorengegangenen Begriff des Individuums wieder her"* [77] und machte die Realität des sowjetischen Lagersystems und der Menschenrechtsverletzungen zum Diskussionsgegenstand im Westen, was wiederum zu einer gewissen Öffentlichkeit (die man später *glásnost'* nannte) in der Sowjetunion führte.

Nachsozialistisches Rußland

Die Intelligenz des nachsozialistischen Rußland versucht, an manche Traditionen der alten Intelligencija anzuknüpfen – an die Breite und die Vielfalt des Wissens, an die Visionen und die Bemühungen um das Land. Die ***jungen Intellektuellen*** setzen die Prioritäten allerdings neu: Sie sind pragmatisch und aktiv, sehen Kenntnisse im Bereich der Wirtschaft und die Beschäftigung mit Geld als durchaus „intellektuell" und erstrebenswert an, haben keinerlei Berührungsängste gegenüber westlichem Gedankengut und lehnen vor allem jede Art von Büßerrolle ab. Nicht selten gehen sie allerdings so pragmatisch vor, daß sie im Zuge ihres persönlichen Vorankommens die Interessen ihres Landes vergessen. Die ***älteren Intellektuellen*** wollen hingegen eher die traditionellen Bildungswerte Rußlands hochhalten, die sich vorwiegend an der klassischen Literatur und an ethisch-philosophischen Fragestellungen orientieren. Diese Diskrepanz bildet übrigens eines der Elemente des allgemeinen Generationenkonflikts. Allen gemeinsam ist der Rückgriff auf die Literatur durch den reichlichen und kundigen Gebrauch des Zitatenschatzes.

Informierte und Uninformierte

„Frage an Radio Eriwan: Hätte die Katastrophe von Černóbyl' vermieden werden können? Antwort von Radio Eriwan: Im Prinzip ja, wenn die Schweden nicht alles ausgeplaudert hätten." Dieser in Rußland kursierende Witz charakterisiert eine

jahrhundertealte russische Tradition: ***Information ist nicht für alle da;*** wenn sie denn gegeben wird, bestimmt der Staat - oder eine andere „übergeordnete Instanz" - Zeitpunkt, Art und Umfang sowie die jeweiligen Adressaten. So kann sie sehr unterschiedlich aussehen.

Zaristisches Rußland

Das zaristische Rußland und seine orthodoxe Kirche waren stets bestrebt, ihre Bürger und Schäflein von Informationen, Kenntnissen und Erkenntnissen fernzuhalten, die sie als gefährlich, verführerisch, verderblich, beunruhigend betrachteten. Diese Haltung war keineswegs auf Rußland beschränkt, sie nahm aber dort extreme Formen an. Obwohl die gewaltige Ausdehnung des Landes ohnedies eine Verschleppung auch notwendiger Nachrichten bewirkte, trachteten Staat und Kirche zusätzlich nach einer konsequenten ***Abschottung gegenüber dem Ausland.*** Die Information über philosophische und geistige Strömungen, politische, wirtschaftliche, technisch-zivilisatorische Entwicklungen des Auslands sollte entweder gar nicht oder nur in der gewünschten Dosierung nach Rußland gelangen. Allerdings betrafen diese Restriktionen nicht jedermann: Den Angehörigen der Oberschicht war der Zugang zu allen diesen Bereichen stets gestattet.

Mit der Abwehr der Information über das Ausland und aus dem Ausland hing auch die ***Abschottung von Ausländern*** (sowie eine damit verbundene Privilegierung) zusammen. Sie wurden nach Möglichkeit in besonderen Siedlungen zusammengefaßt, in den sogenannten Ausländervorstädten, die keineswegs allgemein zugänglich waren. So wurde selbst *Zar Peter der Große,* der gern in der Moskauer Ausländervorstadt verkehrte, von den altmoskowitischen Notablen kritisch beäugt. Kontakte mit Ausländern waren generell nicht gern gesehen, bei der Oberschicht und der späteren Intelligencija wurden sie jedoch toleriert.

Sowjetunion

Die Sowjetunion pflegte alle diese Traditionen weiter. Neben die Abschottung und die Zensur über schöngeistige Literatur und publizistische Erzeugnisse trat der Anspruch, auch jede ***aktuelle Meldung den ideologischen Prämissen anzupassen.*** So kam es, daß trotz der inzwischen durchaus vorhandenen technischen Mittel auch vitale Informationen erst mit großer Verspätung und gleichsam bereinigt an die Bevölkerung gegeben wurden: Den Beginn des „Großen Vaterländischen Krieges" im Juni 1941, den Tod *Stalins* im März 1953 [78)], die Katastrophe im Kernkraftwerk Černóbyl' im April 1986 erfuhren die Menschen erst nach einem bzw. mehreren Tagen und in festgelegten Formulierungen. Andere atomare sowie bakteriologische Katastrophen im Lande wurden völlig verschwiegen, sie wurden erst nach Jahren auf Umwegen bekannt. Ölunfälle, Flugzeugabstürze, Schiffsunglücke oder auch Erdbeben und Überschwemmungen wurden oft erst gemeldet, wenn

der Augenschein es unumgänglich machte. Und dann wurden die Vorkommnisse so lange wie möglich heruntergespielt.

Die ***Furcht vor unerwünschter Information*** ging so weit, daß z. B. etliche Städte, in denen bestimmte wissenschaftliche und rüstungstechnische Forschungen betrieben wurden, auf keiner Landkarte verzeichnet, sondern nur mit einer Nummer gekennzeichnet waren, daß weder für Moskau noch für andere große Städte genaue Stadtpläne existierten, daß in wissenschaftlichen Bibliotheken der Zugang zu Kopiergeräten und -papier strengstens reglementiert war.

Jedoch hatten auch sowjetische Normalbürger neben den offiziell erlaubten Informationsquellen eine Fülle anderer Möglichkeiten, das für sie Wichtige zu erfahren. Es bestand nämlich, nach alter russischer Tradition, eine ***zweite Kommunikationsebene,*** auf der in der Art der Buschtrommel Vertraute und Bekannte einander in kürzester Zeit benachrichtigten. Auch Gerüchte über nicht offiziell Gemeldetes verbreiteten sich verblüffend schnell.

Welche ***Gründe*** gab es ***für die paranoiden Verhaltensweisen des Staates*** und seiner Behörden? Neben der Arroganz der Annahme, das Denken der Menschen lenken zu können, bestand sicherlich auch die Tradition, sich selbst und dem Ausland im Sinne Potëmkinscher Dörfer ausschließlich die schöne Seite zu zeigen (oder was man dafür hielt) und sozusagen Gesicht zu wahren - ein Verhalten, das westlichem, vor allem deutschem Medienverhalten diametral entgegengesetzt war. Umgekehrt konnten Sowjetbürger, die ins westliche Ausland kamen, oft nicht fassen, wie wenig ihre mitgebrachten, meist negativ gefärbten Vorinformationen mit dem übereinstimmten, was sie nun an Positivem mit eigenen Augen sahen.

Nachsozialistisches Rußland

Auch im Rußland der Gegenwart scheint der ***Reflex der Geheimhaltung,*** der Dosierung und Lenkung von Wissenswertem irgendwie weiterzubestehen. Da jedoch die gesetzlich garantierte Pressefreiheit, die faktische Medienvielfalt und die technischen Voraussetzungen für eine rasche und umfangreiche Information gegeben sind, wird offiziellen Berichterstattern der Zugang zu einem Kriegsschauplatz oder einem Grenzposten, einem Katastrophenort oder einer entlegenen Region, einer Behinderteneinrichtung oder einer Strafanstalt gewährt - im Prinzip. Aber immer wieder verlautbaren offizielle Stellen ihren Unmut über die schädliche „negative Presse“.

Da läßt der Gouverneur von *Krasnojársk,* der ehemalige General *Aleksándr Lébed',* schon einmal einen unliebsamen Fernsehsender zeitweise schließen, da hält man historische Archive unter Verschluß.

Der weitgehende ***Wegfall der Tabuthemen der Sowjetzeit*** - die Zensur als solche, Zahlen über Kriminalität, Drogenmißbrauch, Armut, Arbeitslosigkeit, ansteckende Krankheiten, Unfälle, Naturkatastrophen, eventuelle Mei-

nungsverschiedenheiten innerhalb der Führung des Landes, in Ungnade gefallene Personen, negative ausländische Berichte über die Sowjetunion u. v. a. m. - hat ***unterschiedliche Wirkungen auf die Medienkonsumenten*** der Gegenwart. Die einen meinen, daß die negativen Phänomene, über die heute berichtet wird, überhaupt erst mit der Wende aufgetreten seien, die anderen überbieten sich geradezu genüßlich in masochistischer Selbstzerfleischung, dritte wiederum verzweifeln an der Realität, deren ungeschminktes Bild sie zuvor nicht gekannt hatten.

Erhalten geblieben sind die ***regionalen Unterschiede:*** wer in Russisch-Fernost oder im Hohen Norden lebt, erhält erheblich weniger Informationen als die Bewohner des europäischen Rußland oder gar der Metropolen.

Stadt und Land, Metropolen und Provinz

Die Gegensätze zwischen Stadt und Land, zwischen Metropolen und Provinz sind gewaltig: Ergebnis und Spiegelbild der geschichtlichen Entwicklung des Landes.

Während die politischen und wirtschaftlichen Verhältnisse der mittelalterlichen Kiever Rus' viele kulturell und zivilisatorisch gleichrangige und eigenständige Fürstentümer mit ihren Städten hervorgebracht hatten, führte der Zentralstaat der Moskauer und der Petersburger Periode der Neuzeit zu ei-

Alte Stadtkultur

nem wachsenden ***Abstand zwischen den strahlenden Metropolen*** Moskau und St. Petersburg ***und der vernachlässigten Provinz.*** Hierbei verloren auch die alten Städte des westlichen Rußland ihre Potenz. Die Sowjetunion fügte der Tradition der unausgewogenen kulturellen und zivilisatorischen Entwicklung einige Besonderheiten hinzu. So schwemmten seit den 30er Jahren die Kollektivierung der Landwirtschaft und die forcierte Industrialisierung immer wieder Millionen von Landbewohnern in die Städte. Dort brachte die permanente Wohnungsknappheit die berühmt-berüchtigte *Kommunalka* (Gemeinschaftswohnung) und riesige Wohnsiedlungen in Plattenbauweise hervor, in denen die soziale Mischung ideologisch vorgegeben war. So waren letztlich alle sowjetischen Städte durch ***Ruralisierung*** ("Verländlichung", d. h. einen hohen Prozentsatz ländlich geprägter Bevölkerung), durch ***soziale Undifferenziertheit*** und durch ***bauliche Massenkonzepte*** gekennzeichnet, die ihre wirkliche Urbanisierung verhinderten.[79]. Im Rußland der Gegenwart hat sich diese Situation aufgrund der allgemeinen wirtschaftlichen Schwierigkeiten weiter verschärft.

So machen auch heute die meisten ***Mittel- und Großstädte*** trotz ihrer Einwohnerzahl und ihrer Ausdehnung, ihrer im Prinzip vorhandenen Infrastruktur und ihrer Hochhäuser, ihrer Verkehrsdichte und ihrer Industrialisierung vielfach einen ausgesprochen provinziellen Eindruck. Diese Provinzialität zeichnet sich jedoch nur selten durch Überschaubarkeit und ruhige Lebensqualität aus, sondern meistens durch überdimensionierte Unbequemlichkeit und Schäbigkeit. In kleineren Städten sind einige zentral gelegene Baudenkmäler und Plätze gepflegt und liebevoll herausgeputzt, die übrigen Baulichkeiten und Straßen wirken vernachlässigt und trist. Der Abstand zu den Metropolen zeigt sich jedoch auch in der Versorgung in jedwedem Sinne: von den Lebensmitteln über die medizinischen Anlaufstellen, die schulischen und die kulturellen Angebote bis zu den Arbeitsmöglichkeiten. Die allgemeine Benachteiligung ist unübersehbar. Russischen Menschen erscheint es daher schwer vorstellbar, daß Städte, die nach ihrem Verständnis klein sind, andernorts durchaus kulturelle Zentren mit eigenem Gewicht und zivilisatorischer Modernität sein können, wie z. B. Oxford und Cambridge in England oder Tübingen und Heidelberg in Deutschland.

Viele literarische Werke Rußlands enthalten sehr liebevolle Schilderungen der ***Sommeraufenthalte auf den Landsitzen*** des Adels und des wohlhabenden Bürgertums. Diese Welt ist in sowjetischer Zeit untergegangen. Heute zieht es jeden, der irgendwie kann, für drei Sommermonate auf die ***Datscha,*** jenes einfache und gemütliche Sommer- bzw. Gartenhäuschen vor den Toren der Stadt, wo man das Leben in der Natur genießt und Obst und Gemüse zieht. (Nicht zu verwechseln mit den berühmt gewordenen sehr komfortablen, mehr oder weniger geschlossenen ***Datschakolonien*** der literarischen Elite und der politischen Nomenklatura der Sowjetzeit sowie der heutigen neureichen "neuen Russen"!)

Etwas völlig anderes sind die ***ländlichen Siedlungen, die Dörfer,*** in denen die Menschen ihren ***festen Wohnsitz*** haben. Ihr ***Entwicklungsrückstand*** und ihre ***Vernachlässigung*** sind ohne eigenen Augenschein schwer vorstellbar. *„Ein Städter, der auf dem Land, ganz gleich ob bei Wologda, Tula oder Saratow, aus dem Auto steigt, muß glauben, er befinde sich am Ende der Welt. Die Straße gleicht einem Schlammfluß, rechts und links von Unkraut überwucherte Felder. An einem Lehmhügel klebt ein Dutzend schiefwinkliger Hütten. Auf einer kahlen Wiese verrottet vor Jahren vergessenes landwirtschaftliches Gerät ..."* [80] Diese Beschreibung stammt aus dem Jahr 1984. Aber auch Ende der 90er Jahre und kaum 20 oder 30 Kilometer jenseits der Stadtgrenze von Moskau oder St. Petersburg gelangt man in eine andere Welt. Trotz der unvergänglich noblen Bauweise der alten Holzhäuser mit ihrem schmückenden Schnitzwerk, trotz der Schönheit der natürlichen Umgebung ist diese Welt nicht so geartetet, daß die „Romantik des Landlebens" auf Stadtbewohner eine dauernde Anziehung ausüben könnte.

„In der Ferne der flachen Landschaft erblickt man ... allmählich die einstöckigen Holzhäuser - die ärmsten und verfallensten liegen gewöhnlich an der Dorfeinfahrt. Manche der Holzhäuser sind in den Boden eingesunken und stehen schief hinter den Zäunen, denen fast überall Latten fehlen. Bei anderen sind Fenster zerbrochen und notdürftig zusammengeklebt oder vernagelt. Zu den Brunnen am Straßenrand kommen alte Frauen mit Schulterhölzern, um zwei Eimer Wasser zu holen. Die Elektrifizierung des Dorfs war seit Lenin Kernpunkt des kommunistischen Programms für die Landwirtschaft, und Strom gibt es fast überall. Aber zum Bau von Wasserleitungen und Kanalisation ist man siebzig Jahre nicht gekommen." [81]

Alt und Neu (BL)

Auch auf dem windschiefsten Häuschen ist eine Antenne befestigt: die allgemeine Versorgung mit Fernsehanschlüssen war ein Versuch, die Landflucht zu stoppen. Die ***Straßen und Wege*** sind in der Regel unbefestigt. Im hohen Sommer und im Winterfrost können sie ihre Funktion durchaus erfüllen, in den langen Übergangszeiten der schlammigen Wegelosigkeit werden sie jedoch praktisch unpassierbar.

Die riesigen ehemaligen Kolchoz- und Sovchozwirtschaften existieren rein äußerlich weiter, in unbestimmten Rechtsverhältnissen irgendwo zwischen den früheren Kollektiv- bzw. Staatsstrukturen und der möglichen Privatisierung. Die hier lebenden Menschen sind keine Bauern, sie sind mehr oder weniger engagierte ***Landarbeiter*** - was einen himmelweiten Unterschied ausmacht. So haben auch nur wenige den Sprung in die Selbständigkeit gewagt, wo sie die volle Verantwortung für das Wohl und Wehe übernehmen müssen. Die Probleme der Gegenwart - Arbeitslosigkeit, Resignation, Alkoholmißbrauch - werden auf dem Land besonders deutlich. In vielen Dörfern leben nur noch alte Menschen, die jüngeren und jungen sind abgewandert.

Die zwischen Stadt und Land so gegensätzlichen Lebensmöglichkeiten führten zu entsprechend großen ***Unterschieden in den Denkweisen der Menschen.*** Die Bürger der Metropolen sind meist relativ gut informiert, zu neuen Ansätzen bereit und andersartigen, auch ausländischen Einflüssen gegenüber recht aufgeschlossen. Dagegen stehen die Bewohner der Provinzsstädte und der Dörfer allen Veränderungen eher ablehnend gegenüber,

Im Stadtzentrum von Nižnij Novgorod

denken und handeln oft "konservativ", d. h. sie halten hartnäckig an den ihnen vertrauten Werten, auch den sozialistischen, fest. In der jüngsten Zeit wächst die Verbitterung gegenüber den bevorzugten Metropolen.

Europa und Asien

Mit dem Überschreiten des Ural im 16. Jahrhundert und dem ***Vordringen bis zum Pazifik*** im 17. Jahrhundert wurde das Zarenreich ein Land, das auf zwei Kontinenten lag und über riesige Territorien verfügte, deren politische, wirtschaftliche und kulturelle Erschließung es bald als ureigene Aufgabe betrachtete. Dabei fühlte sich Rußland - wie später die Sowjetunion - den Stämmen und Völkerschaften Sibiriens grundsätzlich überlegen, kooperierte zwar mit ihren Eliten, zwang ihnen insgesamt aber eine fremde Lebensform auf, spannte sie in seine Interessen ein oder drängte sie an den Rand. Die reichen natürlichen Ressourcen der Region nutzte es überwiegend für die Bedürfnisse der westlichen Landesteile, der Zentrale.

Sibirien und Russisch-Fernost wurden Regionen der ***Erschließung neuer Lebensräume,*** der Erforschung und Ausbeutung der Natur und kühner technischer Experimente. Sie wurden auch Regionen der Verbannung und der ***Straflager:*** Der kontinentale Kolonialstaat Rußland konnte seine mißliebig oder straffällig gewordenen Bürger immer dorthin loswerden. Kolonialmächte mit überseeischen Regionen wie England oder Frankreich hatten hierfür einmal Australien oder Südamerika ...

Den Menschen Rußlands erlaubten die ***endlos weiten Gebiete jenseits des Ural,*** den Zentren und dem, was sie bedeuteten (Macht, Regelsetzung, Kultur, Zivilisation, Technik, Fortschritt und Menschengedränge) zu entfliehen, um die „unbegrenzten Möglichkeiten" zu nutzen, um der Herausforderung der Wildnis zu begegnen, um Philosoph und Klostergründer, Abenteurer, Siedler und Einsiedler oder auch Eigenbrödler zu werden, um sich dem Zugriff der Obrigkeit zu entziehen. Die Weiten des Ostens glichen jahrhundertelang auch durchaus wirkungsvoll die Tatsache aus, daß die Menschen Rußlands innerhalb fast geschlossener Außengrenzen lebten. Sie waren aber auch Orte des gefürchteten Exils ohne Rückkehr, der Zwangsarbeit, des GULag der Sowjetunion. Trotzdem blieb niemand, der die Taiga einmal kennengelernt hatte, gleichgültig. Mancher siedelte sich nach der Verbüßung einer Strafe dort an, aus freien Stücken, aus Liebe zur ungebändigten Schönheit der Natur. Sibirien und Russisch-Fernost sind der Wilde Osten Rußlands geworden.

Die Russen Sibiriens, die ***Sibirjaken,*** wie sie sich nennen, waren immer widerstandsfähig, kühn und stolz, in manchen Dingen fühlten sie sich frei von den allzu straffen Zügeln der Metropole. *„Bis zum Zaren ist es weit, bis zu Gott ist es hoch"* - so pflegten sie ihr Lebensgefühl zu formulieren. Die alten sibirischen Städte, die aus den immer weiter nach Osten vordringenden Militär-

forts und Handelsniederlassungen entstanden waren, hatten oft ein besonderes Selbstbewußtsein. Und wenn Sibirjaken in den europäischen Teil des Landes fahren, sprechen sie auch heute noch von einer „Reise aufs Festland“ oder von einer „Reise nach Rußland“.

Der Osten Rußlands ist eine ***Region der klimatischen Extreme:*** sehr lange Winter mit Frösten von minus 50 °C oder 60 °C und schweren Schneestürmen; kurze, heiße Sommer mit Temperaturen über 30 °C, Dauerfrostböden, deren auftauende Oberfläche sich im Sommer in riesige Sümpfe mit gewaltigen Mückenplagen verwandelt. So waren die Lebensbedingungen jenseits des Ural für jedermann immer härter als im europäischen Rußland, auch in der technisch moderneren Zeit.

Die ***sowjetische Regierung*** versuchte, die belastenden klimatischen, arbeitstechnischen und ökologischen Bedingungen, den zivilisatorischen Rückstand und die schlechte Versorgung z. B. mit Gemüse und Obst durch verbesserte Sozialleistungen auszugleichen: höhere Löhne, längere Urlaubszeit, frühere Rente etc. Viele Menschen entschieden sich für ein Leben in Sibirien oder Russisch-Fernost.

Der ***Zusammenbruch der planwirtschaftlichen Strukturen*** Anfang der 90er Jahre und die politische und wirtschaftliche Übergangszeit brachten allerdings dem Osten Rußlands noch größere ***Probleme*** als seinem Westen, da er seine jahrhundertealte organisatorisch-wirtschaftliche Abhängigkeit von der Zentrale nicht von heute auf morgen überwinden konnte: Gegenwärtig ist er, trotz immenser natürlicher Reichtümer, so gut wie bankrott, verhindert die Finanzmisere den Kauf von Energieträgern für Industrie, Transport und Heizung, liegen viele Industrieanlagen still und verrotten, verschärft sich die ökologische Situation weiter, ist die Arbeitslosigkeit extrem hoch, können Löhne monatelang nicht ausgezahlt werden, ist die Lebensmittelversorgung unzureichend, gibt es in manchen Gebieten Hungerperioden.

Im Winter 1998/1999 brach in einigen nördlichen Gebieten die Energieversorgung zusammen, daher mußten ganze Bevölkerungen evakuiert werden.

Die Amtsträger einiger fernöstlicher Regionen schlugen schon lange Alarm: *"Wenn die russischen Behörden nicht sofort helfen, wenden wir uns an die Regierung Japans ..."* [82] Dieser Appell zeigte die verzweifelte Lage der dortigen Menschen: Sie "drohten" mit einem Hilferuf an Japan, das wegen der russisch-japanischen territorialen Streitigkeiten um die (vier südlichen) Inseln der Kurilen-Gruppe vom politischen Moskau noch immer äußerst kritisch beäugt wird. Die schlechte Gesamtsituation hat auch dazu geführt, daß in den letzten Jahren einerseits mehr als 100.000 Russen aus der Region abgewandert sind, andererseits der demographische Druck von seiten Chinas bereits in die Region übergeschwappt ist.

Schon zu Beginn der 90er Jahre hieß es: *"Die Lage in unserem Fernen Osten ist nicht mehr kritisch, sie ist katastrophal"* [83] - ökonomisch, ökologisch, sozial.

Diese Feststellung trifft heute verstärkt zu. Daher versuchen in der jüngsten Zeit einige Regionen, ihre im Prinzip vorhandenen Ressourcen für sich selbst zu nutzen und sich in ihrem wirtschaftlichen und politischen Handeln mehr und mehr von Moskau und dem Gesamtstaat abzukoppeln.

Naturliebe und Umweltkatastrophen

Jeder Russe betont, daß er die Natur liebe. Er besingt sie, sucht sie, bewundert sie, ringt mit ihr, paßt sich ihr an. Hält er sich im Ausland auf, vermißt er sie - und ist fest davon überzeugt, daß niemand auf der Welt so naturverbunden sei wie die Russen.

Gleichzeitig findet sich wohl kein Land, das sich als moderne Industrie- und Großmacht verstünde und in einer so rücksichtslosen Weise mit der Natur und ihren Ressourcen umginge, wie das in Rußland seit Jahrzehnten der Fall ist. Um dessentwillen, was man als die Interessen des Staates bezeichnete oder als Modernisierung verstand, wurden ***brutale Eingriffe in die Natur*** vorgenommen. So wurden, z. B. in der früheren Usbekischen Sowjetrepublik, jahrtausendealte und ausgewogene Bewässerungssysteme zerstört und durch „moderne“ ersetzt, um den Baumwollanbau zu forcieren. Die entstandene Monokultur erwies sich ökonomisch und vor allem ökologisch als verhängnisvoll: Der Aralsee ist um ein Drittel geschrumpft und schrumpft weiter, die Böden sind salzhaltig geworden, die wirtschaftlichen und die gesellschaftlichen Strukturen ganzer Regionen sind zerstört. Neue Strukturen konnten nicht entstehen, nur das nackte Elend.

Ländliche Welt

Mitte der 80er Jahre war ein Projekt in der Diskussion, einen nach Norden, ins Nördliche Eismeer fließenden sibirischen ***Fluß umzulenken,*** um kasachische und mittelasiatische Steppen und Wüsten zu bewässern. Der Zusammenbruch der Sowjetunion hat die Umsetzung dieses vermessenen Vorhabens verhindert.

Die Art und Weise, wie ***Erdöl und Erdgas*** gefördert und transportiert werden, verursacht verheerende Umweltschäden. Immer wieder bricht eine Pipeline. Tausende Tonnen Öl versickern und verpesten Boden, Flüsse und Seen, Gas strömt aus. Ein Funke genügt, um ganze Areale in Flammen zu setzen. In den westsibirischen Fördergebieten, die rund zwei Drittel der russischen Produktion von Öl und Gas liefern, kommt es täglich zu solchen Unfällen.

Die Ausbeutung der sibirischen ***Goldvorkommen*** geschieht ohne Rücksicht auf Natur oder Menschenleben. Tiefe Diamantenlagerstätten werden mit Hilfe von Sprengungen zugänglich gemacht, die in riesigen Kratern Hunderte von Metern in die Erde vordringen. Auffangbecken für Abwässer der Diamantenwäsche wurden geschaffen, indem man unterirdisch Atombomben zündete. [84)]

Versuche mit ***ABC-Waffen*** beziehen ganze Siedlungen und Regionen ein, auch die Menschen, die dort leben. Die Aufsicht über diese Waffen ist lückenhaft. ***Atomare Abfälle*** werden ins Meer gekippt, schrottreife Atom-U-Boote samt Reaktor versenkt.

Die friedliche Nutzung der ***Kernenergie*** geschieht in unglaublicher Leichtfertigkeit, die daraus entstehenden Katastrophen für Menschen und Umwelt bleiben weitgehend unbeachtet.

Während in manchen westlichen Ländern, z. B. in Deutschland, das ***Umweltbewußtsein*** vieler Menschen in missionarischer Ausschließlichkeit neurotische Züge annimmt, ist es bei den russischen Menschen ***so gut wie unbekannt.*** Jedermann läßt Maschinen in der Landschaft verrotten, kippt Altöl ins nächste Gebüsch, verpestet die Luft mit laufenden Motoren. Beim Fischen im Teich läßt man als Soldat schon einmal eine Handgranate explodieren, um damit leichte Beute zu machen: die Fische treiben tot an der Oberfläche. Da verschleudert man Energie nicht nur durch Transportverluste, sondern auch durch fehlende Thermostaten. Überall sickert Trinkwasser aus undichten Leitungen. Und und und ...

Vor einigen Monaten kam es zwar zu Demonstrationen und Hungerstreiks der sogenannten ***Liquidatoren*** von Černóbyl', jener Fachleute und Arbeiter, die unmittelbar nach dem Reaktorbrand Aufräumungsarbeiten leisteten (und noch am Leben sind); sie richten sich jedoch keineswegs gegen die unkontrollierte Strahlengefahr, sondern gegen die Tatsache, daß monatelang keine Invalidenrenten ausgezahlt worden waren. Und wenn es einmal Proteste gegen den Bau weiterer Kernkraftwerke gibt, dann gehen sie nur von einem kleinen Häuflein Greenpeace-Aktivisten aus.

Moskau und St. Petersburg - zwei Metropolen im Wettstreit

Moskau

Wie oft im Trennungselend bange,
Im Los, das unstet mich gemacht,
Hab deiner, Moskau, ich gedacht!
Moskau ... was liegt in diesem Klange
Doch für ein russisch Herz darin!
Was klingt draus her, was klingt draus hin!
(Aleksándr Púškin, russischer Dichter, 1799-1837)

Diese Verse schrieb *Aleksándr Púškin,* als er nach langjähriger Abwesenheit wieder in Moskau eintraf. Und auch heute kennt, fühlt oder spricht jeder Moskauer diese Verse, wenn er aus der Fremde zurückkehrt.

Moskau (*Moskvá*) ist ***für Russen keine gewöhnliche Stadt,*** sie ist auch nicht einfach die Hauptstadt des Landes: Sie ist Quintessenz und Gefühlsmittelpunkt der mehr als tausendjährigen Geschichte, politisches und geistiges Zentrum, Inbegriff und Herz des heiligen Rußland. Keiner, der nach Moskau kommt, bleibt gelassen und ruhig, jeder erlebt eine Ausnahmestimmung, ein Hochgefühl, einen Rausch. Was macht das Besondere dieser Stadt aus?

Moskau ist ***Mittelpunkt*** der riesigen, nur leicht hügeligen europäisch-russischen Ebene. Moskau ist Kreuzungspunkt alter und neuer Handelswege, gleichsam der Leib einer Spinne, die ihre Beine nach der Ostsee, dem Schwarzen Meer und dem Kaspischen Meer ausstreckt.

Moskau ist eine ***nördliche Stadt:*** sie liegt auf der Höhe von Edinburgh, von Labrador, der Aleuten, der Kamčatka. Ihr Klima ist kontinental geprägt; und kein Gebirge schützt sie vor dem Einfluß der Tundra und des Nördlichen Eismeeres.

Moskau ist auch eine ***alte Stadt:*** Vermutlich im 11. Jahrhundert entstanden, wurde sie 1147 erstmals urkundlich erwähnt. Sie war Ausgangspunkt, Zeuge und Opfer fast aller Entwicklungen und Phänomene Rußlands.

Viele altrussische Städte sind um einen *kreml'* entstanden, eine meistens an Wasserläufen und auf Erhebungen gelegene Festungsanlage. In diesen Kremls - anfangs von Holzpalisaden, später von Steinmauern geschützt - befanden sich die Paläste der Fürsten und der obersten Vertreter der russisch-orthodoxen Kirche, die zentralen Kirchen und Kapellen, die wichtigsten Verwaltungs- und Repräsentationsgebäude. Der ***Moskauer Kreml*** wurde Machtzentrum und Symbol des Russischen Reiches: Residenz der Großfürsten, der Zaren und der Metropoliten, Ort der Krönungszeremonien, Sitz des Regierungschefs der Sowjetunion und des Präsidenten der Russischen Föderation. Der Kreml bildete seit seiner Entstehung auch den geographischen Mittelpunkt der Stadt.

Von ihm ausgehend, wuchs die ***Stadt in konzentrischen Kreisen,*** jeweils von Mauern und Wällen bewehrt, sie umschloß nach und nach auch die seit dem 14. Jahrhundert in einem schützenden Ring um die Stadt entstandenen befestigten Klöster.

Nach dem großen Brand von 1812, der zwei Drittel aller Gebäude zerstörte, wurden anstelle der alten Stadtmauern und Wälle breite ***Ringstraßen*** (Boulevards) angelegt. Die wiederaufgebaute Stadt breitete sich im 19. Jahrhundert rasch weiter aus, wobei nach wie vor die ein- und zweigeschossigen Holzhäuser überwogen. Daneben entstanden im Laufe der Zeit jene ***Baulichkeiten und Bauformen,*** die bis heute zum Bild der inneren Viertel gehören: die Stadtpalais des Adels und des wohlhabenden Bürgertums, die in

Steinbauweise, klassizistisch, oft im typischen Ockergelb jener Epoche errichtet wurden; die großzügigen Wohnstraßen mit den Bürgerhäusern der Gründerzeit des ausgehenden 19. und des beginnenden 20. Jahrhunderts, mit dem üppig-strengen Dekor des Jugendstils ausgestattet; die im Geviert der Häuserblocks entstandenen grünen Innenhöfe mit Bänken und Gartenlauben; die in den 20er und 30er Jahren errichteten Bauten im Stil der neuen Sachlichkeit, die Straßenverbreiterungen und der neoklassizistische Monumentalstil der Stalindiktatur; die in den 40er und 50er Jahren errichteten Hochhäuser, deren Bauweise als Zuckerbäckerstil bekannt wurde. Die seit den 60er Jahren hochgezogenen riesigen Plattenbausilos befinden sich überwiegend in den Außenbezirken. Zur Feier des 850jährigen Bestehens wurde das Zentrum der Stadt aufwendig erneuert: eine überwältigende Selbstdarstellung in Marmor, Glas, Gold, farbigen Fassaden, Denkmälern.

Im Prinzip ist Moskau eine ***Stadt am Fluß:*** Die *Moskvá* durchzieht sie in mehreren großen Schleifen; über Kanäle besteht eine Verbindung mit anderen Flüssen und Flußsystemen. Moskau nennt sich daher auch kühn „Hafen von fünf Meeren", dem Nördlichen Eismeer, der Ostsee, dem Schwarzen, dem Azovschen und dem Kaspischen Meer. Trotzdem scheinen Uferanlagen und Kais, Bauten und Parks, das Leben der Stadt und der Menschen irgendwie flußabgewandt konzipiert oder zumindest weniger mit dem Fluß verwoben zu sein, als die Geographie das erwarten ließe.

Ungeachtet seiner Ausdehnung, seiner mehr als 10 Millionen Einwohner (1998) und rund 1,5 Millionen täglichen Pendler und Besucher, seiner Internationalität, seiner Pracht: nur im Zentrum ist Moskau wirklich urban, die übrigen Stadt und der Habitus vieler Einwohner tragen nach wie vor manche provinzielle Züge.

St. Petersburg

St. Petersburg (*Sankt-Peterbúrg*) ist eine ***geplante Stadt:*** Auf Anordnung von *Zar Peter dem Großen* wurde im sumpfigen *Nevá*-Delta im Jahre 1703 ihr Grundstein gelegt, wurde sie unter enormen Opfern an Menschen und Material erbaut und 1712 zur Hauptstadt des Landes gemacht.

St. Petersburg war von Anfang an eine ***politische Demonstration*** für die Säkularisierung des Landes, für seine geistige Erneuerung, für seine Öffnung nach Westen (*„Peter der Große hat das Fenster nach Westen aufgetoßen"*), für seinen Anspruch, an Europas Politik teilzuhaben. Fortan hieß das Land Russisches Imperium, nannte sich sein Zar Imperator. Hier befindet sich die Grablege der *Románovs.*

1914, mit Beginn des Ersten Weltkriegs, wurde der Name der Stadt russifiziert in ***Petrográd.*** 1917 war die Stadt Ausgangspunkt der revolutionären Umwälzungen, 1918 verlor sie den Status der Hauptstadt zugunsten Moskaus. 1924, nach dem Tod *Lenins,* wurde sie in ***Leningrád*** umgetauft. Im Zusammenhang mit dem Zweiten Weltkrieg und der 900tätigen Belagerung durch die Truppen Hitlerdeutschlands bekam sie (mit einigen anderen Städten) den Ehrentitel Heldenstadt. Im Oktober 1991 erhielt sie wieder ihren alten Namen ***St. Petersburg*** - auch das eine politische Demonstration.

St. Petersburg, beiderseits der Mündung der Neva in den Finnischen Meerbusen und auf gezählten 101 kleineren und größeren Inseln des verzweigten Deltas gelegen, ist nicht nur eine Stadt des Nordens, sondern auch eine ***Stadt des Wassers,*** mit feucht-kühlem Klima, nebliger Dunkelheit im Winter und schimmernder Helle während der „weißen Nächte" in der Mitsommerzeit. Rund 40 Flußarme und 20 Kanäle, über die Hunderte von Brücken führen, durchziehen das Stadtgebiet. Eisgänge sind regelmäßige, Überschwemmungen häufige Erscheinungen. St. Petersburg gilt als das „Venedig des Nordens".

Das vorwiegend ***barocke und klassizistische Bild der inneren Stadt,*** das traditionell die pastelligen hellen Blau-, Grün- und Rosétöne aufweist, ist geprägt von seiner geschlos-

senen Bauweise, den geraden, langen Straßen, weiten Plätzen, den repräsentativen Palästen, Kirchen und öffentlichen Gebäuden, den großzügigen Parkanlagen und Kais sowie dem freien Blick zum Meer. In der Umgebung der Stadt entstanden zahlreiche prunkvolle Schlösser und Parkanlagen, mit vergoldeten Figuren und üppigen Wasserspielen geschmückt.

St. Petersburg pflegte von Anfang an eine europäisch-internationale, großstädtische, säkulare und urbane Lebensweise. Vieles davon ist auch in der heutigen Großstadt St. Petersburg (1998: knapp 6 Millionen Einwohner) erhalten geblieben. In den letzten Jahren machen sich jedoch zunehmend Vernachlässigung und Verfall, mafiöse Kriminalität, kriminelle Kinderbanden bemerkbar.

Verhältnis der beiden Städte zueinander

Die Metropolen Moskau und St. Petersburg standen von Anfang in einem besonderen Verhältnis zueinander, das von Gemeinsamkeiten und von Trennendem bestimmt war. ***Gemeinsam*** war ihnen, daß sie Kristallisationspunkte der Literatur und der bildenden Kunst, der Wissenschaft und der Lehre, der technischen Entwicklung und der Zivilisation, des Schauspiels, der Oper, des Balletts, der Musik und der Museen darstellten. Dabei konkurrierten sie immer um die jeweils höhere Qualität, das größere Ansehen. Das ***Trennende*** zwischen den beiden Metropolen war ihr unterschiedliches Verhältnis zur Geschichte: Während Moskau sich stets als Hort der patriotisch-nationalen, kirchlich-orthodoxen Weltsicht, als die Stadt des Herzens empfand, galt St. Petersburg als Stätte der Weltoffenheit, des säkularen Denkens und der Modernität, als die Stadt des Kopfes.

In der jüngsten Zeit wirkt Moskau politisch, wirtschaftlich und gesellschaftlich aktiver, vielseitiger, allerdings auch hektischer und chaotischer als St. Petersburg, in dem zwar eine etwas ruhigere Atmosphäre herrscht, gleichzeitig aber ein deutlicher Hang zu rechtsnationalistischem oder sozialistisch-restitutivem Denken besteht.

Im traditionellen ***Wettbewerb*** der beiden Metropolen um den ersten Platz im Lande scheint ***Moskau den Sieg*** davongetragen zu haben.

Moskauer Architektur der Stalinära (BF)

An einem St. Petersburger Kanal (BF)

Aus dem Alltagsleben der Moskauer

Wohnung

Der Generalplan für die Entwicklung Moskaus aus dem Jahr 1971 hatte vorgesehen, daß die 109 km lange Ringautobahn die endgültige ***Grenze der weiteren Stadtentwicklung*** sein sollte: eine Ausdehnung von etwa 30 km in ostwestlicher und 40 km in nordsüdlicher Richtung. Selbst diese großräumige Vorgabe wurde von der Wirklichkeit bald überholt, die Bebauung schwappte an etlichen Stellen über die Ringautobahn hinaus.

Trotzdem gilt für Moskau, wie für viele andere Großstädte auch: Eines der Hauptprobleme ist der eklatante ***Wohnraummangel.*** In den 70er Jahren wurden 9 qm Wohnraum pro Person als Mindestnorm, sogenannte Sanitätsnorm, festgesetzt, später wurde sie auf 14 qm erhöht, was aber Theorie blieb. Der Durchschnittsbürger mußte und muß sich mit weniger begnügen. Die Nomenklatura der Sowjetzeit war nie an eine solche Norm gebunden, und die „neuen Russen" der Gegenwart können sich in Quadratmeterzahl und Ausstattung höchsten Wohnkomfort leisten.

Die generelle Wohnungsnot hat ***verschiedene Ursachen.***

Eigentümer des Wohnraumbestandes waren grundsätzlich Betriebe, Behörden und Kommunen, die die einzelnen Wohnungen zentral verwalteten und ihren Arbeitnehmern zuwiesen, wobei sich die Wartezeiten auf Jahre, teilweise Jahrzehnte beliefen.

Die ***Mieten waren niedrig,*** sie machten im allgemeinen 3 bis 5 % des Monatseinkommens der Mieter aus. Solche Mieten sind für den Zahlenden angenehm, als Einnahmen reichen sie natürlich nicht für angemessene Reparaturen oder Erneuerungen aus, so daß jener in Planwirtschaften häufig anzutreffende triste oder heruntergekommene Zustand der Wohnungen und ihres Umfelds entstand.

Hinzu kam, daß der ***Baubestand*** jahrzehntelang kaum vergrößert wurde: Für die sowjetische Planwirtschaft rangierte die Konsumgüterindustrie an letzter Stelle - und Wohnen galt als Konsum. Erst auf Initiative von *Nikíta Chruščëv*, der u. a. den sogenannten Gulaschkommunismus propagierte und damit auch dem Konsum zu seinem Recht verhelfen wollte, wurden in den 60er Jahren umfassendere Maßnahmen ergriffen. So entstanden landesweit einfache, lediglich mit der nötigen Grundausstattung versehene, sehr klein bemessene 1-, 2- und 3-Zimmer-Wohnungen in Trabantensiedlungen, die alle negativen Kennzeichen von Schlafstädten aufwiesen. Trotzdem hoben sie sich positiv von *Stalins* Zuckerbäckerbauten *(Stalinbarock)* ab und brachten auch eine kurzfristige Entspannung der Lage. Heute heißen diese Bauten im Volksmund wenig schmeichelhaft *chruščóby*, eine Wortzusammenziehung aus *Chruščëv* und *truščóby,* die etwa Chruščëv-Slums bedeutet. Andere nannten sie, ebenso wenig schmeichelhaft, Instant-Slums. [88)] Die danach, in den

70er, 80er und bis Mitte der 90er Jahre entstandenen Wohnbauten und -siedlungen sind angesichts ihrer Dimensionen zwar erschreckend und anonymisierend, teilweise aber auch ansprechender und zeitgemäßer.

Eine gewisse Verbesserung der Wohnsituation trat seit Ende der 70er Jahre dort ein, wo sich aufgrund neuer gesetzlicher Vorgaben sogenannte Kooperative (meistens aus einem Betrieb, einer Behörde oder einer anderen Einrichtung) zusammenschlossen, um sog. ***Kooperativwohnungen*** (eine Art Eigentumswohnung) zu errichten. Sie wurden mit mehr Engagement und Sorgfalt gebaut, verwaltet und gegebenenfalls saniert, so daß sie oft eine gute Wohnqualität bekamen.

Seit Anfang der 90er Jahre konnten Mieter eine bisher dem Arbeitgeber (also dem Betrieb, der Behörde oder der Kommune) gehörende Wohnung „privatisieren", d. h. formal auf sich übertragen lassen. Später bestand die ***Privatisierung*** in einem regelrechten Kauf. Die ***Moskauer Quadratmeterpreise*** für Wohnungen und Grundstücke liegen inzwischen auf dem Niveau anderer europäischer Metropolen, wenn nicht darüber. Sie liegen zur Zeit (1999) für eine neue Wohnung in guter, zentraler Lage bei 2500 bis 3000 US-Dollar, für eine alte Wohnung bei 1500 bis 2000 US-Dollar. (In den Provinzstädten liegen die Preise niedriger, für neue Wohnungen etwa bei 500 - 800 US-Dollar, für alte Wohnungen bei 400 - 600 US-Dollar.) Die umzäunten und bewachten Luxusvillen in den Randbezirken entziehen sich jedem vernünftigen Vergleich ...

Wohnhaus in Moskau (KW)

Die freien ***Mieten*** machen, je nach Stadtviertel und Ausstattung, im allgemeinen zwischen 30 und 50 %, nicht selten bis zu 100 % oder mehr (!) des Monatseinkommens aus. (Für die preiswerteren, in kommunaler Verwaltung befindlichen Wohnungen gibt es Wartelisten, die schätzungsweise in 10 bis 15 Jahren abgearbeitet werden können.) Daher müssen viele Menschen ihre durch die Inflation völlig unzureichend gewordenen Gehälter (einem Universitätslehrer in gehobener Position steht z. B. ein Gehalt von umgerechnet etwa 100 DM zu), Löhne oder Renten irgendwie aufbessern, z. B. auch dadurch, daß sie

ihren ohnehin knapp bemessenen Wohnraum - auch einzelne Zimmer - untervermieten oder verkaufen. Nicht selten rutschen sie dann in Obdachlosigkeit und werden zu *bómži* (*bez opredelënnogo mestožitel'stva:* ohne festen Wohnsitz) oder Kriminalität. Wohnraum- und Immobilienhaie verschärfen die Situation.

Ein weiterer Grund für die traditionelle Wohnungsnot in den Zentren ist der Drang der Menschen, in die Großstädte, vor allem nach Moskau zu ziehen. Denn dort ist die Versorgung in jedwedem Sinne (von der allgemeinen Warenvielfalt über Schulen, Hochschulen und kulturelle Einrichtungen bis hin zu den Möglichkeiten der Freizeitgestaltung) immer erheblich besser als in der Provinz. Keine noch so forcierte Bautätigkeit konnte oder kann mit dem ***Anwachsen der städtischen Bevölkerung*** Schritt halten. Auch andere Maßnahmen, wie das bis 1992 gültige strikte Anmelde- und Aufenthaltssystem (*propíska*) für Moskau und etliche andere Großstädte, erwiesen sich in der Praxis als wirkungslos: Viele Zuzugswillige schlossen mit Moskauern Pro-Forma-Ehen, um sich in Moskau zu etablieren.

Der Wohnraummangel hat zu Extremsituationen geführt. Wer im Stadtzentrum in einem der großen älteren Häuser lebte, mußte eine Wohnung, einschließlich Küche und Toilette, oft mit mehreren Familien teilen. Dies wurde aus ideologischen Gründen nach der Revolution von 1917 für die Wohnungen des ehemaligen Bürgertums verfügt und hat sich jahrzehntelang erhalten - aus schlichter Notwendigkeit. Welche unerwünschten hautnahen Kontakte und welche Reibungen in einer solchen ***Gemeinschaftswohnung*** (*kommunálka*) im Alltag entstanden sind, läßt sich leicht vorstellen. Hinzu kam, daß diese im Prinzip gutgeschnittenen und stilvollen älteren Wohnungen sanitärtechnisch sehr schlecht ausgestattet waren.

Viele Gemeinschaftswohnungen wurden inzwischen aufgelöst. Für die Familien bedeutet es eine Erlösung, wenn sie schließlich in einem Randgebiet der Stadt eine der Neubauwohnungen für sich allein bekommen. Trotzdem hegen sie gemischte Gefühle: Sie vermissen die relative Urbanität des Lebens im Stadtzentrum, die besseren Einkaufsmöglichkeiten, die kürzeren Wege, die günstigere Verkehrsanbindung. Gleichzeitig ist ihnen bewußt, daß sie sich angesichts des Wohnraumdefizits solche Empfindlichkeiten eigentlich nicht leisten können ...

An der Peripherie Moskaus gibt es dörfliche Siedlungen, in denen noch manche *izbá* zu finden ist, eines jener ***alten Häuschen in Blockbauweise,*** ohne fließendes Wasser und sanitäre Einrichtungen. Sie werden allmählich durch Neubauwohnungen mit zeitgemäßer Ausstattung ersetzt. Auch hier haben die Bewohner ein lachendes und ein weinendes Auge, wenn sie von den zwar einfachen, aber ästhetisch ansprechend und individuell gestalteten Häuschen in die genormte Welt der Wohnsiedlungen überwechseln.

Extremsituationen sind sicherlich auch dann gegeben, wenn junge Paare, selbst mit Kindern, jahrelang in der beengten Wohnung der Eltern und Groß-

eltern unterschlüpfen müssen; wenn Geschiedene zwar nicht unbedingt Bett, aber doch noch Tisch, Zimmer oder zumindest Wohnung teilen müssen; wenn Paare, die einmal ungestört sein wollen, Freunde bitten müssen, ihnen für ein paar Stunden ihr Zimmer für Verfügung zu stellen ... Im Sommer entspannt sich die Lage ein wenig, da man für ***Zweisamkeit*** in Parks oder die freie Natur ausweichen kann. Insgesamt ist die Wohnsituation nach wie vor so miserabel, daß sich inzwischen schon Ärzte und Psychologen besorgt über die negativen Folgen äußern.

Wer eine Wohnung hat, richtet sie mit Liebe und Sorgfalt ein - nach Maßgabe der Möglichkeiten.

Da die Häuser keine Speicher-, Keller oder sonstigen Nebenräume haben, ist die ***Unterbringung des Hausrats*** eine Kunst. Flur, Bad bzw. Toilette sind häufig völlig zugebaut von Regalen, Hängevorrichtungen und Ständern, die Schuhe, Kleidung, Skier, Schlitten und andere Sportutensilien, Angelausrüstung, Kinderspielzeug, Klappbetten usw. usf. aufnehmen. Auch der kleine Balkon dient als Stauraum. Heute werden viele Balkone verglast oder mit Netzen überspannt - ersteres, um mehr Wohnraum zu haben, letzteres aus Sicherheitsgründen.

Die einzelnen ***Räume*** haben mehrere Funktionen, ein reines Schlaf- oder Wohnzimmer gibt es praktisch nicht. Der primär als Wohnzimmer dienende Raum ist oft mit hochglanzpolierten Möbeln, wie Buffet und Couchtisch, und sehr farbigen Polsterteilen ausgestattet. Der Teppich hängt, nach östlicher Tradition, in vielen Fällen an der Wand.

Teppiche sind oft auch ***Statussymbole:*** Selbst in finanziell und räumlich beengten Verhältnissen bemühen sich die Familien, einen oder mehrere Teppiche an den Wänden unterzubringen. Das Fernsehgerät ist meist in Betrieb. Zu den beliebten Dekorationsstücken gehört der Samovar, der heute in der Regel aus Nickel hergestellt und elektrisch betrieben wird. Auf dem Buffet werden Familienphotos ausgestellt, häufig mit Kunstblumen geschmückt. Auch Kristallvasen und -schalen, die dekorativ in Vitrinen zur Schau gestellt werden, gehören zu den beliebten Statussymbolen.

In russischen Wohnungen gab es jahrhundertelang die ***traditionelle heilige Ecke*** (*krásnyj úgol*, schöne oder rote Ecke), wie es schon im 17. Jahrhundert beschrieben wurde. *„Ein Bild wird nothwendig zum Gebet erfordert/daher sie dieselben nicht allein in den Kirchen/vnd bey offentlichen Begängnissen/sonder auch jeglicher in seinem Hause/Stuben vnd Cammer haben müssen/damit im beten sie die Augen stets darauff halten können.“* [89] Vor der kleinen Ikone hing - wie in den Kirchen auch - ein Öllämpchen (*lampáda*), das zum Gebet oder zu besonderen Anlässen angezündet wurde. In sowjetischer Zeit war der Herrgottswinkel in der Stadt kaum noch zu finden, auf dem Land gab es ihn weiterhin. Die Tradition der heiligen Ecke war so tief verwurzelt, daß sie in den 20er Jahren von Staats wegen unter einer entsprechenden Bezeichnung (*krásnyj ugolók*, rotes Eckchen) in weltlich-idologischem Sinne umfunk-

tioniert wurde: In Betrieben, Klubs, Bibliotheken, Wohnheimen usw. wurde eine Sitzecke mit Informations- und Propagandamaterial, Fähnchen, Bildern, Gedenkgegenständen eingerichtet, die als Treffpunkt für die Aufklärungsarbeit über die Ziele des Sozialismus dienen sollte. Heute ist der Herrgottswinkel in etlichen Wohnungen wieder anzutreffen, auch in der Stadt.

Mittelpunkt der Wohnung ist die ***Küche.*** Auch sie ist sehr dicht bestückt mit Schränken, Regalen, Küchengeräten und dem zentralen Tisch. Sie ist Treffpunkt der Familie, der Freunde und Bekannten, hier wird Alltag gelebt, werden Probleme gelöst, wird diskutiert, gefeiert, gesungen. Vertraute oder sympathische Gäste werden in die Küche gebeten. Das Dissidententum soll sozusagen von der Küche ausgegangen sein. Die Küche ist auch der wärmste Ort der Wohnung, vor allem, wenn der Gasherd die allgemeine Heizung ersetzen muß. Vielleicht rührt die Beliebtheit der Küche auch von dem traditionellen ländlichen Ofen her: einem großen, gemauerten Stück mit breiterer Basis (in der sich auch die Befeuerungsöffnung befindet) umlaufender Bank und, obenauf, Platz zum Liegen. Der Schlaf auf dem russischen Ofen soll schon manche Krankheit geheilt haben. Und auch in den schicksten Villen der Neureichen gilt: Man sitzt in der Küche, im Trainingsanzug und bei laufendem Fernsehgerät.

Stadtwohnungen sind in der Regel an die Fernheizung angeschlossen, die maximal von Mitte Oktober bis Mitte April in Betrieb ist. In Jahren unzureichender Energieversorgung werden ***Heizung und Warmwasser*** im Turnus tageweise in einzelnen Wohnvierteln zentral abgeschaltet oder zumindest auf ein kaum mehr fühlbares Minimum gedrosselt. Angesichts der klimatischen Bedingungen kann es dann für die Bewohner außerordentlich ungemütlich werden. Dazu kommen mehrwöchige Abschaltphasen im Sommer, während deren die Warmwasserversorgung ausfällt. (Sie dienen der technischen Überprüfung, vor allem der Dichtigkeit des primären Wasser- und Dampfkreislaufs in den Heizkraftwerken. So gibt man in diesen Kreislauf z. B. grüne Ölfarbe. Wenn diese im Sekundärkreislauf, also beim Verbraucher, auftaucht, steht es mit der Dichtigkeit nicht zum besten: Grüne Sprenkel nach dem Duschen mit dem kalten Wasser aus dem „warmen" Hahn sind der Beweis.).

Man hält also die Wärme beisammen, in Stadt und Land wie in alten Zeiten: Von Herbst bis Frühjahr sind die ***Fenster*** mit Papierstreifen verklebt, lediglich die *fórtočka*, das kleine Zusatzfensterchen in der oberen Ecke, ist dann noch zu öffnen. Sobald normal geheizt wird, ist die Raumtemperatur sehr hoch, oft mehr als 25 °C. Da die Heizkörper zentral gesteuert werden und weder Hähne, Drehknöpfe oder gar Thermostaten haben, müssen die Bewohner eben mit der *fórtočka* regulieren ... In einigen älteren Häusern sind die schönen und praktischen Doppelfenster erhalten geblieben, deren breiter Zwischenraum im Winter mit Filz ausgelegt und für allerlei Vorräte genutzt werden kann. In neueren Häusern werden hierfür andere natürliche Zusatz-

kühlschränke benützt - die Balkons und die an Schnüren vor die Fenster gehängten Säcke und Tüten.

Überhaupt müssen die Menschen, wie in anderen Bereichen, auch in den Wohnungen alle Sorgfalt, Pfleglichkeit und Improvisationsgabe einsetzen, die ihnen im persönlichen Milieu eignet, um ein nervenaufreibendes landestypisches Phänomen auszugleichen: jene absolut unzulänglichen und benutzerfeindlichen ***technischen Einrichtungen des Alltags.*** Klositze passen nicht auf die Schüssel und pflegen bei Benutzung abzurutschen, Wasserhähne tropfen unreparierbar, Rohrleitungen sind nicht bündig montiert, Lifts funktionieren vielleicht ...

Das Interesse der Bewohner an Gepflegtheit endet an der Wohnungstür. So ist das ***Wohnungsumfeld*** im allgemeinen unfreundlich.

Die ***Treppenhäuser*** sind nicht nur ungepflegt und, vor allem bei den Müllschluckern, verdreckt und voller Ungeziefer, sie sind auch eine Gefahrenzone. Die früher in vielen Wohnblocks arbeitende *dežúrnaja*, eine Art Beschließerin oder Concierge, die die großen Haupteingänge kontrollierte und versuchte, Unbefugte fernzuhalten, ist längst keine wirkungsvolle Einrichtung mehr. In den Häusern der „besseren" Leute gibt es heute einen *dvórnik*, einen männlichen Concierge, der mit mehr Vollmacht und Durchsetzungskraft ausgestattet ist und oft an einen Rausschmeißer oder einen Leibwächter erinnert, oft auch Wachpersonal. In den Häusern der Durchschnittsbürger verschaffen sich Obdachlose, Alkoholiker, Entwurzelte jeder Art Zutritt zu den Eingängen und Treppenhäusern und benutzen sie als Unterschlupf, mit allen

Blick in eine Wohnung

übelriechenden Folgen. Gegen sie und auf Wohnungseinbruch spezialisierte Kriminelle haben sich die Bewohner vieler Häuser inzwischen zusammengetan und Hauseingänge, einzelne Etagen und Wohnungstüren mit zusätzlichen Eisentoren und Gittern gesichert - mit wechselndem Erfolg.

Auch die ***Innenhöfe,*** die trotz ihrer Tristesse den Bewohnern ein relativ ruhiges Refugium boten und Treffpunkt waren (wie eine blasse Erinnerung an die wunderschönen und romantischen „Höfe" des alten Moskau), sind in den letzten Jahren zu Lagern, Autoreparaturstätten, Parkplätzen, Abfallansammlungen und, vor allem, zu Sammelpunkten höchst zweifelhafter Gestalten verkommen. In den Betonsiedlungen der Randgebiete stehen die Wohngiganten isoliert und kommunikationsfeindlich in der nicht mehr natürlichen und noch nicht gestalteten Landschaft.

Wohnung bzw. Zimmer haben oder nicht haben, bezahlen können oder nicht bezahlen können - das ist die Frage für die zusammengepferchten und entnervten Normalbürger der Stadt; je nachdem, wie die Antwort ausfällt, entscheiden sich Wohl und Wehe. Denn im Prinzip machen Landesnatur und Lebensweise in Rußland die Wohnung zum Daseinszentrum für den Einzelnen, die Familie und die Freunde, zum Refugium vor der Außenwelt.

Essen und Trinken

„Jhre tägliche Kost ist Grütze/Rüben/Kohl/Ajurken frische und eingesaltzene/jedoch in Mußcow meist gesaltzene grobe Fische. Unter anderem haben sie auch eine art Gebackenes/als Pasteten/oder vielmehr Pfankuchen/so Pyrogen genandt werden/seynd in grösse einer Butterwecke/jedoch etwas länglichter/welche sie mit klein gehacktem Fische oder Fleisch oder Zipollen füllen/in Butter oder zu fasten Zeit in Oel braten/haben einen nicht unangenehmen Geschmack/mit solcher Speise wil ein jeglicher seinen Gasten/wenn er jhm gütlich zu thun meinet/bewirten." [90]
So beschrieb ein Reisebericht die Eßgewohnheiten der Russen im 17. Jahrhundert. Wie sieht es heute aus?

Gemeinsames Essen und Trinken haben einen hohen Stellenwert. Klima und Traditionen bringen es mit sich, daß im allgemeinen ***sehr fett und süß gekocht*** wird. Auch bei finanziell gutgestellten Moskauern sind die aus den westlichen Wohlstandsgesellschaftlichen bekannten angestrengten Überlegungen zu Ausgewogenheit, Vitaminreichtum oder Kalorienmenge nicht üblich, auch vegetarische Ernährung und „Vollwertkost" werden nicht zum allgemeinen Thema gemacht. Die Küche ist vielfältig und kennt zahlreiche regionale Besonderheiten. Obst und Gemüse stehen nicht im Vordergrund. Kohl gehört jedoch fast immer dazu, in der entsprechenden Jahreszeit auch Gurken, Rote Bete, Melonen und Äpfel, außerdem die meistens selbstgesammelten Beeren und Pilze. Sehr beliebt sind die seit einiger Zeit in den Großstädten erhältlichen Bananen.

Das ***Frühstück*** (*závtrak*) ist reichhaltig, oft warm: Brei (*káša*) aus Haferflocken, Buchweizen oder Reis, mit Milch zubereitet und mit Zucker und zerlassener Butter gereicht; harte Eier und andere Eierspeisen; auch heiße Würstchen, Bratkartoffeln mit Fleischsoße; Schwarz- und Weißbrot; Sauermilch, saure Trinksahne (*smetána*), Säfte, (Milch-)Kaffee, Tee.

Das ***Mittagessen*** *(obéd)* hat in seiner Vollform stets mehrere Gänge. Da wären zuerst die kalten, pikanten Vorspeisen *(zakúski),* die meistens als diverse Salate aus Roter Bete, Hering, Gurken oder Kohl sowie als Häppchen oder Gabelbissen gereicht werden, bei festlichen Anlässen – und nur dann – auch einmal mit Kaviar; häufig werden *bliný* angeboten, kleine Pfannkuchen mit pikanten Auflagen (mit süßen Aufstrichen gehören sie bisweilen zum Dessert); Des weiteren gibt es warme und kalte Suppen oder Suppeneintöpfe (*šči, boršč* und andere), die auch oft Kohl und Rote Bete enthalten und in der Regel mit saurer Sahne angerichtet werden, dazu gibt es immer Brot, oft auch gefüllte Teigtaschen *(pirogí).* Das Hauptgericht besteht meistens aus Fisch oder Fleisch, sehr beliebt ist Huhn, oft in Soße. Eine beliebte Speise sind auch die *pel'méni*, kleinere Teigtaschen in gekochter Version. Als Hauptgericht kann es auch *káša* in der salzigen Variante geben. Als gängige Getränke zum Essen gelten Wasser, Mineralwasser, Wein, Sekt, auch Bier, Vodka – wobei zwischen den einzelnen Schlucken Vodka meistens ein Schluck Wasser getrunken wird –, Weinbrand *(kon'ják),* Portwein und seit einiger Zeit auch Likör. Das Dessert kann aus Eiscreme, Grütze, Torte oder süßen Törtchen, die an Petits Fours erinnern, manchmal auch Obstsalat bestehen. Dazu gibt es Kaffee und Gebäck, oft wieder Likör sowie Schwarztee, der mit *varén'je* gereicht wird, einem Zwischending zwischen Kompott und Konfitüre, das mit dem Teelöffel aus einem Schälchen gegessen wird. Die gute Hausfrau vertraut keiner gekauften *varén'je*, sondern stellt sie selbst her aus Früchten und Zucker. Ob die süße Mischung lang genug sanft geköchelt hat, zeigt die Nagelprobe: ein Tropfen davon, der nicht vom Daumennagel herunterfließt ...

Das ***Abendessen*** *(úžin),* auch *Abendtee (večérnij čaj)* genannt, ist nicht ganz so reichhaltig. Im allgemeinen gibt es Tee, verschiedene kleine salzige und süße Häppchen, dazu süße Sahne oder auch wieder Kompott und Likör.

Generell werden die großen Hauptmahlzeiten ***zu Hause*** eingenommen, denn der Durchschnittsbürger kann sich das Ausgehen in Restaurants nur selten leisten. In der Arbeitswoche wird die Reihenfolge der Mahlzeiten oft getauscht: Man nimmt die kleinere Mahlzeit als Mittagessen in einer Kantine oder einem Schnellimbiß ein. Mittagessenszeit ist zwischen 13 und 14 Uhr, das Abendessen findet nach 19 Uhr statt. Spätere Zeiten sind häufig, frühere selten.

Übrigens: In der Regel wird ***Kaffee*** als Milchkaffee angeboten. Der ***Tee*** wird in besonderer Weise hergestellt: Ein recht starker Teesud *(zavárka)* wird glasweise nach Belieben mit heißem Wasser verdünnt. Früher kam dieses

Wasser aus dem Samovar. Die verschiedenen ***Milchprodukte*** sind relativ unbehandelt und schmecken sehr erfrischend. ***Brotsorten*** gibt es sehr viele, verbreitet ist ein schweres, säuerlich schmeckendes Schwarzbrot; beim Kauf prüfen kritische Einheimische mit einem speziellen Löffel, ob das Brot die gewünschte Frische, Festigkeit oder Knusprigkeit aufweist. Das kulinarische Heimweh von Russen, die längere Zeit im Ausland leben, bezieht sich denn auch in erster Linie auf die Milchprodukte und das Brot sowie auf die diversen Kohlsuppen und -eintöpfe.

Arbeit

„Kein Volk in Europa ist fähig, für eine kurze Zeit so angespannt zu arbeiten, wie der Großrusse. Aber anscheinend finden wir auch nirgendwo Menschen, die so wenig an gleichmäßige, maßvolle, beständige Arbeit gewöhnt sind, wie in eben diesem Großrußland.“[91)]

Diese Einschätzung aus russischer Feder zeigt das ***ambivalente Verhältnis zur Arbeit,*** das bei russischen Menschen zu beobachten ist. Phasen gewaltiger Anspannung wechseln mit vielfältigen und langen Erholungspausen. Die Ergebnisse von Arbeit, vor allem wenn sie sich in technischen und wirtschaftlichen Neuerungen niederschlagen, werden hoch geschätzt, gleichzeitig werden die sozialen und die moralischen Folgen dieser Neuerungen mißbilligt. Diese Haltung nimmt bisweilen romantische und regressive Formen an.

Auch in der ***Sowjetunion*** war das Verhältnis der Menschen zur Arbeit sehr unterschiedlich. Da gab es den begeisterten Einsatz für neue Großprojekte, Erschließungen, wissenschaftliche Errungenschaften. Da gab es auch die halb redliche, halb müde Plackerei der vielen Durchschnittswerktätigen. Generell waren Initiative und Eigenverantwortung, Regelmäßigkeit, Pünktlichkeit und Sorgfalt nicht unbedingt die typischen Merkmale des sowjetischen Arbeitslebens.

Immer wieder wurde von staatlicher Seite versucht, hier eine Veränderung herbeizuführen. Da wurden z. B. ***subbótniks*** organisiert: im allgemeinen an Samstagen (russisch *subbóta* – daher die Bezeichnung) galt es, freiwillig im Interesse der Allgemeinheit unbezahlte Kollektivarbeit zu leisten, etwa die Frühjahrsreinigung des Geländes um den Wohnblock, wenn mit der Schneeschmelze die Verschmutzung zutage getreten war. In den 30er Jahren wurde das ***Stachánov-System*** propagiert: nachdem dem Bergarbeiter *Stachánov* eine erhebliche Übererfüllung der vorgegebenen Norm gelungen war, sollte im Sinne des sozialistischen Wettbewerbs auch in anderen Bereichen eine Steigerung der Arbeitsproduktivität erzielt werden. Bei allen 5-Jahres-, 7-Jahres- oder 10-Jahres-Plänen wurde für eine vorfristige oder zumindest rechtzeitige Erfüllung der Planvorgaben geworben, plakatiert, ausgezeichnet. In

Treffpunkt Flaschenannahme

den 60er Jahren wurden materielle Anreize für erfolgreiche Planerfüllung eingeführt.

Trotz all dieser Maßnahmen kam es zu ***keiner wesentlichen Veränderung der Arbeitsmoral,*** da sich Engagement letztlich kaum oder gar nicht lohnte: Die Planvorgabe stimulierte kein übergreifendes oder flexibles Arbeiten, die meisten Betriebe waren ohnedies mit Arbeitskräften überbesetzt, der Einsatz brachte in der Regel weder finanzielle Vorteile noch sozialen Aufstieg. So wurde die Arbeitszeit regelmäßig auch zu Einkäufen oder sonstigen Aktivitäten benutzt, entwickelte sich der Alkoholkonsum am Arbeitsplatz zu einem Dauerproblem. Daß viele Arbeiter und Angestellte trotzdem sehr belastet und erschöpft waren, lag eher an den Reibungsverlusten, am Leerlauf, an den unzulänglichen Hilfsmitteln, an dem Fehlen einer wirklich funktionierenden zivilisatorischen Infrastruktur, die den Alltag erleichtert hätte. Generell galt also: Wir leben nicht, um zu arbeiten, sondern ... Ganz anders sah es in den privaten Nischen aus: Auf der in Eigenregie bewirtschafteten Parzelle, dem „Hofland", war der Kolchoz-Bauer außerordentlich umtriebig und fürsorglich, ebenso der Arbeiter oder der Angestellte in seinem Datscha-Gärtchen. Hier lohnte jede Initiative.

Die ***heutige Einstellung zur Arbeit*** scheint von den jeweiligen Umständen abzuhängen. In den unrentabel wirtschaftenden großen Staatsbetrieben hat sie sich weiter verschlechtert, da Löhne und Gehälter unregelmäßig oder monatelang gar nicht ausgezahlt werden und auch dann nicht einmal zum schlichten Überleben reichen. In manchen Bereichen - z. B. im Bergbau -

gibt es stattdessen seit Monaten Lebensmittelrationen. So müssen die meisten Arbeitnehmer einen oder mehrere zusätzliche Jobs übernehmen - gewiß kein Vorteil für den ersten Arbeitsplatz. In einigen exportorientierten und somit „staatstragenden" Bereichen der Volkswirtschaft (z. B. im Gas- und Erdölkonzern *Gazprom)* wird die Belegschaft gut bezahlt, ist motiviert und engagiert. Ähnliches gilt für die Arbeitnehmer vieler kleinerer Privatbetriebe, vor allem in den Bereichen Handel, Banken und Dienstleistung. In den meisten Fällen sind es jüngere und junge Menschen, die sich erfolgreich auf die neuen Verhältnisse eingestellt haben.

Die ***Arbeitssituation auf dem Land*** ist ähnlich. Die ehemaligen großen Sovchoz- oder Kolchozbetriebe arbeiten nicht rentabel, ihre Angehörigen sind völlig demotiviert - nur ihre privatgenutzten Parzellen bearbeiten sie nach wie vor mit vollem Engagement. Gleichzeitig werden die wenigen Bauern, die den Sprung in den selbständigen landwirtschaftlichen Betrieb gewagt haben, nach Kräften behindert. Die Landflucht ist hat stark zugenommen, vor allem bei den jungen Menschen. Hier bilden nur die russischen Rückwanderer aus den GUS-Staaten eine Ausnahme: Viele von ihnen versuchen, auf dem Land Fuß zu fassen und ein Auskommen zu finden.

Von registrierter ***Arbeitslosigkeit*** sind (September 1998) rund 8 Millionen Menschen betroffen; nimmt man die verdeckte Arbeitslosigkeit hinzu, sind es nach offiziellen Schätzungen mehr als 17 Millionen Menschen, was einer Quote von rund 20 % entspricht. Rund 70 % der Arbeitsuchenden sind Frauen.[92] Manche Bereiche der Volkswirtschaft sind stärker betroffen, wie die Landwirtschaft, die Rüstungsindustrie und ihre auf zivile Produktion umgestellten Betriebe, andere weniger, wie die Bereiche Dienstleistung, Handel und Banken.

Arbeitslosigkeit führt sehr rasch zum ***sozialen Abstieg,*** da die entsprechenden Sicherungssysteme noch nicht an die neue rechtliche und wirtschaftliche Situation angepaßt sind. Mehr als ein Drittel der 148 Millionen Menschen in Rußland hat ein unter der Armutsgrenze liegendes Monatseinkommen. [93]

In der Sowjetunion betrug die offizielle ***Wochenarbeitszeit*** in der Regel bis zu 40 Stunden, auf 5 oder 6 Tage verteilt. Der bezahlte ***Jahresurlaub*** erstreckte sich in der Regel auf 15 Arbeitstage. Für besonders belastende Arbeit, z. B. in der chemischen Industrie oder im Bergbau, gab es Vergünstigungen. Das allgemeine gesetzliche ***Renteneintrittsalter*** für Frauen lag bei 55 Jahren, das für Männer bei 60 Jahren, unter der Voraussetzung einer Gesamtarbeitstätigkeit von 20 bzw. 25 Jahren. Auch im nachsozialistischen Rußland gilt diese offizielle Regelung - die Praxis sieht, wie beschrieben, völlig anders aus.

Der Arbeitstag in Rußland kennt offensichtlich seit eh und je eine ***längere Mittagspause.*** *„Russen hohes vnd niedriges Standes Personen haben im Gebrauch nach dem Essen Mittages Ruhe zuhalten vnd zu schlafen. Daher findet man die meisten und fürnembsten Krambuden am Mittage zugeschlossen ..."* [94]

Auch heute arbeiten die ***meisten Einrichtungen*** - Schulen, Behörden, Büros - traditionell ab 9 Uhr (Fabriken beginnen früher) und machen zwischen 13 und 14 Uhr Mittagspause. ***Geschäfte*** öffnen morgens ab 10 oder 11 Uhr, schließen zwischen 13 und 14, manchmal auch 15 Uhr, um dann bis 19 Uhr oder länger wieder für das Publikum da zu sein.

Allerdings können es sich heute die wenigsten Arbeitnehmer leisten, die traditionellen Ruhezeiten wahrzunehmen oder gar fristgerecht in Rente zu gehen.

Das ***Berufsranking*** hat sich verändert. Während in sowjetischer Zeit die Angehörigen gehobener Berufe aus Technik und Naturwissenschaft, forschende Wissenschaftler, vor allem Angehörige der Akademien der Wissenschaften, Hochschullehrer, Ärzte, Künstler, Literaten und literarische Übersetzer, Dolmetscher, Offiziere und Diplomaten ein hohes Ansehen genossen, so gelten im heutigen Rußland andere Maßstäbe, die sich überwiegend an den Verdienstmöglichkeiten orientieren. So stehen eher Bankleute, Manager, Wirtschaftswissenschaftler und EDV-Spezialisten, Unternehmer im Handel und im Dienstleistungsgewerbe, auch privat praktizierende Ärzte, vor allem aber Berufe, die Kontakte mit dem Ausland ermöglichen, in der Gunst. Lehrer, auch Hochschullehrer, vor allem Geisteswissenschaftler, Ärzte in den Einrichtungen des staatlichen Gesundheitswesens sind in ihrem Ansehen stark abgefallen.

Gleichzeitig wird jedoch immer wieder betont, daß die Berufe im geisteswissenschaftlichen, literarischen, künstlerischen Bereich eigentlich doch die wertvollsten seien, auch wenn sie zur Zeit keinen finanziellen Gewinn brächten. Prostitution, wiewohl sehr lukrativ und daher von vielen jungen Frauen angestrebt, gilt in der Gesellschaft nach wie vor als degoutant.

Feiertage und Feste

Bei vielen Feiertagen und Festen lassen sich die einzelnen Elemente, die zu ihrer ***Entstehung*** geführt haben (aus vorchristlicher Zeit stammende, kirchlich-orthodoxe, jahreszeitlich bedingte, weltlich-politische) nicht scharf voneinander trennen. Die älteren Feiertage fallen traditionell in den Winter oder den Sommer, die jüngeren sind eher unabhängig von den Jahreszeiten angesiedelt.

Das ***Neujahrsfest*** wird vom 31. Dezember auf den 1. Januar begangen. Man feiert unter einem buntgeschmückten Tannenbaum *(jëlka)* in der Familie und mit Freunden, tauscht Geschenke aus und genießt ein festliches Essen, traditionell mit Sekt. Nicht selten finden um den Neujahrstag herum größere Festveranstaltungen statt, vor allem für Kinder, bei denen "Väterchen Frost" *(ded moróz)* und "Schneeflöckchen *(snegúročka)* auftreten und die Kleinen beschenken.

Der 8. März, der ***Internationale Frauentag,*** wird in der Art eines „Muttertages" begangen. Frauen, Mütter, Kolleginnen bekommen ein Sträußchen

Schneeglöckchen oder Mimosen, oft auch eine Torte geschenkt. Wenn möglich, geht die Familie auswärts essen. Andernfalls freuen sich alle auf eine festliche Mahlzeit zu Hause, die von der Frau zubereitet wird … In der Sowjetunion wurden an diesem Tag manche Ruhmesreden geschwungen über die so wichtige Rolle der Frau in der Gesellschaft, und auch heute noch scheint sich der Feiertag in der Praxis eher in schönen Worten als in handfester Hilfe für die Frauen zu erschöpfen. Trotzdem erfreut sich der Frauentag allgemeiner Beliebtheit.

Der ***Tag der Arbeit,*** am 1. und 2. Mai gefeiert, war in der Sowjetunion stets Anlaß für offizielle politische Demonstrationen und Aufmärsche. Aber schon damals wurde er - wie heute auch - von den Menschen vorwiegend als ein unpolitisches Frühlingsfest verstanden.

Der 9. Mai, der ***Tag des Sieges*** *(Den' pobédy),* gilt als wichtiger patriotischer Feiertag. Seine Inhalte haben sich auch mit dem Ende der Sowjetunion kaum verändert. Mit Vorbeimärschen, ordensgeschmückten Kriegsveteranen, offiziellen Delegationen, Kranzniederlegungen an Gedenkstätten, Ehrungen und Reden wird des Sieges über Hitlerdeutschland und der Unterzeichnung der Kapitulationsurkunde am 9. Mai 1945 gedacht.

Ein junger Feiertag ist der 12. Juni, der ***Tag der Unabhängigkeit*** *(Den' nezavísimosti).* Er gilt der Loslösung Rußlands von der Sowjetunion im Jahre

Folklore-Feiertag in Nižnij Novgorod

1991. Er wird teilweise als sommerliches Fest mit Feuerwerken begangen, teilweise mit politischen Demonstrationen für oder gegen die Auflösung der Sowjetunion.

Der ***Jahrestag der Oktoberrevolution*** wurde, aufgrund der 1918 vollzogenen Kalenderreform in Sowjetrußland, am 7. November begangen. Dieser Tag, der jetzt offiziell ***Tag des Einvernehmens und der Aussöhnung*** *(Den' soglásija i primirénija)* heißt, hat zwar seine zentrale Bedeutung verloren, ist aber nach wie vor arbeitsfrei und Anlaß für verschiedene politisch motivierte Veranstaltungen, Umzüge und Demonstrationen.

Der 12. Dezember ist der ***Verfassungstag.***

Daneben gab und gibt es eine Fülle von Festen und Feiertagen zu den ***unterschiedlichsten öffentlichen Anlässen:*** der Beginn des Schuljahres am 1. September; regionale Gedenktage in den verschiedenen Landesteilen und in vielen Städten; Festtage für viele Berufsgruppen; Erntefeste und andere aus dem landwirtschaftlichen Jahresablauf entstandene Feierlichkeiten etc.

Einige der ***kirchlich-religiösen Feste,*** die während der Sowjetzeit abgeschafft waren, sind wieder gesetzliche Feiertage geworden. Da die orthodoxe Kirche Rußlands die Kalenderreform von 1918 nicht mitvollzog, folgen ihre Feste nach wie vor dem Julianischen Kalender, liegen also um 13 Tage hinter der in den katholischen und den protestantischen Ländern Europas üblichen Zeitrechnung zurück.

Zu den zwölf großen Festtagen der orthodoxen Kirche gehören der ***Heilige Abend*** *(Sočél'nik)* am 6. Januar und das ***Weihnachtsfest*** *(Roždestvó Christóvo)* am 7. Januar. Am 19. Januar wird das ***Epiphanias-Fest*** *(Kreščénie)* begangen, an dem vor allem der Taufe Christi im Jordan gedacht wird. Durch Eintauchen des Kreuzes wird Wasser geweiht, vor allem das Taufwasser, aber auch das Wasser, das die Gläubigen zu diesem Zweck in die Kirche bringen. Mancherorts gab es die Tradition, ganze Flüsse oder Seen zu weihen. Danach pflegten die Gläubigen in deren Wasser zu tauchen, um sich von Sünden reinzuwaschen - notfalls in Eislöcher. Heute sind die Eislochschwimmer nicht in jedem Fall Gläubige, denn in weltlich-sportlicher Verwandlung der alten Tradition tauchen auch die abgehärteten *morží,* die „Walrösser", in die Löcher und schwimmen ein wenig darin herum.

Sehr beliebt im kirchlichen Jahresrhythmus ist die sogenannte ***Butterwoche*** *(máslenica),* in der man sich, wie in manchen katholischen Ländern während des Karnevals, den leiblichen Genüssen hingibt, bevor die siebenwöchige ***große Fastenzeit*** *(Velíkij post)* beginnt. Im 17. Jahrhundert hieß es dazu: *„Die erste Woche dieser Fastenzeit nennen sie Maslaniza Butterwoche/da sie weder Fleisch noch Fische/sondern nur Butter/Milch vnd Eyer essen/darbey aber sich alle Tage mit Brandwein/Meeth vnd Bier also anfülle/vnd sich mit dem trincken letzte/daß sie von jhren Sinnen nicht wissen/worauf denn allerhand Üppigkeit vnd Leichtfertigkeit erfolget."* [95] Seitdem hat sich an der „Butterwoche"

manches geändert, aber nach wie vor ist sie Anlaß, gründlich zu feiern und die gebackenen Köstlichkeiten zu genießen.

Das größte religiöse Fest ist ***Ostern*** *(Páscha)*. Am Karsamstag bringen die Gläubigen gefärbte Eier und Speisen zur Kirche, wo diese, in der Regel im Freien, gesegnet werden. Die Eier, bei heidnisch-weltlichen Frühlingsfesten Sinnbild der wiedererwachenden Natur, sind im Christentum Symbol der Auferstehung. Traditionelle Osterspeisen sind ein runder Hefekuchen *(kúlič)* und eine pyramidenartig hochgetürmte Speise aus Quark, Zucker, Rosinen

Folklore-Aufführung

(páscha), die oft mit den kyrillischen Buchstaben XB, den Anfangsbuchstaben des Auferstehungsgrußes, und einem Kreuz verziert ist. Nach dem nächtlichen Gottesdienst mit dreimaliger Prozession um die Kirche begrüßen die Gläubigen einander mit dem Ruf *Christós voskrése!* und der Antwort *Vo ístinu voskrése!*: Christus ist auferstanden! - Er ist wahrhaftig auferstanden! Beim anschließenden Ostermahl treffen sich die Familie und die Freunde, verzehren die gesegneten Speisen, alles Fettige, Fleischige und Alkoholische, was während der Fastenzeit verboten war, und tauschen auch kleine Geschenke aus.

Zu den großen Festtagen der orthodoxen Kirche gehören auch ***Mariä Verkündigung*** *(Blagoveščénie)* am 7. April, der ***Himmelfahrtstag*** *(Voznesénie Gospódne)* 40 Tage nach Ostern und ***Pfingsten*** *(Tróica)* 50 Tage nach Ostern.

Die alte Tradition und das Bedürfnis der Menschen, die großen Wegmarken menschlichen Daseins - ***Geburt, Eheschließung, Tod*** - in einer kirchlichen Feier zu begehen, wurden in der Sowjetunion in weltliche Kanäle gelenkt. Vor allem die Eheschließung wurde in einem „Hochzeitspalast" festlich begangen, mit der Braut im weißen Kleid und feierlichen Ansprachen. Nach dem offiziellen Akt begaben sich in Moskau viele junge Paare zur Ewigen Flamme am Grabmal des Unbekannten Soldaten, andernorts auch an ein Lenindenkmal (!), um den Brautstrauß niederzulegen. Moskauer Frischvermählte fuhren auch auf die Aussichtsrampe auf den „Sperlingshügeln" (früher „Leninhügel") über der Stadt, um sich fotografieren zu lassen. Die Autos wurden oft mit einer Puppe geschmückt, die Kindersegen symbolisieren sollte. Bis auf das Lenindenkmal bestehen diese Bräuche auch heute weiter.

In der jüngsten Zeit wenden sich immer mehr Menschen wieder der Kirche zu. So werden viele Kinder getauft - durch Eintauchen in das Taufbecken, nicht nur durch Besprengen mit Taufwasser - und wünschen viele Brautpaare eine kirchliche Trauung. Ebenso werden Aufbahrungen wieder öfter in der Kirche vorgenommen und Beerdigungen unter kirchlicher Mitwirkung vollzogen.

Freizeit und Urlaub

Die Städter verbringen ihre Freizeit vor allem ***außer Haus,*** und das nicht nur, um den beengten Wohnungen zu entfliehen, sondern um der „Freiheit" willen.

Im ***Winter*** ist der Ski-Langlauf in die Umgebung besonders beliebt, aber auch in der Stadt hält man sich im Freien auf: Eltern schieben ihre Sprößlinge auf Schlitten durch die Anlagen, die Schlittschuhbahnen sind voller Kinder und junger Menschen. Auch die Parkbänke bleiben nicht leer, denn selbst bei Frostgraden sitzt man dort und unterhält sich. Die Männer spielen oft Schach - von Kiebitzen umgeben. Die Bänke in Parks und Anlagen ste-

hen übrigens oft einander zugewandt und erleichtern so die Kontaktaufnahme und das Gespräch. Höchst selten findet man Bänke, die einander den Rücken zukehren. Hobby-Angler schlagen in die Eisdecke von Flüssen und Seen Löcher, setzen sich davor auf eine Kiste oder einen Eimer und warten auf das Anbeißen der Fische.

Der ***Sommer*** und der ***Frühherbst*** werden intensiv genutzt, um die zivilisatorischen Bequemlichkeiten gegen das Leben in der Natur zu tauschen – mit Waldwanderungen, Zelten, Lagerfeuer, Bootstouren, Fischen, Angeln, Schwimmen in offenen Gewässern, üblicherweise von Ende Mai bis Anfang August. Russen tauchen gleichsam in die Natur ein und leben in ihr. Die Art des „Wanderns", die z. B bei Deutschen so gern geübt wird (auf gekennzeichneten Wegen, von Zielchen zu Zielchen) ist weitgehend unbekannt oder liefe bei Russen allenfalls unter der Kategorie Spaziergang.

Wer irgendwie kann, zieht Anfang Juni mit Kind und Kegel für drei Monate (so lange dauern die Schulferien) auf die ***Datscha*** *(dáča),* das kleine, meist aus Holz gebaute, durchaus nicht komfortable Sommer- bzw. Gartenhaus vor den Toren der Stadt. Das dazugehörende Gärtchen wird allerdings nicht nur im Sinne eines Freizeitvergnügens genutzt, sondern für die Anzucht von allerlei Gemüse und Beeren; die Ausbeute wird dann eingemacht, getrocknet oder sonstwie verarbeitet, für die Selbstversorgung und für den Privatverkauf. Etwa ein Drittel der Moskauer hat ein solches Stückchen Land. [96)]

Eine Art Nationalsport sind das ***Beerensuchen*** und vor allem aber das ***Pilzesammeln*** im Wald. Die Beliebtheit dieser Beschäftigung hat sich auch in der Sprache niedergeschlagen: es gibt ein Pilzwetter, einen Pilzregen, eine Pilzsaison ... Auch hier geht es heute oft um das schlichte Überleben, wenn die Menschen sich aus der Natur zusätzliche Nahrung holen. Warnungen wegen verstrahlter Beeren und Pilze nach der Reaktorkatastrophe von Černobyl' verhallten weitgehend ungehört.

Viele Moskauer haben sich in ***Vereinen*** zusammengetan – für alle nur denkbaren Interessen, vom Amateurfunken bis zum Zierfischzüchten, nicht zuletzt für die verschiedensten Sportarten. Relativ junge Einrichtungen in Moskau sind Tennis-, Reit- oder Golfvereine, wegen ihrer Preise auch durchaus nicht für jedermann zugänglich. Radsport ist kaum anzutreffen. Beliebt sind Laiengruppen, die die verschiedensten Sparten der Volkskunst pflegen, wie Chöre, Tanz- und Schauspielensembles.

Der Besuch von ***Theater- oder Konzertveranstaltungen,*** aber auch von Museen und Ausstellungen, der früher ein fester Bestandteil der Freizeitgestaltung war, ist heute für viele Einheimische kaum noch erschwinglich. Trotzdem sind hier alle Veranstaltungen ausverkauft, während in Sportstadien das Publikum ausbleibt.

Für die meist jungen Benutzer inzwischen nicht mehr bezahlbar sind auch die schicken ***Restaurants und Cafés,*** die ***Discos und Videotheken,*** die kurz nach der Wende höchst populär waren. Die luxuriösen Nachtklubs oder

-bars sind von vornherein nur für die „neuen Russen" konzipiert. Beliebt sind auch Spielkasinos unterschiedlicher Art.

Das ***Kino*** ist oft noch erschwinglich, wird auch gern besucht, da es manchen Pärchen ein wenig ruhige Zweisamkeit ermöglicht. Gezeigt werden augenblicklich weniger russische Filme als westliche Produktionen, vor allem billige Schnulzen, Horror- und Actionfilme.

Seit alters her höchst beliebtes Freizeitvergnügen oder geradezu Lebensbedürfnis ist der Besuch der russischen Form der ***Sauna,*** der *bánja. „Denn die Russen halten sehr viel auff das baden/daher haben sie auch in allen Städten und Dörffern viel offentliche vnd geheime badstuben. Es war zwar die Badstube mit Brettern vnterschieden/daß Männer vnd Weiber absonderlich sitzen kunten. Sie giengen aber zu einer Thür aus vnd ein/vnd zwar ohne Schürtztücher/etliche hileten einen von bircken Laub gemachten Pusch vor/biß sie sich gesetztet/etlich auch nicht ... Sie können grosse Hitze ertragen/liegen auff der Schwitzebank vnd lassen jhnen mit solchen Püschen ... die Hitze auff den Leib schlagen/vnd sich darmit reiben. Vnd wenn sie also von der Hitze gaantz roth vnd mat seynd/daß sie in der Badstube nicht mehr dauren köñen/lauffen sie bloß heraus/begiessen sich mit kaltem Wasser/ja zur Winters Zeit weltzen sie sich gar im Schnee herumb/vnd reiben die Haut damit ... Die Russen/harte/starcke vnd dauerhaffte Leute seynd/die Frost und Hitze wohl ertragen können."*[97] Dem ist nichts hinzuzufügen, höchstens der Hinweis, daß in der *bánja* feuchte Hitze herrscht, nicht trockene.

Pilzsaison

Zur Freizeitbeschäftigung im ***häuslichen Bereich*** gehört vor allem das Fernsehen. Die Programme sind vielfältiger geworden, aber bei den Spielfilmen - ähnlich wie im Kino - stark von westlichen Herz-Schmerz-Produkten und Krimis geprägt. Wer ein Videogerät hat, kann überall Filme entleihen, wobei Sex und Crime auf dem Vormarsch sind.

Russen ***lesen*** gern und viel, sie pflegten sich selbst als „das leseeifrigste Volk" zu titulieren. Allerdings waren trotz enormer Produktion Bücher jahrzehntelang nicht in der gewünschten Auswahl oder Menge zu kaufen, so daß auch leidenschaftliche Leser manchmal nur wenige Bücher im Hause hatten. Einige Zeit wurde auch heftig kritisiert, wenn Bücher für

Die Datscha vor den Toren der Stadt

die private Benutzung „gehortet" wurden, da dieses „egoistische Verhalten" zu einem Defizit bei dieser begehrten Ware führte. Die Defizitsituation ist überwunden, und das Lesen wird nach wie vor eifrig betrieben, allerdings scheinen in jüngster Zeit weniger die Belletristik und die Sachbücher gefragt zu sein als diverse leichtere Produkte. Inzwischen gibt es manchen passionierten Leser, der es sich aus anderen Gründen nicht leisten kann, Bücher zu horten: Die Buchpreise haben sich vervielfacht.

Aktiv oder passiv ***Musik*** zu treiben ist zwar beliebt, aber wegen der beengten Wohnverhältnisse nicht immer möglich. Getanzt wird trotz der Enge sehr oft, meistens Volkstänze mit kräftigen Sprüngen - was die darunter wohnenden Nachbarn nicht unbedingt freut. Oft tanzen nur Frauen miteinander.

Eine der verbreitetsten männlichen Freizeitbeschäftigungen ist das ***Trinken alkoholischer Getränke,*** wobei Hochprozentiges den Vorzug genießt. Traditionell tranken Frauen weniger oder gar nicht: Vielleicht wirkte noch die alte Regel, nach der eine „anständige" Frau unter keinen Umständen „berauschende Getränke" zu sich nehmen durfte. In der letzten Zeit scheinen sich die Frauen allerdings - wie beim Rauchen - zumindest gleichberechtigt zu verhalten.

Jahrzehntelang war der offizielle ***Urlaub*** der Bürger des Landes weitgehend ***planmäßig organisiert:*** über den Betrieb, bei dem man arbeitete, das Institut, die Gewerkschaft, die Partei, den kommunistischen Jugendverband Komsomol. Sie alle verfügten über Urlaubseinrichtungen (Erholungsheime, Hotels, Jugendlager etc.) in die man auf Antrag reisen konnte oder verschickt wurde, kostenlos oder gegen ein geringes Entgelt. Da die einzelnen Familienangehörigen meistens verschiedenen Einrichtungen angehörten, konnten sie nicht immer gemeinsam Urlaub machen.

Daneben gab es die unterschiedlichsten ***„wilden" Urlaubsunternehmungen,*** bei denen man mit dem Boot unterwegs war, in die Taiga vorstieß, Berge bestieg, zeltete oder eines der Zimmer nahm, die die Einheimischen (vor allem in den südlichen Regionen oder auch im Baltikum) an Sommergäste vermieteten: für die Urlauber eine willkommene Befreiung aus der betrieblichen Planung, für die Vermieter eine ebenso willkommene Zusatzeinnahme. Bevorzugte Urlaubsziele waren die Schwarzmeerküste und die Halbinsel Krim, die Kaukasusregion und das Baltikum (die nach dem Zerfall der Sowjetunion größtenteils nicht mehr auf russischem Territorium liegen) sowie Sibirien.

In den letzten Jahren ist die ***touristische Infrastruktur*** in Rußland vielfältiger geworden, allerdings sehr gegensätzlich: Neben extrem teuren Luxushotels mit perfektem Service, die meistens in den großen Metropolen zu finden sind, gibt es überall noch die sehr einfachen, oft lieblos geführten Unterkünfte. Die „neuen Russen", die es sich leisten können, machen auch gern im Ausland Urlaub, vor allem am Mittelmeer oder in den Golfstaaten, und zeigen dann, was sie haben und sind: reich und ziemlich protzig.

Russische Durchschnittsbürger haben das Gefühl, daß sie in sowjetischer Zeit sehr viel mehr Urlaub machen konnten als heute.

Feiern und Alkohol im tagtäglichen Leben ...

Russen lieben die Geselligkeit, feiern gern und intensiv, wobei Arbeit und Privates in besonderer Weise zu verschmelzen scheinen.

Der ***Arbeitsplatz*** - in Büros, Instituten, Fabriken - verbindet nicht nur im dienstlichen Sinne. Man kennt auch die Freuden und Sorgen des Privatlebens, der Familienangehörigen der Kollegen. Am Arbeitsplatz werden (neben den offiziellen Gedenktagen und Feiern) der Antritt oder das Ende einer Dienstreise gefeiert, die Beförderung, der Geburtstag, der Hochzeitstag - auch wenn die dazugehörende Ehefrau nicht anwesend ist.[98] Neben Kaffee, Torte, *zakúski*, Brot, Zwiebeln, Gurken, Käse gehören zu diesen Zusammenkünften alkoholische Getränke: Bier, Vodka, süße Weine, Sekt. Auch geraucht wird sehr viel, *papirósy* mit Papiermundstück oder Zigaretten. Bei den Gesprächen wird geweint, gelacht, gesungen, man blickt einander sozusagen in die Seele. Manchmal zieht man von Büro zu Büro, dann auch von Wohnung zu Wohnung, um weiter zu feiern. Im Sommer werden solche improvisierten Arbeitsplatzfestlichkeiten auch einmal an die frische Luft verlegt, auf Bänke in nahe gelegenen Anlagen und Parks, obwohl Alkoholgenuß in der Öffentlichkeit eigentlich strafbar ist.

Auch ***Spontangruppen*** und -grüppchen tun sich gern zum Kauf und Konsum von Alkohol zusammen, sie trinken im Sommer irgendwo im Freien, in der kalten Jahreszeit in Hauseingängen oder Treppenhäusern, in Metroeingängen oder anderen halbwegs wettergeschützten Winkeln.

Trotzdem erfrieren jeden Winter etliche Menschen, die volltrunken im Freien zusammengebrochen waren. Von den Passanten werden die ***Betrunkenen*** in der Regel nicht beachtet; keiner fragt oder kümmert sich, wenn sie hilflos sind. Handelt es sich jedoch um eine gut angezogene Person, die ausnahmsweise in einer solchen Lage zu sein scheint, dann wird meistens geholfen.

Der reichliche Gebrauch und der exorbitante ***Mißbrauch von Alkohol*** sind traditionelle Phänomene Rußlands, seit Jahrhunderten, auf seiten der Bevölkerung und auf seiten der Herrschenden. Von offizieller Seite ist dem Alkoholismus zwar immer wieder einmal der Kampf angesagt worden, meistens aber mit wenig Überzeugungskraft und ebenso wenig Erfolg. Auch die Anti-Alkohol-Kampagnen der jüngeren Zeit scheiterten letztlich am passiven Widerstand der Bevölkerung - und an den fehlenden Alternativen: So nannten die Russen *Michail Gorbačëv* nach dessen Propagierung von Wasser statt Wässerchen *(vodá* statt *vódka)* prompt voller Ironie nicht mehr „Generalsekretär" sondern „Mineralsekretär". Verbote oder Restriktionen haben außerdem immer einen blühenden Schwarzhandel verursacht, auch mit dem verbotenen *samogón*, dem Selbstgebrannten. Dann werden auch vermehrt Surrogate wie Methylalkohol verwendet: Schwere Gesundheitsschäden und Todesfälle waren und sind an der Tagesordnung.

Der Alkoholismus bringt eine allgemeine ***Unberechenbarkeit des Verhaltens*** mit sich und schlägt sich in mangelnder Arbeitsqualität und -produktivität nieder: ein schwerwiegendes Problem für die Betroffenen, für ihre zwischenmenschlichen Beziehungen und nicht zuletzt für die Volkswirtschaft des Landes.

Gesundheit und Krankheit

In der Sowjetunion wurde eine staatliche, im Prinzip flächendeckende und unentgeltliche medizinische Versorgung aufgebaut - eine große Leistung des Staates und ein enormer Fortschritt für einen großen Teil der Bevölkerung im Vergleich zu den Verhältnissen im Zarenreich. Dieses Prinzip der allgemeinen ***staatlichen Gesundheitsversorgung*** ist auch im heutigen Rußland beibehalten worden.

Allerdings bestand und besteht - wie in vielen anderen Bereichen - auch im Gesundheitswesen die Kluft zwischen ***Hochleistungen*** in Forschung und Spitzeneinrichtungen der Metropole, die Weltgeltung haben und in der Praxis nur Privilegierten zukommen, und dem allgemeinen Stand der Versorgung für den Durchschnittsbürger, der an die Situation in früheren Jahrhunderten oder in Entwicklungsländern erinnert. Wer in den Genuß einer auch nur mäßig besseren Variante der ambulanten und der stationären Behandlung und der Versorgung mit Medikamenten, auch für Narkosen - z. B. bei Abtreibungen - kommen möchte, muß dafür ***aus eigener Tasche zahlen*** bzw. schmieren. Diese Zahlungen erfolgen unmittelbar an Arzt oder Pflegepersonal, meistens in Devisen.

Nun gibt es mehr und mehr Menschen, die sich diese Zuzahlungen nicht leisten können und sich mit dem miserablen ***staatlichen Standard*** zufriedengeben müssen. So bleibt also in der Praxis eine unentgeltliche medizinische Versorgung, die angemessen oder auch nur ausreichend wäre, eine Fiktion. Das Krankenversicherungswesen steckt noch in den Anfängen. Ärzte und Pflegepersonal werden generell schlecht bezahlt. Etwa zwei Drittel der Ärzte sind Frauen, Spitzenpositionen haben üblicherweise Männer inne.

Krankheiten werden, wenn irgend möglich, ***zu Hause*** auskuriert. Hilfe geben hierbei die Polikliniken, die ambulant in Anspruch genommen werden können. Die vom Gesundheitssystem vorgesehenen Hausbesuche von Ärzten geben zusätzliche Sicherheit.

Ein ***Krankenhausaufenthalt*** ist eine physische, psychische und finanzielle Höchstbelastung. Die Zimmer sind überbelegt (zehn, fünfzehn und mehr Patienten dicht an dicht sind die Regel), ihre Ausstattung ist sehr einfach, der hygienische Standard schlecht. Zwei Reihen von Betten, dazwischen jeweils ein Stuhl als Nachttisch; zwischen den Bettreihen ein schmaler Gang, neben der Tür ein kleines Waschbecken für alle und alles. Frischoperierte, Sterbende, Genesende - alle liegen in einem Raum. Abwaschbare Hausschuhe, Zahnbürste und Kamm - das ist die Normausstattung, die mitgebracht werden darf, ansonsten ist Krankenhauskleidung üblich. Einwegspritzen, Gummihandschuhe, Verbandsmaterial, Gips und andere primäre Artikel der medizinischen Versorgung sind Mangelware. Neuerdings versorgen manche Krankenhäuser nur noch Patienten, die ihre Medikamente, Verbandsmaterial, Spritzen und Bettwäsche selbst mitbringen, mancherorts gibt es aus Kostengründen z. B. kein Abendessen. So ist jeder Kranke auf die traditionelle „Nachbarschaftshilfe" unter den Patienten und auf die Unterstützung der Angehörigen angewiesen. Und diese Tradition funktioniert ungebrochen.

Entbindungsheime sind in gleicher Weise organisiert. Auch hier sind Ausstattung und hygienischer Standard schlecht. In verblüffendem Gegensatz dazu steht aber die eiserne Regel, daß Vätern und anderen Besuchern „aus hygienischen Gründen" keinerlei Zutritt gestattet ist. Die Anwesenheit des Vaters bei der Entbindung ist ebensowenig vorgesehen wie das Rooming-in der Säuglinge bei der Mutter. Man hat in Rußland generell große Angst vor Infektionskrankheiten und Seuchen (man desinfiziert reichlich und geruchsintensiv), was möglicherweise mit der vielfach fehlenden Infrastruktur und der dadurch tatsächlich relativ großen Ansteckungsgefahr zu tun hat. Das Problem mit der Verpflegung wird in Entbindungsheimen oft so gelöst, daß die Angehörigen unter den Fenstern stehen, die Patientinnen Säckchen und Körbchen an Schnüren herablassen, die dann gefüllt und hochgezogen werden. Das ist zwar verboten - aber da es anders ja nicht geht ... 18 von 1000 Neugeborenen sterben im ersten Lebensjahr, zwei- bis dreimal so viel wie in westlichen Ländern.[99)]

Die Neugeborenen werden übrigens nach alter Tradition mit angelegten Ärmchen sehr eng gewickelt und in eine Art Steckkissen gepackt, das mit gekreuzten Bändern zugeschnürt wird. Diese ***Wickelmethode*** wird manchmal monatelang beibehalten. Vielfach wird behauptet, daß die späte Selbständigkeit der Kinder auch daher rühre ... Die Entstehung dieser Wickelmethode wird mit dem rauhen Klima des Landes oder mit dem Platzmangel in den Wohnungen erklärt; andere meinen, die Russen hätten diese Technik während des Tatarenjochs von ihren Eroberern übernommen, für deren nomadische Lebensform ein Säugling ja gut verpackt sein mußte. Als besiegt angesehene Krankheiten, wie Diphtherie oder Tuberkulose, auch einzelne Fälle von Pest, werden wieder zum Seuchenproblem.

Eine gewisse Radikalität gilt übrigens für ***Zahnbehandlungen,*** sowohl in der Methode als auch im Umfang. So wird an die Stelle der konservierenden Behandlung mit Inlays oder Kronen sehr schnell die Extraktion gesetzt. Übrigens: Stahl-, mehr noch goldüberkronte Zähne im Vorderbereich werden keineswegs als entstellend empfunden, in ländlichen Regionen gelten sie oft sogar als Verschönerung - und als eine Art Statussymbol.

Apotheken haben häufig nicht alle Medikamente oder medizinischen Hilfsmittel vorrätig, die von den Ärzten verschrieben werden oder die die Patienten in eigener Regie kaufen wollen. Inzwischen gibt es in größeren Städten eine zentrale Informations-Apotheke, die telephonisch in den anderen Apotheken nachfragt, ob das benötigte Medikament dort zu haben ist. Und dann macht sich der Patient auf den Weg. Viele Medikamente sind importiert und sehr teuer.

Russische Patienten setzen (durchaus nicht nur aus Kostengründen) erst einmal auf sogenannte ***natürliche Heilmittel und Heilverfahren.*** So ist die alte Kunst, für fast alle denkbaren Varianten der äußerlichen und der innerlichen Anwendung Aufgüsse, Salben und Tees aus Heilpflanzen, Honig, Himbeersirup, Vodka und vielen anderen Ausgangsstoffen herzustellen, nach wie vor weit verbreitet. Aus dieser Tradition, sich der „natürlichen" Mittel zu bedienen, stammt möglicherweise auch die generelle Impfmüdigkeit, die die Menschen auf Nachfrage vielfach jedoch damit erklären, daß von den unhygienisch eingesetzten Mehrwegspritzen eine erhebliche Gefahr ausgehe - was ja auch den Tatsachen entspricht.

Mit Heilung befaßte Menschen und Methoden, die nicht in der Schulmedizin ihrer Zeit angesiedelt sind, genießen in Rußland traditionell Ansehen, Popularität - und Erfolg, sie werden keineswegs von vornherein als Außenseiter abgetan. So wurde z. B. auch am Hof des letzten russischen Zaren der später sehr umstrittene Mönch und ***Wunderheiler Grigórij Raspútin*** einige Zeit durchaus ernstgenommen und, neben den Vertretern der offiziellen Medizin, mit der Aufgabe betraut, die Bluterkrankheit des Thronerben zu überwinden oder zumindest ihre Symptome zu lindern. In *Raspútins* Geburtsort, dem westsibirischen Dorf *Pokróvskoe* im Verwaltungsgebiet *Tjumén',* gibt es

ein kleines Privatmuseum, dessen Organisator u. a. dadurch wirbt, daß er in Kleidung, Haar- und Barttracht à la *Raspútin* auftritt.

So stehen im medizinischen Bereich auch heute viele ganz unterschiedliche ***„alternative" Ansätze*** wie Akupunktur, Handauflegen, Heilen durch Bioenergie oder berührungsfreie Massage und vieles andere hoch im Kurs. Auch hohe Amtsträger des Staates nehmen gern die Kunst der Heiler in Anspruch. In den Tiefen Sibiriens hat sich da und dort bis in die Gegenwart das Schamanentum erhalten.

Alter, Behinderung, Tod

Russische Menschen achten, lieben und beschützen das Kleine, Schwache, Hilflose - ihre Liebe zu Kindern ist sprichwörtlich -, sehr oft auch das Andersartige, nicht Genormte. In gewissem Sinne gehört hierzu auch die Haltung gegenüber ***alten Menschen.*** Wenn die Großmutter oder der Großvater zur privaten Umgebung gehören oder in der Familie leben, sind sie im allgemeinen hoch angesehen und in den Alltag integriert, man möchte auf sie hören und ihre Lebensweisheit achten. Die russische Redewendung *„Ehret das Alter, denn es ist Eure Zukunft!"* entspringt wohl kaum dem Egoismus, der die eigenen alten Tage im Blick hätte. Das Verhalten gegenüber ***Behinderten*** ist dagegen eher verstört und hilflos.

In der Öffentlichkeit begegnet man alten oder behinderten Menschen zwar nicht von vornherein ablehnend, aber doch recht reserviert, bisweilen auch brummig-kritisch. Eigentlich geht man in jedem Sinne über sie hinweg. Öffentlich gezeigte ***Hilfsbereitschaft ist nicht üblich.*** Und wer, auch als nicht behinderter Mensch, auf der Straße oder der Rolltreppe einmal stolpert oder stürzt, wird angemeckert wegen der Störung, die entsteht; Hilfe kann er kaum erwarten.

Noch deutlicher wird die ablehnende Haltung gegenüber Hilfsbedürftigkeit und Behinderung, wenn man das ***Verhalten des Staates*** betrachtet. Von seiten der Sowjetunion wurde stets das Bild einer heilen, in allen Bereichen erfolgreichen Gesellschaft gestaltet. Hilfsbedürftige alte Menschen, Behinderte sowie Außenseiter jeder Art in der Öffentlichkeit wären der glanzkaschierten Selbstdarstellung abträglich gewesen. So entstanden zahlreiche Heime und andere Einrichtungen, die, ganz im Sinne kollektiver Versorgung, diesen Menschen zur Verfügung standen. Sie waren dort zwar mehr schlecht als recht untergebracht, ihre Vernachlässigung war aber dem Blick und damit dem Bewußtsein der Öffentlichkeit entzogen. Eine Integration in das Leben der übrigen Gesellschaft war ohnedies nicht vorgesehen, so daß z. B auch die absolute Unzulänglichkeit der Hilfsmittel bei Behinderungen nicht weiter ins Auge fiel. Daran hat sich auch heute kaum etwas geändert.

Ebenso hatten die ***schulischen Einrichtungen für behinderte Kinder*** weniger deren Integration in die Gesellschaft zum Ziel als vielmehr ihre Ver-

wahrung, was in der Praxis dann zur Ausgrenzung führte. Die Einstellung selbst mag sich im Rußland der Gegenwart geändert haben, die Fakten jedoch kaum: Die allgemein schwierige Situation erlaubt bislang keine Umsetzung veränderter Vorstellungen.

Invaliden des „Großen Vaterländischen Krieges" standen offiziell Vergünstigungen zu: manchmal ein Auto, im allgemeinen freie Fahrt mit den öffentlichen Verkehrsmitteln, schnellere Zuweisung von Wohnraum, zusätzliche Lebensmittel etc. In der Realität litten sie indessen besonders unter den bescheidenen Lebensverhältnissen der sowjetischen Gesellschaft. In der russischen Gesellschaft der Gegenwart gehören sie zu den ärmsten Verlierern.

Trotz der Achtung russischer Menschen vor dem Andersartigen werden einige ***Krankheiten tabuisiert***, vor allem psychische Krankheiten. Zudem sind psychiatrische Einrichtungen vom sowjetischen Staat jahrzehntelang mißbraucht worden, um politisch Andersdenkende und Mißliebige aus dem Weg zu räumen. Auch AIDS-Kranke werden aus der Gesellschaft ausgeschlossen, ein positiver HIV-Test wird vom Labor dem Arbeitgeber gemeldet und führt zu Benachteiligungen am Arbeitsplatz oder zur Entlassung. Wenn Betroffene in der Öffentlichkeit auftreten, sehen sie sich oft Beschimpfungen und Bedrohungen ausgesetzt.

Aus Tradition - und wegen der Überbelegung der Krankenhäuser - werden Todkranke oft nach Hause entlassen. Diese ***Todesfälle*** innerhalb der Familie bringen eine Fülle von Belastungen bürokratischer Art: Man muß für die Ausstellung des Totenscheins sorgen und eine Feuer- oder Erdbestattung organisieren. Nach Möglichkeit findet eine Trauerfeier mit Leichenschmaus *(pomínki)* statt, heute in vielen Fällen wieder unter Mitwirkung eines kirchlichen Amtsträgers. Werden alle Traditionen befolgt, dann finden am 3. Tag (den Sterbetag mitgerechnet) die Aufbahrung in der Kirche und die Beisetzung statt, am 9. und am 40. Tag sowie nach einem Jahr weitere Zusammenkünfte der Angehörigen und Nahestehenden zu Ehren des Verstorbenen. Zu der dann jeweils üblichen Mahlzeit gehören die eintopfartige Kohlsuppe *šči,* die kleinen Pfannkuchen *bliný*, *káša* aus Reis mit Rosinen, Kompott und Vodka. Lautes Klagen und Weinen als Ausdruck der Trauer sind nach östlicher Tradition durchaus üblich. In ländlichen Regionen begegnet man manchmal noch Frauen, die die traditionelle Rolle der Klageweiber übernehmen.

Die alten Moskauer ***Friedhöfe*** sind kaum noch für neue Bestattungen offen, so daß man in die Randgebiete ausweichen muß. Russische Friedhöfe wirken sehr naturnah, nicht "geordnet" oder "gepflegt". Die einzelnen Grabstätten sind im allgemeinen umzäunt, meistens mit einem Eisengitter, dazwischen darf sich die Vegetation frei entfalten. Auch Bänke sind vorgesehen, damit sich die Angehörigen an den Gedenktagen hier treffen, zusammensetzen und gemeinsam des Verstorbenen gedenken und sozusagen mit ihm essen und trinken können. Jetzt nach dem Tod haben der Verstorbene und seine Angehörigen endlich ein privates Terrain ...

Ein Todesfall belastet die Angehörigen auch in finanzieller Sicht, trotz des offiziellen Anspruchs auf Sterbegeld. Viele können die kostspieligen traditionellen Rituale oder den Sarg und die ordnungsgemäße ***Bestattung nicht bezahlen.*** So sieht man in den letzten Jahren mehr und mehr "inoffizielle" Erdhügel außerhalb der Friedhofsmauern, wo Angehörige in aller Heimlichkeit bei Nacht und Nebel ihre Toten begraben haben. Manchmal werden Sterbende und Verstorbene einfach in den Nachbarhof gelegt und verleugnet ... Beides ist natürlich streng verboten, wird aber wegen der herrschenden Not doch immer wieder vorkommen.

„Es gibt mehr Ding' im Himmel und auf Erden, als eure Schulweisheit sich träumen läßt ..."
(William Shakespeare, „Hamlet")

Aus welcher Quelle stammen sie, die vielen kleinen ***Gesten, Gewohnheiten und Verhaltensmuster des russischen Alltags?*** Sind es - wie bei manchen Festen - Spuren heidnischen Glaubens an Götter und Dämonen? Besteht ein besonderes Verhältnis zu den Naturgesetzen? Zeigen sich darin Elemente christlichen Glaubens, die sich in Volksglaube oder auch Aberglaube verwandelt haben? Sie sind unterschiedlich, auf dem Land deutlicher ausgeprägt als in der Stadt, bei älteren Menschen häufiger als bei jüngeren.

Im Wetter und in den Jahreszeiten liegen ***Kräfte, die über die sichtbaren Phänomene weit hinausgehen.*** Für den Umgang mit Pflanzen gelten geheimnisvolle Regeln: Heilkräuter, Stecklinge oder Samen sollte man nur zu bestimmten Tages- oder Nachtzeiten und Mondphasen sammeln, setzen oder säen. Die Birke ist nicht einfach irgendein Baum, die Volga ist nicht irgendein Fluß - sie sind Heimat und fester Bestandteil der Folklore. Und mancher Gegenstand scheint irgendwie belebt zu sein, hat „Eigenschaften" und „handelt" - oder zeigt er nur die Tücke des Objekts? Man spreche mit ihm, rede ihm gut oder gestreng zu! Gilt es doch, mit allen Erscheinungen der Umgebung ein freundliches Verhältnis zu finden, denn sie haben ihre Gesetze und ihren Willen ...[100)]

Die ***Sterne*** können Auskunft geben und einen Weg weisen. Und ***Wunder?*** Die gibt es durchaus. So sind astrologische Berater und Wunderheiler (die übrigens auch die modernen Medien für ihre Botschaften benutzen) sehr populär, ist das Interesse der Öffentlichkeit am Okkulten, Magischen, Esoterischen und Exotischen groß.

Ehrerbietung, Liebe und Dankbarkeit gegenüber dem ***Mütterlichen*** - in vorchristlicher Zeit wurzelnd - fanden ihre Überhöhung in der allgemeinen Verehrung der Gottesmutter. Das Warme und Schutzgebende auf der einen Seite und das unbedingt zu verteidigende höchste Gut auf der anderen werden „mütterlich" genannt: Mutter Erde, Mütterchen Volga, Mütterchen Rußland, Mütterchen Moskau ... Die Ikonen der Gottesmutter - vor allem die

berühmte Ikone *„Gottesmutter von Vladímir"* - werden zutiefst verehrt, angerufen und auch bei großen kirchlich-patriotischen Anlässen in Prozessionen mitgetragen.

Böses läßt sich auf vielerlei Weise vertreiben, auch durch ***Flüche.*** So ist das Fluchen eine vor allem unter Männern weit verbreitete Gewohnheit geworden, obwohl heute vermutlich niemand mehr daran denkt, daß er eigentlich aus Furcht flucht ... Beim Fluchen werden eher die Genitalien als die Analzone zitiert. Trotz der allgemeinen Hochachtung vor dem Mütterlichen sind die Mutterflüche die häufigsten - und die schlimmsten. Im Jahre 1797 notierte der deutsche Dramatiker *August von Kotzebue*, der einige Jahre in russischen Staatsdiensten stand, auf seinem unfreiwilligen Weg nach Sibirien in seinem Tagebuch: *„... denn die Russen haben eigentlich nur einen Fluch, der aber kräftig ist. Sie wünschen nämlich ihrem Gegner, daß der Teufel seine Mutter zur H*** machen möge; und das wünschen sie in noch weit derberen Ausdrücken. Ich übertreibe wahrlich nicht, wenn ich behaupte, daß jeder meiner Begleiter diesen Fluch täglich wenigstens fünfhundertmal ausstieß und natürlicherweise fast immer bei den geringfügigsten Veranlassungen."* [101)]

Das Fluchen dient bisweilen auch der ***Kontaktaufnahme:*** Wer zur üblichen Kommunikation nicht fähig oder willens ist, kann sich durchaus erfolgreich über Flüche - und scharfe Witze - „unterhalten". Mit Fluchen kann man auch seine ***Gruppenzugehörigkeit*** signalisieren oder bei anderen erkennen: Unterschiedliche Regionen, Berufsgruppen, soziale Schichten, Kriminelle, Sträflinge, Verbannte etc. fluchen in einer jeweils typischen Art.

In den unteren Schichten ist das deftige ***Fluchen auch bei Frauen und jungen Mädchen, sogar bei Kindern*** üblich. *„Bey außlassung jhres Zorns vnd Zankens gebrauchen sie ... sehr schandbare abschewliche Worte vnd Hohnreden. Hurkind/Petzen Sohn, Hund/ich schende deine Mutter ins Grab ... und was dergleichen schändliche Reden mehr seynd/so nicht alleine die erwachsene vnd Alte sondern auch kleine Kinder/ehe sie Gott/Vater/vnd Mutter zu nennen wissen."* [102)] Diese Schilderung stammt aus dem 17. Jahrhundert, im 20. Jahrhundert scheint es ganz ähnlich zu sein.

Die Aussagen der Flüche werden indessen kaum wörtlich genommen, weder vom Fluchenden, noch von seinem Gegenüber. Eine Ausnahme gilt dabei allerdings: Wer z. B. einen "gewöhnlichen" Kriminellen als Homosexuellen bezeichnet, läuft Gefahr, dafür ermordet zu werden.

Wie in vielen anderen Kulturen auch, werden ***gute Dinge verbal abgeschwächt*** oder in ihr Gegenteil verkehrt, damit nicht der Neid der Götter geweckt werde.

Und wer eine Krankheit überstanden oder eine Gefahr gemeistert hat und darauf angesprochen wird, spuckt symbolisch auf die linke Schulter und macht ein dreifaches *tfu-tfu-tfu*. Das klingt ein wenig nach toi-toi-toi, bedeutet aber eher: nur nicht aussprechen, ***nur nicht beschreien!*** Man kann zur Sicherheit auch auf Holz klopfen.

Die schwarze Katze, die den Weg kreuzt, ist ein ***Vorzeichen für Not und Gefahr;*** vielleicht sollte man sich bekreuzigen? Ein Händedruck über die Türschwelle bringt Unglück, und Mädchen, die in der Wohnung pfeifen, locken den Tod ins Haus ... Rechts ist die „richtige“ Seite, links die „falsche“.

Die Mengen und die ***Zahlen*** 3, 7, 12 gelten als positiv. Die 13 gilt als negativ, sie heißt ja auch, halb scherzhaft, Teufelsdutzend *(čërtova djúžina).* Die Moskauer Omnibuslinie mit der "satanischen" Nummer 666 wurde abgeschafft, stattdessen verkehrt nun dort die Linie 616. Montage, Freitage und Schaltjahre bringen nichts Gutes.

Die ***Farbe*** Rot gilt als Symbol der Freude und der Auferstehung, der Liebe, der Wärme, der Schönheit - und der Revolution. Grün kennzeichnet die Hoffnung. Blau wird der Gottesmutter zugeordnet und der Treue. (Daß die Schwulen in der Szene „die Blauen“, *golubýe,* genannt werden, gehört wohl nicht hierher.) Gelb wird mit dem Neid verbunden, auch mit dunklen Ahnungen, Weiß mit der Reinheit und der Unschuld, auch mit der Auferstehung, manchmal mit der Trauer. Schwarz symbolisiert das Dunkle, die Trauer, das Illegale. Und manchmal gilt alles auch ganz anders ...

Auch ***Tieren*** wird eine spezielle Bedeutung zugeordnet: So verkörpert der Bär gutmütige, etwas unberechenbare Kraft, manchmal auch Tolpatschigkeit. Russen behaupten übrigens, daß der Bär als Symbol für ihr Land nicht in Rußland selbst entstanden sei. Der Schwan steht für Eleganz und tragische Schönheit, und der Wolf weckt tiefe Ängste, gleichzeitig übt er eine große Faszination aus und wird mythisch überhöht. In den von Reiterkulturen (mit)geprägten Regionen gilt das Pferd als die Verkörperung von Macht, Freiheit und Identität.

Generell ist die Einstellung Tieren gegenüber übrigens neutral bis gleichgültig, ohne das gefühlsintensive Engagement, das in manchen westlichen Ländern anzutreffen ist. Kanarienvögel im Bauer, Hunde und Katzen als Haustiere, oft auch als Stadtstreuner, hat es jedoch schon immer gegeben. Der letzte Schrei bei den neureichen Städtern ist der Pudel, am besten ein weißer, oder ein Kampfhund.

Auf ***Reisen*** zu gehen ist ein Abenteuer. Weiß man denn, wie es ausgehen wird und ob man sich wiedersieht? So setzen sich unmittelbar vor dem Verlassen der Wohnung alle Beteiligten noch einmal für eine nachdenkliche Minute zusammen. Und am Bahnhof oder am Flughafen wünscht man dem Abreisenden eine Glückliche Reise *(sčastlívogo putí),* und der ruft den Daheimbleibenden ein Glückliches Hierbleiben *(sčastlívo ostavát'sja)* zu.

Es gibt noch viele Volksweisheiten - kleine und große ... Und kommen sie uns nicht merkwürdig bekannt vor? Wie unser Freitag, der 13., der schwarze Schornsteinfeger, das Hufeisen und der vierblättrige Glücksklee?

Vergangenheit und Gegenwart (AS)

Gegenwart und Zukunft: Einige Tatsachen und Perspektiven

„Eine Gegenwart? Wir haben keine. Wir haben nur die Vergangenheit und - vielleicht - die Zukunft. Aus der Vergangenheit werden wir Wissen schöpfen, damit wir unsere Zukunft vollkommen machen."
(Pëtr Krasnóv, 1869-1947) [103)]

Rußland - so reich an Geist und Gemüt, Charakter und Kraft, Denken und Glauben, Schätzen und Schönheit - dieses Land ist krank und verfällt einer allgemeinen Desintegration.

Das ***sozialistische System*** und die Sowjetunion zerbrachen an den ihnen innewohnenden politischen, wirtschaftlichen und gesellschaftlichen Hypotheken.

Der ***Unterschied zwischen Anspruch und Wirklichkeit*** trat nun offen zutage. Es wurde deutlich, wie gewaltig die Diskrepanz zwischen Kultur und Zivilisation, zwischen Metropolen und Provinz geworden war; daß die wirtschaftliche Entwicklung immer stärker hinter der anderer Industrieländer zurückgefallen, die Umweltbelastungen zu gewaltigen Katastrophen herangewachsen, die Abgründe zwischen wenigen Privilegierten und vielen Benachteiligten immer größer geworden waren. Es wurde deutlich, daß der nationale Überlegenheitshabitus von Russen gegenüber den anderen Nationalitäten immer stärkeren Widerstand hervorrief.

Diese Gegebenheiten waren den meisten Menschen des Landes wohl weitgehend bekannt, aber nicht im aktiven Bewußtsein. So wirkte die Wende mit ihren Enthüllungen, ihren raschen und radikalen Umbrüchen für die Menschen wie ein ***schwerer Schock.*** Sie reagierten darauf ganz unterschiedlich, nach ihrer psychischen Bereitschaft und ihren faktischen Möglichkeiten.

Die seitdem eingetretenen ***Veränderungen stellen sich in vielem negativ dar***, auch wenn sie möglicherweise nur Phänomene einer langwierigen Übergangszeit sind. Tag für Tag hat die Mehrheit der Menschen das politische Chaos vor Augen, den Produktionsrückgang vieler "offizieller" Wirtschaftsbereiche (rund 50 % der wirtschaftlichen Tätigkeit vollziehen sich in der Schattenwirtschaft), die Währungsturbulenzen und den faktischen Verlust ihrer Ersparnisse (im August 1998 fand eine Demoninierung der Währung von 1000 auf 1 statt, außerdem wurden die Sparkonten gesperrt). Sie erleben den sozialen Abstieg, das Herausfallen aus geordneten Lebensverhältnissen (rund 50 Millionen der 148 Millionen Bewohner des Landes leben unter dem sogenannten Existenzminimum[104)]), die inzwischen geradezu obszöne Kluft zwischen den vielen Armen und den wenigen Reichen, vor allem aber den Zusammenbruch des vertrauten Wertesystems.

Die ***Kriminalität*** - das organisierte Verbrechen auf nationaler und auf internationaler Ebene, Gewaltverbrechen und Eigentumsdelikte, von der großen Korruption bis zum tagtäglichen Schmiergeld - ist allgegenwärtig, auch in den obersten staatlichen Strukturen. Das Rechtsempfinden der Bürger ist gestört, das Sicherheitsgefühl verschwunden.

Die ***Streitkräfte***, einst Aushängeschild des Landes, bevorzugt behandelt und geachtet, sind heute angesichts der materiellen Unterversorgung nur noch bedingt einsatzfähig und in fast allen Bereichen demoralisiert und korrupt. Die Schikanen und Drangsalierungen von seiten der schon länger Dienenden (*dedovščina,* von *ded*, der Großvater) gegenüber den Rekruten haben eine unerträgliche Dimension angenommen: Jährlich kommen rund 4000 Rekruten während des Wehrdienstes ums Leben. Da ein "alternativer Dienst" (noch?) nicht gesetzlich geregelt sind, entziehen sich die jungen Leute auf andere Weise der Einberufung: angehende Rekruten werden von ihren Müttern versteckt oder tauchen auf andere Weise unter, begehen aus Angst vor dem Leben in der Armee Selbstmord. In Russisch-Fernost sind junge Wehrpflichtige verhungert ... Aus den Helden von einst sind arme Schlucker in Uniform geworden.

Das faktische ***Ende der Großmacht,*** der „Abfall" der anderen ehemaligen Unionsrepubliken der UdSSR und ihr Kampf um eine politisch, wirtschaftlich und gesellschaftlich selbständige Existenz sind in Rußland nach wie vor unverstanden und werden zunehmend mit imperialem Gestus beantwortet - vom einzelnen Bürger bis zu politischen Führern. Auch innerhalb des Landes werden weitere Autonomie- oder Loslösungstendenzen, solange irgendwie möglich, rücksichtslos unterdrückt, z. B. in der Kaukasusregion.

Jahrzehntelang hatten gelenkte demographische Verschiebungen viele Millionen ***Russen in die Regionen der anderen Nationen*** geführt. Mit der Umwandlung der Unionsrepubliken in selbständige Staaten fanden sich die dort lebenden Russen in der Situation einer Minderheit wieder, die nicht gleichberechtigt behandelt, sondern nur geduldet wird: eine Rolle, die sie seit der kolonialen Expansion des Russischen Reiches den Angehörigen der meisten anderen Völker zugemutet haben, aber für sich selbst nicht akzeptieren. Viele wanderten nach Rußland zurück, rund 25 Millionen leben noch in den anderen ehemaligen Sowjetrepubliken.

Die russische Politik bezeichnet diese ***neuen Staaten auf dem Gebiet der ehemaligen Sowjetunion,*** vor allem aber die baltischen Staaten, als "nahes Ausland", das russische Interessensphäre sei, in der Rußland einen bestimmten Einfluß beanspruchen könne. Zwölf der nun unabhängigen Republiken haben sich in der GUS zusammengeschlossen, die allerdings wenig Bedeutung hat; Kasachstan strebt eine engere Verflechtung mit Rußland an; Weißrußland und Rußland haben eine "Union" gegründet, die bislang nur auf dem Papier steht; die Ukraine versucht, sich freizustrampeln. Die drei baltischen Staaten sind der GUS nicht beigetreten, sie fürchten den erneuer-

ten Anspruch Moskaus und suchen eine Anbindung an politische, wirtschaftliche und militärische Strukturen des Westens.

Diese wirtschaftlichen, sozialen und politischen Gegebenheiten haben dazu geführt, daß die ***Menschen zutiefst verbittert, erschöpft und zermürbt*** sind, daß die Entsolidarisierung der Gesellschaft erschreckende Aus-

Рис. **В. НЕНАШЕВА** *(г. Ставрополь).*

Karikatur aus "Izvestija" vom 25.1.1995
„Wir haben eine große Vergangenheit!
Wir werden eine große Zukunft haben!
Und so wird es immer sein!"

maße annimmt. In dieser Verfassung reagieren viele - vom Durchschnittsbürger bis zum hohen Politiker - außerordentlich empfindlich und suchen bei einer alten Tradition Zuflucht: In einer eigentümlichen Mischung aus Historie und Hysterie, Patriotismus und Verfolgungswahn richten sie sich in einer Art Opferrolle ein, laden manche Verantwortung auf weit zurückliegende Katastrophen oder auf den "Westen" und suchen nur selten die Ursachen des Elends bei sich selbst. Sie bedauern, daß des Holocausts an den Juden immer wieder gedacht werde, während die viel größeren Opfer an russischen Menschenleben während es Zweiten Weltkriegs keine Erwähnung fänden. Sie beklagen, daß eine neue Mauer zwischen Ost und West entstanden sei, und ritualisieren gleichzeitig die Erinnerung an große Vergangenheiten, die gegen den Westen gerichtet waren. Sie denken voller Nostalgie an die Zeiten von "Ruhe und Ordnung" und vergessen deren Übel. Sie beklagen die Not im eigenen Lande und erwarten westliche Hilfe gewissermaßen als historisch selbstverständlichen Tribut. Und stets beanspruchen sie auch für die Zukunft einen Sonderstatus Rußlands auf der internationalen Bühne.

Etwas Wichtiges hat Rußland indessen erreicht - es ist ein ***Land ohne verbotenes Denken*** und ***mit offenen Grenzen geworden.***

Eine ***"vollkommene" Zukunft*** wird Rußland allerdings nur dann haben, wenn es die alte Frage seiner Zugehörigkeit löst, seine eigentliche Identität findet, seine wirklichen Aufgaben annimmt und darauf verzichtet, gegenüber anderen Völkern irgendeine Mission zu haben. Der Westen kann einen Beitrag dazu leisten, wenn er endlich lernt, seine Naivität abzulegen, wenn er aufhört, falsche Rücksichten zu nehmen, wenn er mit Rußland nüchtern umgeht. [105)]

Rußland ist nie so schwach, wie es aussieht, und es ist auch nie so stark.

Rußland und die Fremden, Fremde in Rußland

Touristenmagnet Moskau (ED)

Fremdes Land
vermehrt den Verstand
(Russisches Sprichwort)

Denk- und Verhaltensweisen

Da Russen seit Jahrhunderten in einem stets wachsenden Vielvölkerstaat gelebt haben, sind sie an „Fremde" gewöhnt, allerdings reagieren sie auf sie unterschiedlich. Den ***östlichen Völkern*** und Volksstämmen, deren Lebensräume sich Rußland nach der Abschüttelung des Tatarenjochs einverleibte, fühlten die Russen sich immer eindeutig überlegen; sie sahen ihre Aufgabe darin, diese im zivilisatorischen und kulturellen Sinne zu missionieren. Anders empfanden die Russen gegenüber den Völkern und Gesellschaften, die infolge der ***Westexpansion*** dem Russischen Reich einverleibt wurden; sie erkannten deren hohen zivilisatorisch-kulturellen Entwicklungsstand, dem sie mit Furcht und Ablehnung einerseits und Bewunderung und Neid andererseits begegneten. Es entwickelten sich ein latenter Minderwertigkeitskomplex und die Angst vor dem Verlust der eigenen Identität, die ihrerseits mit einem bisweilen hochschießenden Überlegenheitshabitus einherging. Dieser fand seine Begründung in jener Einheit von weltlicher und geistlicher Macht, von Verstand und Gefühl, wie sie nur in Rußland bestehe. Dieses „heilige Rußland" werde die Welt erretten. Und zwar auch die Welt jenseits der Grenzen des Russischen Reiches.

Hieraus entstand auf der einen Seite jene Simplifizierung des politischen und gesellschaftlichen Denkens, die in den „Tataren", den „Kaukasieren" (auch „Schwarze" genannt), auch den Juden die Quelle allen Übels im Lande sieht. Andererseits entwickelte sich jener unterschwellige oder zutage tretende ***fremdenfeindliche Reflex,*** der in erster Linie gegen den „Westen" gerichtet ist. Gleichzeitig wurde es Tradition, den Fremden, der nicht aus dem eigenen Land kommt, sondern „richtiger" Fremder, also Ausländer ist, in eine überwältigende ***Gastfreundschaft*** aufzunehmen, ihn zu privilegieren und gleichzeitig vom Leben der Einheimischen fernzuhalten.

Wie überall in der Welt, so erwartet man auch in Rußland, daß ausländische Fremde, die sich als Gast im Lande aufhalten, den Regeln der sogenannten ***Fremdenrolle*** folgen. Das bedeutet, daß die Einheimischen eine bestimmte Vorstellung davon haben, was die fremden Gäste zu tun und zu lassen haben. Grundsätzlich gilt, daß Elemente der Fremdheit nicht nur erhalten bleiben dürfen, sondern müssen. Wer als Ausländer allzu perfekt wie ein Russe auftritt oder auch spricht, ruft einen Ablehnungsreflex hervor. Zwei kleine Beispiele hierzu: Eine junge Ausländerin, die schon einige Zeit in der Moskauer Drogenszene verkehrte, wollte sich schließlich als durch und durch dazugehörig erweisen und verwendete, wie die Einheimischen, deftige Mutterflüche. Man wies sie zurecht: „So spricht eine Frau nicht!" – und meinte damit zumindest zur Hälfte auch die Ausländerin. Fortan wurde sie aus dieser Gruppe ausgeschlossen. [106)] Als ich einmal bei der Übersetzung eines förmlichen Kondolenzschreibens zum Tode eines bedeutenden russischen Wissenschaftlers die Korrektur durch einen Muttersprachler erbat,

wurde meine Version mit dem Hinweis gutgeheißen, daß sie völlig korrekt und gleichzeitig „nicht allzu russisch" sei, und das sei genau richtig. Wer als Gast ein paar Kulturfehler begeht (kein Brot zum Essen nimmt) oder Sprachdefizite offenbart (ein Verb falsch setzt), wird höchst liebenswürdig, großzügig und hilfsbereit behandelt. Die Fremdenrolle erwartet also vom ausländischen Gast, daß er in allem etwas weniger tut, etwas zurückgenommener agiert, etwas leiser, etwas weniger lustig oder traurig, etwas weniger kritisch ist ... Aufgrund der Fremdenrolle wird übrigens jeder ausländische Gast als eine Art Prototyp seines Landes betrachtet, dessen Verhalten das seines ganzen Volkes widerspiegelt.

Jeder Mensch hat bestimmte, ihm eigene individuelle Elemente der körperlichen Sprache, d. h. weitgehend unbewußter körperlicher Zeichen, die sich vor allem bei der Begegnung mit anderen Menschen zeigen. Daneben gibt es eine überindividuelle, d. h. die für eine Kultur und ihre Gesellschaft weitgehend ***allgemeingültige Körpersprache.***

Manche zentralen menschlichen Gefühle drücken sich in allen Kulturen körpersprachlich übereinstimmend aus: Trauer läßt die Züge nach unten zeigen, das Gesicht gleichsam schrumpfen, Freude lenkt die Züge nach oben, weitet das Gesicht. Sorge und Not beugen den Körper, Wohlbefinden und Zuversicht richten ihn auf. Vor dem Körper verschränkte Arme signalisieren Sammlung oder auch Abschottung und Abwehr. Solche allgemeingültigen Grundmuster sind sehr oft von kulturtypischen Besonderheiten überlagert. In manchen Kulturen werden die Gefühle körpersprachlich sehr unauffällig ausgedrückt, in anderen äußerst intensiv, in wieder anderen gleichsam gegenläufig: So gibt es durchaus Kulturen, in denen Trauer hinter einem Lächeln verborgen wird, dessen Trauerfunktion wohl nur Einheimische verstehen, u. ä. m.

Die Rolle dieser Körpersprache wird von vielen Menschen nicht erkannt oder zumindest unterschätzt: So kommt es häufig, vor allem bei interkulturellen Kontakten, zu „unerklärlichen" Mißverständnissen. Wer versucht, zumindest einige Grundmuster der Körpersprache der eigenen Kultur und der Kultur des Gastlandes sowie ihre Funktionen kennenzulernen, wird es leichter haben.

Generell gilt für die ***russische Körpersprache*** der traditionelle Gegensatz zwischen dem verhältnismäßig zurückgenommenen Verhalten in der Öffentlichkeit oder in unbekannter Umgebung und dem intensiveren im privaten und bekannten Umfeld. Dabei kommt es in manchen Situationen des Alltags, z. B. bei Begrüßungen, zu Überschneidungen zwischen diesen Grundmustern.

Im ***westlichen körpersprachlichen Verhalten*** ist der Unterschied zwischen Öffentlichkeit und privatem Umfeld verwischt. Die Angehörigen mancher westlichen Kulturen zeigen häufig ein sogenanntes *boasting behaviour*, d. h. ein (vor)lautes, auffälliges Auftreten in der Öffentlichkeit. Sie erwarten die Respektierung ihres „privaten Raumes" und machen den Eindruck großer Selbstsicherheit. Diese Selbstsicherheit beruht zum Teil auf der tradi-

tionell stärkeren Rolle des einzelnen und der relativen Homogenität in westlichen Kulturen.

So wurden westliche Ausländer vor allem in sowjetischer Zeit sofort erkannt, auch bei einwandfreien Sprachkenntnissen und angepaßter Kleidung, weil sie in der Öffentlichkeit - bei Behörden, bei Fragen an Milizangehörige, in Geschäften, bei Verhandlungen mit Taxifahrern etc. - generell aufrecht und zielstrebig gingen, Blickkontakt mit dem Gegenüber suchten, bestimmt aber freundlich auftraten.

Diese ***Art des selbstsicheren Auftretens*** gab es durchaus auch bei Sowjetbürgern, jedoch nicht bei jedermann, sondern fast nur bei Angehörigen der Nomenklatura aus Politik, Wirtschaft und Bürokratie - also bei denen, die aufgrund von Privilegien oder eigener Leistung Erfolg hatten und daraus eine gewisse Selbstsicherheit bezogen. Dabei ist es auch heute, in der veränderten politischen und gesellschaftlichen Struktur Rußlands, geblieben. Nur rekrutieren sich die „Erfolgreichen" aus anderen gesellschaftlichen Gruppen. Bei den „neuen Russen" fällt übrigens die für Aufsteiger typische Übersteigerung des Verhaltens auf. Das Verhalten in verschiedenen öffentlichen Situationen scheint sich am ***Prinzip der Über- und Unterordnung*** zu orientieren, was sich in Befehlston und -gehabe einerseits und einer gewissen Unterwürfigkeit andererseits äußern kann. Ein charakteristisches Merkmal hierfür sind die tief angebrachten winzigen Sprechfensterchen *(okóško)* vor Amtsstuben jeglicher Art, die den Besucher in eine Demutshaltung zwingen.

Das Element der ***Freundlichkeit*** fehlt, heute wie früher. Ausländische Gäste klagen oft über das Fehlen dieser Freundlichkeit, vor allem über die gleichsam stumme Miene russischer Menschen in der Öffentlichkeit - zwischen Passanten auf der Straße, in Verkehrsmitteln, auf Ämtern etc. Sie erwarten das reagierende Lächeln, das nach ihrem Verständnis eben Liebenswürdigkeit und Höflichkeit zum Ausdruck bringt. Vor einigen Jahren wurden, vor allem für weibliche Angestellte im Dienstleistungsbereich, verschiedene „Lächelkurse" durchgeführt, um den Erwartungen westlicher Besucher entgegenkommen zu können; sie hatten jedoch nur mäßigen Erfolg. In der Tat ist in Rußland, wie in manchen anderen, vor allem östlichen Ländern, eine solche Art des Lächelns unüblich. In jüngster Zeit sind da einige Veränderungen eingetreten: Die russischen Mitarbeiter von westlich orientierten Firmen oder Geschäften treten dem Kunden durchaus liebenswürdig entgegen und pflegen freundlich zu lächeln.

Einige Autoren erklären diesen Sachverhalt mit der Existenz einer Art ***Lächelgrenze:*** sie verlaufe zwischen der römisch-katholischen bzw. protestantischen Welt auf der einen Seite und der orthodoxen - und auch der islamischen - Welt auf der anderen, für Rußland also an seiner Westgrenze zu Finnland, den baltischen Staaten, Polen. Die unterschiedliche historische Entwicklung dieser Welten in ihren Denk- und Lebensweisen (z. B. das Ver-

hältnis zwischen Staat und Staatsbürger) wirke bis in die Gegenwart derart prägend, daß sich diese Grenze nicht verwischt habe und wohl auch nicht verwischen werde.

Entsprechendes gilt für den ***Blickkontakt.*** Viele westliche Besucher sind von zu Hause daran gewöhnt und erwarten ihn auch in Rußland - in den üblichen öffentlichen Situationen, aber auch bei Verhandlungen und kleinen Gesprächen. Den nicht zugänglichen, abgewandten Blick von Russen werten sie als Zeichen von Unhöflichkeit, Desinteresse und Ablehnung. Von russischer Seite wird der direkte Blickkontakt jedoch häufig eher als unbescheiden und aufdringlich verstanden. Vor allem junge Mädchen und Frauen, die in traditioneller Weise korrekt und feminin wirken wollen, vermeiden die unmittelbare Zuwendung des Blicks. Die junge Generation in Moskau ist da allerdings direkter geworden. Frauen umgehen übrigens auch den begrüßenden oder verabschiedenden ***Händedruck.*** Wenn er denn gegeben werden muß, fällt er sehr zögernd und weich aus.

Russische Amtspersonen, vor allem weibliche in mittleren Chargen, sprechen im Dienst häufig laut, scharf und in hoher ***Stimmlage.*** Sie sind daran gewöhnt, daß der durchschnittliche russische Besucher von Dienststellen sich eher leise, vorsichtig, einschmeichelnd äußert, sozusagen bittstellert. Ausländische Besucher von Dienststellen, die sich unhöflich behandelt fühlen, übernehmen dann bisweilen die Sprechweise der Amtsträger und werden ihrerseits laut und scharf. Das wiederum verblüfft die Einheimischen. Sie reagieren unterschiedlich: die Amtsperson meistens mit Abwehr, nur selten durch besonderen Einsatz; die Zeugen des Vorgangs ergreifen Partei, seltener gegen, häufiger für den Ausländer und sein Verhalten. Sie zeigen die traditionelle Hilfsbereitschaft gegenüber dem ausländischen Gast. Möglicherweise freuen sie sich auch über dessen Aufmüpfigkeit, die sie sich schon lange wünschen, aber noch nicht an den Tag legen. Und dazu hat der Ausländer ein wenig Gesicht verloren ...

Mimik und Gestik von Russen sind in der Öffentlichkeit im allgemeinen zurückgenommen und unauffällig. In deutlichem Gegensatz dazu stehen jedoch das Pathos und die ***intensiv ausgedrückten Emotionen*** beim Vortragen und Hören von Poesie, Schauspiel, politisch-patriotischen Verlautbarungen, beim Zorn über politisches Fehlverhalten und überhaupt in „großen" Situationen - hier überschneiden sich die öffentlichen und die privaten Verhaltensweisen. Westler verhalten sich umgekehrt: Einerseits sind ihre Mimik und Gestik in der Öffentlichkeit generell intensiv und keineswegs zurückgenommen, andererseits meiden viele von ihnen starkes Pathos und intensiven Gefühlsausdruck. Im persönlichen Umfeld zeigen sich Russen in Mimik und Gestik sehr intensiv. Dem Ausländer mag hierbei vielleicht eine typische Geste auffallen, die er von zu Hause nicht kennt: Russen legen oft zur Bekräftigung einer Aussage oder einer Entschuldigung beide Hände auf die linke Brust, sie äußern sich sozusagen von Herzen.

Die russische Kultur gilt als eine Kultur der ***Berührung,*** der ***Körpernähe:*** Unwillkürliche Berührungen werden nicht vermieden, willkürliche werden gesucht. In anderen Kulturen, z. B. der deutschen, wird eher auf Körperdistanz geachtet. Den meisten Menschen ist aber keineswegs bewußt, daß sie kulturtypische Abstände einhalten: beim Schlangestehen, beim gemeinsamen Betrachten eines Bildes im Museum, beim Gespräch mit einem Gegenüber und in vielen anderen Situationen. Deutsche stehen meistens auf einer Distanz von etwa 1 Meter, sie vermeiden es, dabei andere zu berühren. Wenn der Abstand unterschritten wird oder es gar zum Körperkontakt kommt, fühlen sie sich außerordentlich unbehaglich und irgendwie angegriffen, sie versuchen ganz unbewußt, Distanz und Kontaktfreiheit wieder herzustellen. Russen halten in der Regel einen kleineren Abstand - oft kaum einen halben Meter - und haben auch nichts gegen eine sich daraus ergebende Berührung. Ganz automatisch verkleinern sie die von anderen eventuell eingehaltenen größeren Abstände. Dementsprechend ist es auch durchaus üblich, in Verkehrsmitteln, in Sitzreihen eines Saales, in Lokalen, auf Bänken etc. sofort dicht aufzuschließen und nicht, wie z. B. in Deutschland, so lange wie irgendwie möglich einen größeren Zwischenraum zu lassen. Manche Autoren erklären solche Unterschiede mit der Einstellung der jeweiligen Religion zum Körperlichen. Der orthodoxe Christ betrachtet Leib und Seele als Einheit. Die katholische und vor allem die protestantische Kirche transportieren dagegen traditionell eine gewisse Körperfeindlichkeit.

Auch bei ***Begrüßungen*** unter Russen, die einander bekannt sind, kommt es in der Regel zu viel Berührung, besonders im privaten Umfeld: Der Händedruck auf Abstand genügt nicht (wie neuerdings auch in Deutschland), zwei oder meistens drei Wangenküsse und Umarmungen gehören dazu, auch unter Männern. (Die Kußzeremonien zwischen sozialistischen Genossen waren allerdings eher eine politisch-ideologische Demonstration.) Wenn ein Weg oder eine Unternehmung gemeinsam getan wird, suchen junge Mädchen und Frauen Berührung untereinander, gehen untergehakt oder händehaltend oder sitzen eng aneinandergeschmiegt auf Bänken. Es wäre ein arges Mißverständnis, wollte man hieraus auf eine lesbische Beziehung schließen. Der Austausch erotisch-sexueller Zärtlichkeiten in der Öffentlichkeit, traditionell absolut tabu, gilt bei den jungen Paaren, vor allem in Moskau, offenbar nicht mehr als unpassend.

Die genannten und die vielen nicht genannten Beispiele und ***Grundmuster körpersprachlichen Verhaltens*** variieren in ihren Details je nach Lebensalter, Geschlecht, sozialer Stellung, Bildungsgrad usw. der einzelnen Personen. Trotzdem haben sie gewisse kulturtypische Gemeinsamkeiten, die in der Regel über die Kulturzugehörigkeit klare Auskunft geben.

Was dem Fremden noch so auffällt

Ausländische Besucher besichtigen und ***photographieren*** in Rußland gern Orte und Situationen, die sie für typisch, alt und romantisch halten, z. B. dörfliche Holzhäuser oder Wäscherinnen am Fluß. Die Einheimischen sind oft ein wenig verärgert: Warum interessieren sich die Gäste nicht für neue Wohnhäuser oder moderne Wäschereien? Wollen sie die Aufmerksamkeit just auf die Zeichen von Rückständigkeit lenken? Picken sie denn immer das Negative heraus? Sollten sie uns nicht erst einmal fragen, ob uns das recht ist? Sie sollten, vor allem bei Personenaufnahmen!

Russen erwähnen gern, daß dieses oder jenes in ihrem Land das größte, längste, höchste und natürlich auch beste sei, daß man nur hier wisse, was Heimat sei, Liebe zur eigenen Kultur. Dabei begeistern sie sich für das Prächtige, Pompöse, Machtvolle. Und nun ist der Ausländer ein wenig erschlagen von so viel tatsächlicher oder virtueller ***Gigantomanie*** und offenkundigem ***Ethnozentrismus.***

Russische Menschen pflegen in der Regel auch einen sozusagen natürlichen, von Herzen kommenden ***Patriotismus.*** In diesem Sinne achten sie auch die nationalen Symbole russischer Geschichte, ob es Kunstwerke oder Bauten sind, Denkmäler oder Fahnen. Untereinander äußern sie sich schon einmal kritisch, aber nicht in Gegenwart von Fremden. Und wenn der ausländische Gast über sein eigenes Land herzieht und Rußland in alle Himmel hebt, wird er dafür durchaus nicht besonders geliebt, nicht einmal geachtet.

Die bei Russen manchmal auftretende moralische Selbstzerfleischung ob so vielem Negativen im Lande entstammt oft dem Wunsch, vom Gegenteil überzeugt zu werden. Wenn der Gast nach seinem ***Urteil über das Gastland*** gefragt wird, sollte er sich - wenn es lediglich um höfliche Konversation geht - mit Kritik zurückhalten und vor allem an das Positive erinnern. Russen verhalten sich im Ausland auch so, und wenn sie, wie in jüngster Zeit, alles Russische abstreifen wollen und nur noch dem westlichen Konsum nachlaufen, dann ist das die faule Frucht einer chaotischen Übergangsperiode im eigenen Land.

Die Neigung, offensichtliche Tatsachen zu verleugnen und lieber Attrappen in jedwedem Sinne zu errichten - die sprichwörtlichen ***Potëmkinschen Dörfer*** -, hat wohl unterschiedliche Motive. Sich selbst und vor allem dem Fremden will man nur das Positive, das Erfreuliche zeigen, um Gesicht zu wahren. Daß der Ausländer in solchen Attrappen den viel größeren Gesichtsverlust sehen könnte, wird nicht bedacht. Wanzen - gibt es nicht, auch wenn sie gerade die Wand hinauflaufen. Korruption - existiert nicht, auch wenn soeben erfolgreich geschmiert wurde. Bis zu welchen Extremen diese Neigung geht, mag ein Beispiel aus dem Gesundheitswesen verdeutlichen. Eine Frau, die an Brustkrebs leidet, wird trotz längerer Behandlung über die Art ihrer Erkrankung erst dann informiert, wenn sich der entsprechende Verdacht

geradezu aufdrängt oder die Umstände für sich sprechen. Potëmkinsches Dorf oder schon Entmündigung?

Wenn ein Einheimischer in sowjetischer Zeit einen ***ausländischen Gast*** zu sich nach Hause einlud, war er entweder sehr privilegiert - und konnte sich manches erlauben, was anderen nicht gestattet war - oder aber sehr unerschrocken. Denn persönliche Kontakte mit Ausländern waren unerwünscht bis unzulässig. Wer sie dennoch aufnahm, mußte mit Nachteilen und Repressalien rechnen. Es sei denn, es handelte sich um erlaubte Kontakte in irgendeinem geheimdienstlichen Auftrag. Mit der beginnenden *perestrójka* und der vorsichtigen Öffnung der Gesellschaft änderte sich die Situation allmählich. An die Stelle der verordneten und fast zur zweiten Natur des Sowjetmenschen gewordenen Zurückhaltung gegenüber Ausländern traten eine gewisse Neugierde, eventuell auch der unbewußte oder bewußte Wunsch, ein wenig vom Ausländer zu profitieren, eventuell eine Einladung ins Ausland zu bekommen, und nicht zuletzt auch die traditionelle ehrliche Gastfreundschaft.

Wenn Russen einen ausländischen Gast beherbergen, ***betreuen sie ihn sehr intensiv*** und gleichsam rund um die Uhr. Offenbar ist er in ihren Augen ein unselbständiges Wesen, das allein keinen Schritt tun, keine Entscheidung treffen, keinen Ausflug machen kann. Vor allem muß er genügend essen und trinken, sich warm genug anziehen und in das richtige Verkehrsmittel steigen. Und möchte er einmal ein paar Minuten allein sein, sich (falls vorhanden) in sein Zimmer zurückziehen, taucht sofort der Verdacht auf, er könne sich dort einsam fühlen.

Mancher Gast empfindet diese Intensität, an die er nicht gewöhnt ist, als fehlende Distanz und totale Vereinnahmung. Vor allem wenn bei einem ***Gegenbesuch*** Gleiches erwartet wird. Wenn er dann, nun selbst Gastgeber, seinen „privaten Raum" beibehält, „nebenher" noch arbeitet, die gewohnten Dinge tut, seine Gedanken mit diesem und jenem beschäftigt und dem Gast lediglich bequeme äußere Bedingungen schafft, dazu ein paar Tips gibt, wie dieser die Tage seines Aufenthalts eventuell gestalten könnte - ja, dann ist er in den Augen der Russen unaufmerksam und alles andere als gastfreundlich. Es wäre übrigens auch ganz undenkbar, russische Gäste z. B. abends auf ein Glas Wein und Knabbergebäck einzuladen: Wo bliebe da die echte Gastfreundschaft? Die verlangt nämlich eine solide Bewirtung.

Die traditionelle russische Denk- und Verhaltensweise, die dem ***Individuum*** relativ wenig Kompetenz und Freiraum beimißt und eher das ***Kollektiv*** berücksichtigt, macht dem sich als Einzelperson bewegenden Ausländer bisweilen das Leben schwer. Wo er auch auftritt, auf Ämtern, bei Fahrten, bei Verhandlungen, im Restaurant, in der Bibliothek: Er gilt wenig und sein Begehr wird gewiß erst befriedigt, wenn diverse „Gruppen" versorgt sind. Wenn sich dazu das *Načál'nik-Denken* bemerkbar macht, stößt er auf Hindernisse. So wird ein Ausländer, der ein geschäftliches oder wissenschaftliches Vorha-

Basilius-Kathedrale in Moskau (BF)

ben verfolgt, erst richtig ernst genommen, wenn er in einem Auftrag handelt oder ein Papier vorweisen kann. Erwartet er gar, daß ein „Chef" ihn, die Einzelperson, die dazu noch einem mittleren Rang angehört, empfängt - ja, dann wird es problematisch.

Die hierarchische Ordnung prägt auch die meisten ***Verhandlungen*** und offiziellen Gespräche im größeren Kreis. Der ältere Teilnehmer, die höherstehende Person, der Titelinhaber etc. haben Vorrang. Die besten Voraussetzungen für erfolgreiche Verhandlungen bieten die möglicherweise schon vorhandenen persönlichen Beziehungen. Übrigens bringt die in manchen westlichen Ländern übliche *captatio benevolentiae*, d. h. die freundliche Einstimmung des Gesprächspartners, durchaus keinen Verhandlungsgewinn, wenn sie mit vorauseilenden Zugeständnissen oder Entgegenkommen in der Sache verknüpft wird. Im Gegenteil, denn in Rußland wird sie in der Regel nicht mit ebensolchen Zugeständnissen beantwortet, sondern schlichtweg als Schwäche ausgelegt.

Überhaupt werden geschäftliche Verhandlungen von russischer Seite weniger im partnerschaftlichen, gleichrangigen Austausch geführt, als eher im Sinne von Machtausübung bzw. An-den-Rand-drängen des Verhandlungs-"gegners". So werden auch die Verhandlungsziele oft nicht klar definiert, sondern lieber im Unklaren, Verwirrenden belassen.

Die Unkenntnis dieser kulturtypisch unterschiedlichen Verhandlungsstrategien hat schon manches böse Erwachen nach sich gezogen.

Nicht selten werden offizielle ***Verabredungen*** oder ***Termine*** ganz plötzlich und unbegründet abgesagt. Vielfach bleiben auch Briefe und andere Sendungen einfach unbeantwortet. In Verbindung mit dem schlecht oder gar nicht funktionierenden Postdienst stürzt das den Ausländer in manche Verunsicherung und Hilflosigkeit.

Jeder, der Macht oder auch nur ein „Mächtle" hat, setzt sie ein, durch ***bürokratisches Verhalten aus Prinzip.*** Wer ein Formular nur ein klein wenig ungenau ausfüllt, wer die Reihenfolge einer Antragstellung nicht einhält, wer zwei Vorgänge auf einmal erledigen will, läuft auf. Und hier wird der Ausländer keineswegs privilegiert, manchmal scheint man sich an ihm „rächen" zu wollen - wenn auch keiner so genau weiß, wofür eigentlich.

Organisationstalent ist keine der ersten russischen Tugenden, dafür aber die hohe Kunst der ***Improvisation.*** Wer als durchorganisierter Ausländer in Rußland erst einmal in Verzweiflung gerät angesichts nicht vorhanderer Planung oder gar entsprechender Durchführung, erweist sich als hilflos, wenn die Lage es erfordert, aus nichts alles zu machen: ein Gerät zu ersetzen, ein Fest zu feiern, ein Vorhaben zu ändern. Hier sind Russen wahre Meister. Die Geschichte ihres Landes und ihre eigene Natur haben dafür gesorgt.

Hier gibt es aber auch eine Kehrseite. Das Improvisieren als Grundhaltung führt dazu, daß bei vielen Dingen ***nur das Allernotwendigste*** getan wird. Den tropfenden Wasserhahn auf Dauer reparieren? Ein bißchen genügt, den

Rest fängt das Becken doch auf! Die Feder lockern, die die Eingangstür jedesmal mit ohrenbetäubendem Krachen zuschlagen läßt? Oder ein Lederpolster anbringen? Wozu, das geht doch wieder kaputt! Den Wagen, der eine Ausfahrt blockiert, woanders richtig abstellen? Wozu, das eine Auto, das rauswollte, ist doch inzwischen durch! Ein Schlagloch so ausfüllen, daß es wenigstens eine Saison hält? Wozu, wir können doch drumherum fahren! Und so weiter und so fort. Die Menschen scheinen sich bei allem im Zeitweiligen, im Unvollständigen, im nicht zu Ende Gedachten einzurichten. Wer ein Problem für den Augenblick gelöst hat, ist hochzufrieden, mit sich und der Welt.

Hierher gehört wohl auch die häufige Aussage aus russischem Munde, daß ***Gesetze*** dazu da seien, ***unterlaufen*** zu werden. Man entwickelt dabei einen richtigen Sportsgeist.

Da sie ihr Land und sich selbst kennen, legen die meisten russischen Menschen auch eine umfassende ***Geduld*** an den Tag. Oder besser: Sie ist ihnen eigen. Mit Gelassenheit und Ruhe nehmen sie das „Unvermeidliche" hin: Wenn ein Flug ausfällt und man sie ins Ungewisse warten läßt. Wenn die Zollbeamten Stunde um Stunde nicht voranmachen. Wenn vor einer langen Schlange plötzlich die Verkäuferin verschwindet und lediglich ein Pappschild „Geschlossen" - oder auch gar nichts - zurückläßt. Wenn ein Geschäft urplötzlich wegen „Reparaturarbeiten" geschlossen ist. Wenn sie eingeseift unter der Dusche stehen und das Wasser sich unerwartet vertröpfelt ... Der Ausländer explodiert nach kürzester Zeit - und ruiniert damit seine Nerven, weil er doch nichts ändern kann. Und das macht ihn vollends nervös. Trotzdem tut das Explodieren ab und zu gut - es nimmt den Überdruck aus dem Kessel - da lohnt sich schon der kleine Gesichtsverlust ...

Aber auch für den geduldigsten Einheimischen gilt:

„Es können zwar die Russen ... viel erdulden vnd verschmerzen/wenn es aber ohne Maß ... vnd sie einmahl auff/vnd in Harnisch gebracht/seynd sie nicht leicht wieder zu stillen ..." [107)]

Wie der Fremde den Alltag erlebt

Namen und Anreden

Russische ***Personennamen*** bestehen aus drei Teilen, dem Vornamen *(ímja),* dem Vatersnamen *(ótčestvo)* und dem Familien- oder Nachnamen (*famílija*). Also z. B. *Iván Ivánovič Ivanóv*. Der Kundige weiß, daß der Träger dieses Namens männlich ist (das erkennt er an den Endungen), daß sein Vater mit Vornamen auch *Iván* hieß oder heißt, und daß sein Nachname *Ivanóv* lautet. Oder ein weibliches Beispiel: *Ekaterína Pávlovna Pávlova*. Hier erkennen wir, wiederum an den Endungen, daß es sich um ein weibliches Wesen handelt;

ihr Vorname ist *Ekaterína*, ihr Vater hatte oder hat den Vornamen *Pável,* der Nachname des Vaters oder des Ehemannes lautet *Pávlov* (oder *Pavlóv).*

Eine in irgend einer Art ***behördliche Anrede*** an die Adresse eines Bürgers bezieht meistens den Nachnamen ein. Dabei ist der in der Sowjetunion so praktische Genosse *(továrišč)* plus Nachname - *továrišč Ivanóv* oder Genosse plus Rang *(továrišč generál, továrišč milicionér)* - in der nachsozialistischen Zeit naturgemäß nicht mehr allgemein üblich. An seine Stelle trat die Bezeichnung Bürger *(graždanín).* Diese Anreden gelten sozusagen von oben nach unten.

Im ***nichtamtlichen Bereich,*** auch in Briefen, besteht die höfliche, korrekte und keineswegs vertrauliche Anrede unter Personen, die sich siezen, in der Regel aus dem Vor- und dem Vatersnamen, auch in Briefen. Also, um bei den Beispielen zu bleiben, *Iván Ivánovič* bzw. *Ekaterína Pávlovna*. Diese Anredeform gilt auch gegenüber Höherstehenden.

Der ***Vorname*** wird häufig gebraucht, etwa in all den Fällen, in denen z. B. Deutsche ihn auch gebrauchen würden. Die Vornamen tauchen allerdings in diversen verwirrenden Verkleinerungsformen auf: Eine *Várja* oder *Várjuška* heißt eigentlich *Varvára*, ein *Sáša* eigentlich *Aleksándr* etc. Wer den Vornamen gebraucht, duzt auch in der Regel.

Wenn eine ***Personengruppe angesprochen*** wird, findet bisweilen eine erstaunliche allgemeine Verjüngung statt: Mit einem „Na, Kinder (*rebjáta*), wie läuft die Arbeit?“ können durchaus gestandene Männer angesprochen werden. Oder ein „Auf, Mädchen *(dévuški),* wir müssen gehen!“ meint auch Frauen im fortgeschrittenen Alter.

Schwierig ist es auch, eine ***unbekannte erwachsene Einzelperson anzusprechen.*** Da es keine solch elegante Version gibt, wie sie z. B. das Französische kennt - „Madame“ oder „Monsieur“ -, greift man auch hier zu einer Anrede, die vom Alter der betreffenden Person längst überholt ist: „Junger Mann“ *(molodój čelovék)* kann so bis 50 gelten, „Mädchen“ etwa bis reife 40. Dann allerdings wird man flugs ins Altenfach geschoben und mit „Großvater“ *(déduška)* oder „Großmutter“ *(bábuška)* angesprochen! Übrigens: Wer des Russischen nicht sehr mächtig ist, sollte diese Anrede lieber den Einheimischen überlassen! Man könnte allzu leicht in ein Fettnäpfchen treten. Wir wissen ja: die Fremdenrolle ... Der Ausländer kann sich in den entsprechenden Situationen helfen, indem er immer ein „Entschuldigen Sie, bitte ...“ (*Izviníte, požálujsta ...*) als Anrede verwendet und dann - auch mit Mimik und Gestik - seinen Wunsch äußert.

Sehr wohl aber sollte der Ausländer sein Gedächtnis trainieren und regelmäßig repetieren, z. B. vor einer Verabredung oder einem offiziellen Besuch, um ***Vor- und Vatersnamen seiner Gesprächspartner zu kennen*** (den Nachnamen natürlich auch)! Man achte dabei auf die Falle, die für Sprachunkundige offensteht: Die Form des Vatersnamens *Pávlovna* wird leicht mit der des Nachnamens *Pávlova* verwechselt, was beispielsweise in den deutsch-

sprachigen Berichten über die berühmte russische Tänzerin *Ánna Pávlovna Pávlova* deutlich wurde: Manche Kritiker konnten sich nicht klar werden, ob sie (was richtig gewesen wäre) „die Pavlova“ schreiben sollten, oder (was eben falsch war) „die Pavlovna“. Und dieses Problem besteht natürlich in gleicher Weise bei jedem anderen Namen auch.

Man sollte übrigens bei der Anrede oder auch einem Gruß an die ***Adresse einer bekannten Person*** unbedingt den Namen hinzufügen, etwa „Guten Tag *(zdrávstvujte),* Anna Pavlovna!“ Ohne die Nennung des Namens fühlen sich Russen irgendwie unhöflich behandelt. Ahnen sie doch nicht, daß es bei dem Ausländer nicht an gutem Willen, sondern an trainiertem Namensgedächtnis mangelt.

Tröstlicherweise haben manchmal Russen auch so ihre Schwierigkeiten; dann nämlich, wenn sie Ausländer korrekt ansprechen wollen. ***Ausländische Namen*** enthalten ja nur selten einen Vatersnamen. Trotzdem erkundigt sich der höfliche Russe bei dem ausländischen Gast, wie denn der Vorname des Vaters sei. Und dann kann der Ausländer sich etwa mit *Ármin Germánovič* angeredet hören, wenn er Armin heißt und sein Vater Hermann, oder eine Frau mit *Barbára Gustávovna*, wenn sie Barbara heißt und der Vorname ihres Vaters Gustav war. Bei manchen ausländischen Vornamen kann es da Wortbildungsschwierigkeiten geben. Daher versuchen Russen häufig, sich die Anrede der Ausländer etwas zu erleichtern: Sie nennen ihren eigenen Vornamen und erbitten den des Gastes. So finden sich alle Teile recht bald auf der Ebene „Sie plus Vornamen“ wieder, auch in Situationen, in denen sie gewöhnlich nicht die Vornamen verwenden würden.

Moskau- Vladivostok: Die Transsibirische Eisenbahn (BF)

Für den ***offiziellen internationalen Verkehr*** gibt es die üblichen Anreden „Herr Müller" bzw. „Frau Schulze" oder umgekehrt *gospodín Pávlov* (Herr Pavlov) bzw. *gospožá Pávlova*. In der Stadt sind diese Anreden geläufig geworden, auf dem Land gehen sie aber dem durchschnittlichen Russen schwer über die Lippen bzw. ins Ohr, da halb unterbewußt die Anreden „Herr" bzw. *„gospodín"* noch etwas negativ empfunden werden, kennzeichneten sie doch jahrzehntelang die Zugehörigkeit zum bourgeoisen Klassenfeind.

So weit, so unklar? Dabei waren das nur die allerwichtigsten Regeln für die höfliche Anrede ... Es heißt also: üben und nochmals üben! Und sich immer wieder vorbereiten mit Hilfe der Visitenkarten, die bei offiziellen Anlässen und Höflichkeitsbesuchen ausgetauscht werden.

Telefon

Auch beim Telefonieren muß man sich ab und zu die andersartigen Benimm-Regeln vergegenwärtigen. Im allgemeinen werden hierbei in Rußland weniger Zeremonien eingehalten, als das der Ausländer von zu Hause vielleicht gewöhnt sein mag. Wer z. B. mit dem Bewohner einer ***Gemeinschaftswohnung*** sprechen will (wo es in der Regel nur einen Anschluß gibt), nach der Gewohnheit seines eigenen Landes sich erst vorstellt und für die Störung entschuldigt und dann allmählich zum Namen des gewünschten Gesprächspartners kommt, den wird man vielleicht für höflich, aber auch für unnötig umständlich halten. Anzeichen einer gewissen Ungeduld sind zu erkennen. In Rußland ist es bei Anrufen im privaten Umfeld nämlich üblich, rein pragmatisch zu reagieren: Derjenige, der den Hörer abnimmt, sagt kurz und knapp *alló*, was dem deutschen Hallo enspricht, der Anrufer seinerseits pflegt ebenso unzeremoniell einen Vor- oder Nachnamen zu rufen, eventuell ein „bitte" hinzuzufügen und zu warten. Wenn der Gewünschte nicht schnell genug am Apparat ist, hängt er oft stillschweigend wieder ein. Auch das Übermitteln einer Botschaft ist nicht unbedingt eine zuverlässige Angelegenheit.

Wer bei einem ***privaten Einzeltelefon*** anruft, sollte, trotz des scharfen *alló* an der anderen Seite, sicherlich versuchen, sich höflich vorzustellen. Und das geschieht - je nach Bekanntheitsgrad - unterschiedlich: bei ganz oder relativ fremden Personen nennt man den eigenen Nachnamen, evtl. auch Vor- und Nachnamen.

Telefonzellen sind in der Regel mit Jetons zu bedienen, die man an Kiosken kaufen kann. Die Auskunft erreicht man unter der Nummer 09. Telefonbücher waren bis vor kurzem eine bibliophile Rarität, so daß weder Zellen noch Anschlußinhaber mit einer solchen Kostbarkeit ausgestattet waren. Daher wurden die in Jahren entstandenen persönlichen Adreßbüchlein mit Telefonnummern sorgfältig gehütet. Inzwischen gibt es genügend Telefonbücher, für Moskau z. B. auch auf CD-Rom. Wer als Ausländer selbst ein Telefon hat, sollte sich über spätabendliche - man könnte auch sagen: nächtliche - Anru-

fe nicht wundern. Übrigens: Das Zeitalter der kostenlosen Stadtgespräche vom eigenen Anschluß aus scheint sich seinem Ende zuzuneigen.

Kleidung, Kosmetik und Düfte

Aufgrund der Größe des Landes und seiner unterschiedlichen Klimazonen ist die **Kleidung** der Menschen sehr unterschiedlich. Auch zwischen Stadt und Land sind kaum Ähnlichkeiten festzustellen. Selbst innerhalb der Metropolen springen die Kontraste ins Auge, hier allerdings überwiegend von Arm und Reich oder Jung und Alt bestimmt. In der Regel ist die Kleidung sehr viel eindeutiger auf die Geschlechter zugeschnitten, als das in manchen westlichen Gesellschaften der Fall ist. Naturfasern sind beliebt, Kunstfasern gelten oft als etwas Billiges, Geschmackloses. Zu festlichen Anlässen geht man festlich, ins Büro korrekt. Eine spezielle Mode für Freizeit und Wochenende ist kaum bekannt, zu Hause tragen die Männer vielfach Trainingsanzüge. Zu regionalen Festen und Feiertagen werden gern traditionelle Trachten oder Nationalkostüme getragen.

Die Menschen achten auf ihre Kleidung und pflegen sie. Und niemand kann verstehen, warum z. B. **deutsche Gäste** bei ihrer Kleidung oft ein wenig Understatement betreiben oder, richtiger gesagt, ihren ungepflegten Schlabber- und Schlamplook für schick halten. Ist für Rußland des Schlechteste gut genug? Wollen sie uns ihre Mißachtung zeigen? Auch die im Sommer bei westlichen Gästen übliche Ausgezogenheit wird kritisch betrachtet. Die jungen Mädchen Moskaus scheinen allerdings seit einiger Zeit alles nachzuholen, was an freizügiger Kleidung möglich ist: am hellen Vormittag können sie so aussehen, daß man sie auf dem Weg in den Nachtclub vermutet. Groß in Mode sind seit einiger Zeit extrem kurze Miniröcke mit Schuhen auf Plateausohlen und neuerdings (1999) auch hohe Stilettabsätze.

Die **Nobelboutiquen** von Moskau und St. Petersburg stehen übrigens denen von Paris oder Mailand nicht nach. Man bekommt alles, was das modische Herz begehren könnte, nur machen bei den wenigsten Einheimischen die Geldbeutel mit.

„Die Weibers Personen seynd mittmäßiger grösse/in gemein wolgestalt, zart von Gesichte und Gliedern/aber in den städten schmincken sie sich alle auch so grob und mercklich/daß es ein ansehen hat/als wenn einer mit einer Hand voll Mehl über das Gesichte gefahren/vnd mit einem Pinsel die Backen roth gemahlet hätte/Sie färben sich auch die Augenbrauen vnd Wimpern schwartz/bisweilen braun.“ [108)]

Seit dieser Beschreibung aus dem 17. Jahrhundert hat sich das **Schönheitsideal für Frauen** offenbar nicht allzusehr verändert. So sind Frauen in der Jugend schlank, später recht stabil gebaut. Sie zeigen traditionell gern Figur, bevorzugen eng sitzende Röcke und Pullover, tragen mit Vorliebe Spitzenkragen – alles, was „feminin“ ist. Sie mögen gelockte, rötlich gefärbte Fri-

suren. Wenn dekorative Kosmetik eingesetzt wird, geschieht das oft in großer Intensität. Seit einiger Zeit sieht man auf den Straßen, vor allem in den Metropolen, neben mancher glitzernden Auffälligkeit auch immer öfter die noble Eleganz, die lässig-sportliche Note, schicke Hosenanzüge, Kurzhaarschnitte.

Im Sommer gehen viele Frauen mit bloßen Beinen in geschlossenen Pumps: Strümpfe und Strumpfhosen sind teuer. Im Winter werden gefütterte Stiefel und wattierte Mäntel bevorzugt, Hosen werden seltener getragen. Galt früher die Regel: Wer einen Pelz hat, trägt ihn nach innen, außen wärmt er ja nicht!, so sieht man heute immer häufiger auch sehr kostbare, elegante Außenpelze.

Russische ***Kopfbedeckungen*** fallen ins Auge, vom Herbst bis zum Frühjahr. Die Männer tragen meistens die traditionelle und allbekannte *šápka*, jene Pelzmütze mit den herunterklappbaren Ohrenteilen. Ihre Qualität ist sehr unterschiedlich, sie reicht vom Kaninchen bis zum Zobel. Auch Skimützen erfreuen sich großer Popularität, vor allem bei jüngeren Männern, selbst in der Stadt. Frauen lieben Angoramützen, Kopftücher - da gibt es sehr edle, aus feinster Ziegenwolle! - oder auch gestrickte Schals, die um den Kopf gewickelt werden.

Kopfbedeckungen gelten in der kalten Jahreszeit als ein Muß, wer ohne geht, wird entweder mit vorwurfsvollen Augen betrachtet oder in Worten gemahnt. Und bei den ***leichtfertigen Ausländern*** gibt es da viel zu mahnen: Nehmen sie den Winter nicht ernst? Übrigens bleiben auch bei Begrüßungen die meisten männlichen Kopfbedeckungen am Ort, nur die - selten anzutreffenden - Hüte werden abgenommen.

Eltern investieren nach Kräften in die Herausstaffierung ihrer ***Kinder*** - und ziehen sie unglaublich warm an. Wie die Kleinen sich in der winterlichen Verpackung noch rühren können, bleibt dem Ausländer ein Rätsel. Und im Sommer tragen sie auch oft eine Kopfbedeckung, vor allem, wenn ein Ausflug ansteht: ein Kopftuch, ein Häubchen oder ein weißes Schiffchen aus Stoff.

Von den weiblichen ***Frisuren*** hörten wir schon. Es lohnt sich aber auch, die männlichen zu erwähnen: Irgendwie scheinen russische Männer mehr Haare zu haben, als das in anderen Nationen der Fall ist, oder ihren Friseuren gelingt es, fast immer den Eindruck eines üppigen Schopfes zu erwecken.

Bei älteren Männern ist nicht selten ein dichter, langer ***Kinnbart*** oder auch ein kombinierter ***Backen- und Kinnbart*** zu finden, vor allem bei der traditionell auftretenden älteren Intelligenz und bei der Geistlichkeit. Es wirkt ungemein würdig! Indessen gelten die z. B. in Deutschland heißgeliebten Dreitagebärte als ungepflegt, sie sind daher kaum anzutreffen.

Die ***Parfüms*** sind in der Regel blumig-schwer, auch parfümierte Seifen duften sehr stark nach Flieder oder Maiglöckchen.

À propos ***Seifen:*** die unparfümierten, sozusagen hygienischen Seifen riechen auch sehr intensiv, aber nicht etwa wie Kernseife, sondern eher schon wie ein Desinfektionsmittel. Und Einheimische wie Fremde könnten mit ge-

schlossenen Augen erkennen, daß sie sich auf einem russischen Bahnhof, Flughafen oder in irgendeiner anderen öffentlichen Einrichtung befinden: ***Putzmittel*** sollen desinfizieren - und auch so riechen. Als ich einmal von Frankfurt nach Moskau flog, stiegen zwei Russen vor mir die Gangway hinauf. Oben angekommen, fragt der eine: Fliegen wir eigentlich Lufthansa oder Aeroflot? Beschied ihn der zweite: Hier herrscht unser Geruch *(zápach naš!),* also Aeroflot!

Hygiene

Dem Westler fallen die teilweise anders gelagerten Hygienevorstellungen auf. Einerseits ist man z. B. gehalten, bei einem ***Restaurantbesuch*** die Überbekleidung an der Garderobe lassen. Sie in den Gastraum mitzunehmen und dort über einen freien Stuhl zu werfen, gilt als außerordentlich unkultiviert (ist es ja auch!). Bedienungen in Lebensmittelgeschäften oder am Tresen einer Kantine tragen meistens ein locker auf der Frisur sitzendes weißes Häubchen.

Andererseits wirft die weißbehaubte Bedienung den Lebensmittelabfall auf einen Haufen hinter dem Tresen, ist es in den Verkehrsmitteln schmutzig – die blankgewienerten Metroeingänge, -stationen und -waggons gehören leider der Vergangenheit an. Hinter jeder Ecke liegt alles Mögliche und Unmögliche. Eingänge zu Geschäften oder Kantinen sind oft sehr verdreckt. Die Schneeschmelze offenbart immense Mengen von Abfall, die während des Winters einfach aus den Fenstern oder von den Balkonen geworfen wurden. Hinzu kommen der klimabedingte sommerliche Staub und der Schlamm oder Schneematsch, der in den Übergangsperioden Wege und Stege nicht nur außerhalb der Städte, sondern auch in den Außenvierteln der Metropolen grundlos und unpassierbar macht. In Moskau produzieren übrigens starke Regenfälle immer riesige Pfützen, ganze Seen: Die Kanalisation entspricht nicht den Anforderungen einer Großstadt und kann die Wassermassen nicht fassen.

Ein Wort zu den ***Toiletten,*** in öffentlichen oder auch halböffentlichen Einrichtungen wie Gaststätten oder Instituten: Sie sind wirklich gewöhnungsbedürftig. Papier gibt es in Miniportionen; einmal benutzt, kommt es in einen Drahtkorb neben der Kloschüssel, hineingeworfen könnte es die Leitung blockieren. Und das ist sicherlich richtig, denn es hat oft die Qualität von Butterbrotware. Warum aber sind die Toiletten trotzdem ständig verstopft und unsäglich verschmiert?

Und der Ausländer kann sich schon mal eine Rüge einhandeln, wenn er sich im Hygienebereich falsch verhält. Nach einem mehrmonatigen russisch-deutschen Wohnungstausch beklagte die Deutsche die Allgegenwart der Kakerlaken in Küche und Toilette. Sie erfuhr jedoch von russischer Seite kei-

nerlei Mitleid, sondern den Verweis, daß sie mit Ungeziefer eben nicht umzugehen wisse, dafür gebe es nämlich etliche vorzügliche Sprays ...

Tagesrhythmus

Die Morgengymnastik im Radio beginnt um 7.30 Uhr, Frühstücksräume in Wohnheimen öffnen um 9 Uhr. Mittagessen wird generell gegen 14 Uhr oder später eingenommen, Abendessen kaum vor 19 Uhr, meistens später. Das Fernseh-Sandmännchen für Kinder tritt um 20.45 auf. Viele Geschäfte arbeiten von 10 oder 11 Uhr an, machen zwischen 14 und 15 Uhr eine Mittagspause und sind dann bis 19 Uhr geöffnet, oft auch länger. Betriebe und Büros, auch Schulen und Universitäten arbeiten im entsprechenden Rhythmus, während Fabriken und Werke generell schon um 7 Uhr mit der Arbeit beginnen.

Hotel, Restaurant etc.

Moskaus ***Nobel-Hotels*** haben internationalen Standard, von der Technik bis zum Service. Es handelt sich zum Teil um völlig neu errichtete Häuser, zum Teil um ältere, die rundum modernisiert wurden. Hier kann der Gast sich (fast) jeden Wunsch erfüllen lassen, allerdings zu Preisen, die denen in Paris oder New York zumindest entsprechen: In den oberen Kategorien gehört Moskau zu den teuersten Hotel-Städten der Welt.

Anders sieht es in den ***älteren, nach bisherigem Brauch geführten Hotels*** aus, die sich am Rande der Metropolen und vor allem in der Provinz ziemlich unverändert erhalten haben. Hier begegnet der ausländische Gast auch heute einigen ***Besonderheiten aus der Sowjetzeit,*** die er von zu Hause nicht kennt. So bekommt er eine hoteleigene Zimmerkarte, in die sein Name und die Zimmernummer eingetragen werden. Sie dient als eine Art Ausweis: Den Schlüssel zu seinem Zimmer bekommt er von der *dežúrnaja* der jeweiligen Etage ausgehändigt, wenn er bei ihr die Zimmerkarte hinterlegt. Diese wachhabenden Beschließerinnen sind meistens ältere Frauen, die oft rund um die Uhr ihre Arbeit tun. Die *dežúrnaja* pflegt hinter einem Schreibtisch zu sitzen, von dem aus sie die Flure überschauen und Unberechtigte, d. h. Leute, die nicht auf ihrer Etage wohnen, wegschicken kann. (Dabei gilt eine heutzutage eine Art Regel: bis 23 Uhr ist Besuch gestattet, danach nicht.) Sie sorgt auch für Tee, vermittelt kleine Reparaturdienste u. ä. m. Sie ist fast immer sehr müde, meistens nicht sehr liebenswürdig, aber eben zuständig für den Gast und seine kleinen Alltagsbedürfnisse. Will der Gast das Hotel verlassen, gibt er seinen Zimmerschlüssel bei der *dežúrnaja* ab und bekommt dafür wieder seine Zimmerkarte ausgehändigt. Diese Karte kann auch außerhalb des Hotels wichtig werden: als Hinweis auf die „Zugehörigkeit" des Gastes oder als Ortsangabe für den Taxifahrer. Verlieren sollte man sie also während des Aufenthalts am Ort nicht.

Die Vielfalt der ***Speisesäle,*** über die ein solches Hotel verfügt, ist nicht immer Indiz für eine entsprechende Vielfalt der möglichen Benutzung durch den Gast. Am Eingang steht im allgemeinen ein Ober, der auch die Wahl des Tisches bestimmt - dabei wird er oft mehrere Personen oder Personengruppen an einen Tisch setzen und nicht für jede Gruppe einen eigenen Tisch vorsehen. Nach wie vor wird sich der Einzelreisende gegenüber Gruppen benachteiligt fühlen. Generell sind Bestellung und Bedienung vorgesehen - was einige Zeit in Anspruch nimmt. Die Büffets zur Selbstbedienung *(švédskij stol,* d. h. Schwedischer Tisch) haben sich in der Provinz noch nicht überall durchgesetzt.

In größeren Hotels gibt es auf manchen Etagen eine kleine ***Imbißstube*** *(bufét)* mit ein paar Tischen, wo man an einem Tresen Getränke, heiße Würstchen, belegte Brote *(buterbródy),* Joghurt und andere Kleinigkeiten kaufen kann. Russische Hotelgäste essen (und trinken) das dort Gekaufte oder das von draußen Mitgebrachte gern ***auf ihren Zimmern,*** wobei sich oft mehrere Personen zusammentun. Das ist zwar ebensowenig erlaubt wie der Einsatz von Tauchsiedern und ähnlichem Gerät, kommt aber häufig vor.

Für ***gute Restaurants,*** vor allem in den Metropolen, gelten heutzutage neue Bedingungen. War es früher schwierig, ohne Vorbestellung einen Platz zu bekommen, so wird heute dem zahlungskräftigen Gast die Tür aufgerissen. Manche Restaurants kämpfen nämlich ums Überleben, da es sich eigentlich nur noch die Reichen und die Ausländer leisten können, gepflegt auswärts zu essen. Zur Erinnerung: Der Gast, der von der Straße hereinkommt, sollte seinen Mantel an der meistens bewachten Garderobe lassen! Das Mitnehmen von Hunden ist so gut wie ausgeschlossen. Übrigens fühlt man sich auch in Restaurants dieser Art als Glied einer Gruppe besser versorgt denn als Einzelgast. Ein Restaurantbesuch ist übrigens keine Angelegenheit für Eilige.

In sowjetischer Zeit galt ***Trinkgeld*** für die Bedienung offiziell als bourgeoise Unsitte und daher als unerwünscht, es wurde auch schon einmal abgelehnt; heute gehört das Trinkgeld, besonders in Devisen, dazu (etwa 10 %).

Vor wenigen Jahren noch mußte derjenige, der es eilig hatte und trotzdem eine volle Mahlzeit zu sich nehmen wollte, einen der ***kantinenartigen öffentlichen Speisesäle*** (*stolóvaja*) aufsuchen. Hier behielt man seine Straßenkleidung an, schob sich mit einem Tablett am Tresen entlang, wählte das Gewünschte und zahlte an der Kasse. Meistens gab es nur Stehtische, an denen man schnell und unzeremoniell aß, mit Hilfe von Blechbesteck. Kantinen dieser Art waren eher ein Ort ungepflegter Nahrungsaufnahme als der einer Erholung. Ihre Zahl nimmt vor allem in den Metropolen stetig ab.

Für besonders Eilige gibt es das traditionelle ***bufét;*** diesen Typ der Imbißstube gibt es nicht nur in Hotels, sondern auch an ganz verschiedenen anderen Orten: an manchen Straßenecken, in Museen, Parks, Ausstellungen u. ä. m. In den letzten Jahren sind auch unzählige ***Wurst- und Pizzabuden***

entstanden, in Moskau und St. Petersburg auch ***McDonald´s-Filialen.*** Wer allerdings ein Café sucht, wie er es aus Wien, London oder Heidelberg lieben mag, wird sich schwertun! Anders als dort ist es in einem Moskauer Café auch völlig unüblich, daß der Gast sich zum Lesen oder gar Schreiben niederläßt und nur so nebenbei seinen Kaffee trinkt.

Als Gegengewicht zum importierten *fast-food* und zur Freude russischer und ausländischer Mägen haben einige Unternehmer in der jüngsten Zeit eine russische Variante ins Leben gerufen: das ***Russische Bistro;*** in diesen Schnellimbißeinrichtungen werden Speisen nach einheimischen Rezepten angeboten.

Wen auf der Straße der Durst überkommt, der kann sich an einen Automaten wenden, der *gaziróvannaja vodá* bereithält, eine meist lauwarme, süßliche, leicht kohlensäurehaltige ***Limonade,*** die unter die Rubrik Erfrischungsgetränke fällt. Manchmal wird er auch einen kleinen Tankwagen finden, an dem er ***kvas*** erstehen kann, ein Getränk, das aus Brot, manchmal auch aus Beeren und anderem Obst, durch Vergärung hergestellt wird und leicht säuerlich schmeckt. Es gilt als traditionelles russisches Alltagsgetränk. Es enthält etwa 0,5 % Alkohol. An fahrbaren Buden wird ***Eiscreme*** verkauft, sommers wie winters.

In den stadtnahen Erholungs- und Freizeitgebieten gibt es einige kleinere ***Ausflugslokale***, die jahrzehntelang als *stolóvaja*, also sehr einfach konzipiert waren. Hier traf man übrigens oft noch auf eine Besonderheit, die in der Stadt schon früher verschwunden war: Als Besteck waren nur Löffel und Gabeln, jedoch keine Messer vorgesehen, unabhängig von der gewählten Speise. Diese Einschränkung wurde damit begründet, daß bei potentiellen Schlägereien von Messern eine Gefahr ausgehe, die es zu vermeiden gelte. In den letzten Zeit sind manche dieser Ausflugslokale komfortabler geworden.

Insgesamt ist Moskaus gastronomische Landschaft inzwischen recht bunt und differenziert. Qualität und Zuschnitt sind allerdings sehr unterschiedlich, je nach Trägerschaft der Einrichtung. Ebenso unterschiedlich sind die Preise.

Bars und ***Discos*** sind inzwischen auch vorhanden, wenn auch vielleicht nicht an jeder Ecke. Dazu gibt es extrem teure ***Nachtclubs*** jeglicher Art.

Verkehr

Die ***Metro*** ist, wie überall, die schnellste Variante der Fortbewegung in der Großstadt, vor allem in Moskau. Die Sperre öffnet sich, wenn man einen Jeton einwirft, der an der Kasse zu kaufen ist. Wenn man einmal auf den sehr schnell fahrenden und steilen Rolltreppen in die Unterwelt abgetaucht ist, kann man von dort aus fast das ganze Moskau erreichen. Durch den schnellen Takt sind die Züge, obwohl sie Tag für Tag etwa 9 Millionen Menschen transportieren, nicht immer überfüllt. Das System der einzelnen Linienführungen – vom Zentrum strahlenförmig ausgehende Trassen, die durch

eine Ringtrasse verbunden sind - ist übersichtlich und auf den Plänen und in den Waggons so logisch dargestellt, daß jeder Fahrgast, auch der sprachunkundige, damit zurechtkommt.

Mit dem ***Bau der Moskauer Metro*** wurde in den 30er Jahren begonnen. Die Stationen wurden sehr unterschiedlich, aber alle recht pompös ausgestaltet: Hallen, Übergänge, Treppen, Brücken, Böden und Wände wurden mit Marmor-, Mosaik-, Messing- und Stahldekorationen versehen, meistens im Stil des sozialistischen Realismus und in gewaltigen Dimensionen, das Ganze von riesigen Kandelabern beleuchtet. Die Moskauer Metro galt als eine der schönsten der Welt, ihre „unterirdischen Paläste für das Volk" (wie *Stalin* sie nannte) wurden mit zahlreichen internationalen Preisen ausgezeichnet.

Die Moskauer waren einmal stolz auf ihre Metro und hielten ihre ***Stationen sauber;*** das Wegwerfen von Fahrscheinen oder anderem Papier galt als sehr unschicklich, Graffiti waren ganz undenkbar; Stationen und Rolltreppen mit Handläufen wurden ständig von Putzfrauen gereinigt und waren gut belüftet. Es entstand sogar ein Metro-Museum.

Heute ist die Metro in Moskau so schmutzig wie anderswo. Und ein Mikrokosmos der Gesellschaft: Durchschnittsmoskauer, Arrivierte, Hilflose und Gestrandete. Vor allem in den Eingangsbereichen und den Durchgängen wird das ganze Elend vieler Menschen sichtbar: Arme, Obdachlose, Betrunkene, Hungernde, Kindergangs handeln, lungern, lagern, betteln, stehlen.

Zwischenstation (BF)

Straßenbahnen und ***Busse*** haben den Vorteil, daß man (trotz der klimabedingt stets staub- oder schlammverspritzten, nassen, beschlagenen oder vereisten Scheiben und über die vielen Köpfe hinweg) ein wenig von der Gegend sieht. Die frühere Sitte, an den Haltestellen disziplinierte Schlangen nach der Reihenfolge des Ankommens zu bilden, scheint dem allgemeinen mitteleuropäischen Gedrücke und Gedränge gewichen zu sein. Die an den Haltestellen ausgehängten Fahrpläne geben übrigens nicht die Ankunfts- und Abfahrtszeiten an, sondern den Zeittakt. Busse und Bahnen sind altersschwach und unbequem, was angesichts der drangvollen Enge allerdings nicht zusätzlich ins Gewicht fällt. Mit dem Verlust eines Knopfes oder einem blauen Fleck vom Ellbogenkampf ums Mitkommen oder Aussteigen muß man schon rechnen.

Schaffner gibt es in den Bahnen und Bussen nicht mehr. Verschwunden sind auch die früher in Bussen und Bahnen üblichen ***Fahrscheinspendegeräte*** mit ihrer verblüffend einfachen und vertrauensvollen Technik: Plastik- oder Glaskästen mit großer Öffnung, in die man die entsprechende Einheit (Münze, Schein etc.) einzuwerfen hatte. Außen war ein Rad mit kleinem Schlitz angebracht, das nach mehrmaligem Drehen einen dünnen Fahrschein zutage förderte.

Die Inflation hat Veränderungen nötig gemacht: Einzelfahrscheine, Wochen- und Monatskarten werden nun auf der Straße, in Fußgängertunnels, an Kiosken, in Metroeingängen verkauft. ***Fahrscheine*** müssen in der Bahn oder dem Bus an entsprechenden Entwertern abgestempelt werden.

Da der einzelne Fahrgast niemals auf den ebenso unpraktischen wie unrealisierbaren Gedanken käme, sich zum Entwerter durchzukämpfen, hält er seinen Fahrschein in die angenommene Richtung, der Nächste gibt ihn weiter usw. Nach einiger Zeit kommt der entwertete Schein über viele Hände zurück: traditionelle ***Nachbarschaftshilfe.***

Diesem hilfsbereiten Verhalten steht in allen Verkehrmitteln eine rechte ***Ruppigkeit unter den Fahrgästen*** gegenüber. Nur wenige halten die schwere Eingangstür zur Metrostation für den nächsten Fahrgast auf. Platzanbieten an Unbekannte ist nicht die Norm - Kinder genießen allerdings gewisse Privilegien. Ausländer, die anderen ihren Platz anbieten wollen - sofern sie selbst einen hatten - fallen auf, in gewissem Sinn sogar aus der Rolle. Andererseits bekommen sie, besonders ältere Damen und Herren, schon einmal einen Platz freigemacht: der vielzitierte privilegierte Ausländer.

Früher pflegten Einheimische in den öffentlichen Verkehrsmitteln, sogar auf den Rolltreppen, trotz aller Unbequemlichkeit und Enge, zu ***lesen.*** Meistens handelte es sich um Sach- oder Fachbücher, Belletristik und Zeitungen. Diese Gewohnheit scheint der Vergangenheit anzugehören.

Taxis waren lange Zeit preiswert und Mangelware. Äußerlich waren sie an schwarz-weißen Schachbrettstreifen auf beiden Seiten des Wagens zu erkennen. War ein Taxi frei, brannte hinter der Windschutzscheibe ein grünes

Lämpchen - was allerdings keine unbedingte Gewähr dafür bot, daß man mitgenommen wurde.

Diese offiziellen Taxis alten Typs sind heute kaum noch anzutreffen. Das Taxigewerbe ist in unterschiedlicher Weise ***privatisiert*** worden - vom Privatfahrer, der sein eigenes Auto benutzt, bis zu den Taxiunternehmen, die sich in der Regel in Mafiahand befinden. So sind die Wagen auch sehr unterschiedlich in Größe, Erhaltungsgrad und Sauberkeit. Ruftaxis sind eine Rarität. Da durchaus nicht alle Fahrer Profis sind, kennen sie sich in ihrer Stadt oft nicht gut aus. Es empfiehlt sich also, nach ***Nennung der Adresse*** nicht einfach bequem in den Sitz zurückzusinken, sondern mit dem Fahrer zusammenzuarbeiten, damit das gewünschte Ziel auch erreicht werde. Den ***Fahrpreis*** sollte man vorher aushandeln. In den meisten Fällen wird man von Ausländern eine überhöhte Summe in Devisen verlangen. Trinkgeld wird erwartet. Wer ein Taxi heranwinken will, sollte immer die geöffnete Hand nach vorn strecken. Die z. B. in Deutschland hierbei übliche Faust mit dem hochgestreckten Daumen gilt in Rußland als Geste der Billigung, der Zustimmung, des Lobs.

Aufgrund der zur Zeit allgegenwärtigen ***Kriminalität*** kommt es schon einmal vor, daß ein wohlhabend wirkender Ausländer in einer abgelegenen Gegend ausgeraubt und hinausgeworfen oder auch zusammengeschlagen wird. Die städtischen Behörden empfehlen, ausschließlich mit offiziellen Wagen zu fahren und sich die Zulassungsnummer zu merken, obwohl auch diese Vorsichtsmaßnahme keine absolute Garantie biete ... Wie lange man dann auf ein Taxi warten müßte, sagen die Behörden allerdings nicht dazu.

Wer mit der ***Bahn*** fahren will, sollte sich auf ein ruhiges Tempo einstellen. Man kommt sehr frühzeitig auf den Bahnsteig, richtet sich, mit Assistenz der Waggonschaffnerin, in seinem Abteil ein. Die Abteile sind auf allen Fernstrecken als Liegeabteile eingerichtet. Die großen Distanzen innerhalb des Landes und die langsame Fahrweise der Züge machen Bahnfahrten zu einer längerfristigen Angelegenheit, für die man sich entsprechend mit bequemer Kleidung ausstattet. Auf Wunsch versorgt die Schaffnerin die Reisenden in den Abteilen mit Tee, der manchmal noch aus Samovaren stammt, öfter jedoch aus dem Teesäckchen. Speisewagen sind vorhanden, die Reisenden haben aber selbst immer reichlich Proviant dabei.

Russische Fahrgäste unterhalten sich miteinander, sie besuchen andere Abteile, um dort einen interessanten Gesprächspartner zu finden oder zu spielen. Das beharrliche Schweigen, das auch bei stundenlangen Zugfahrten in manchen westlichen Ländern herrscht, wird man hier nicht antreffen. *Fëdor Stepun* (1884-1965), ein russischer Wissenschaftler, der seit den 20er Jahren in Deutschland arbeitete, beschrieb die besondere Atmosphäre einer russischen Eisenbahn einmal so: *„Wenn ich an meine Fahrten durch Rußland zurückdenke, erinnere ich mich vor allem der russischen Eisenbahnwagen. Der Rhythmus ihrer rollenden Räder und die in ihnen herrschende Stimmung waren*

ganz anders als im westlichen Europa ... In einem russischen Fernzug richtete sich sofort ein gemütliches Leben ein.“ [109] Ein wenig stimmt das auch heute noch – allerdings mit der Einschränkung, daß Fernzüge manchmal überfallen und ausgeraubt werden.

Das ***Flugzeug*** war in sowjetischer Zeit eine Art Massenverkehrsmittel, das die großen Distanzen überwand und schwer zugängliche Regionen erschloß. Heutzutage ist das Fliegen teuer und keineswegs sicher: Die undurchschaubare Privatisierung der Fluggesellschaften hat zu einem absolut ruinösen Konkurrenzkampf geführt, dem bei den Inlandsflügen fast alle Sicherheitsstandards zum Opfer gefallen sind. Auch der Service ist minimal. Trotzdem wird viel geflogen, da es eben keine andere Möglichkeit gibt.

Flughäfen sind nicht unbedingt Zeugnisse zeitgemäßer Organisation oder internationaler Atmosphäre. Das System der Gepäckabgabe und -ausgabe und der Zoll- und Paßkontrolle ist oft verwirrend, langwierig und bürokratisch. Auf den Inlandrouten machen Flugzeiten und Abwicklung einen ziemlich improvisierten Eindruck.

Bahnhöfe ähnelten schon immer Karawansereien, in denen man die Vielfalt des Lebens und Menschen aller Art erleben konnte. In den letzten Jahren haben sie sich aber zu Zentren des Elends entwickelt und, wie die Flughäfen auch, zu Brennpunkten vielfältigster Kriminalität. Erfolge behördlichen Einschreitens gegen diesen Mißstand sind gering und kurzfristig.

Um mit dem ***eigenen Auto*** in Rußland unterwegs zu sein, bedarf es einiger Übung. Die Grundsätze der Verkehrsregelung entsprechen zwar denen der meisten westlichen Länder, ihre Details unterscheiden sich aber.

Besonders ***gewöhnungsbedürftig*** sind das Fehlen von Fahrbahnmarkierungen, die liegengebliebenen Autos und Kanaldeckel mitten auf der Straße, die Schlaglöcher und die schlechte Beleuchtung von Straßen und Autos. Die Ampeln sind wegen ihrer Aufhängung und mangelnden Lichtstärke manchmal kaum zu erkennen. Inzwischen sind die Zapfsäulen zahlreicher und moderner geworden, auch die Reparaturwerkstätten. Für die Innenstadt von Moskau bestehen außerdem komplizierte und schwer verständliche Abbiegevorschriften.

Der ***Verkehr in den Metropolen*** ist luftverpestend, seit einigen Jahren dicht und auch chaotisch. Denn die Verkehrsdisziplin ist bei Autofahrern wie bei Fußgängern miserabel. *(„Regeln sind dazu da, unterlaufen zu werden!“).* Fußgänger gelten außerdem als jagdbares Wild. Und wenn schüchterne Ausländer einem Fußgänger Vorrang einräumen, ernten sie durchaus nicht irgendeine Dankbarkeit. Im Gegenteil – sie stören den Betrieb und kriegen das gezeigt, mit scheelen Blicken, eindeutigen Gesten und deftigen Worten, auch vom Fußgänger ... Die Angehörigen der *GAI*, der staatlichen Verkehrspolizei, richten wenig aus, auch wenn sie mit schrillem Pfeifen den Autofahrer stoppen und zur Ordnung rufen. Oder brauchten sie nur ein wenig Bestechung, und der Autofahrer kann seinen Weg fortsetzen?

Auch das sichere ***Abstellen des Autos*** ist ein Problem. Die früher in russischen Städten übliche Methode, an Autos alles "Überflüssige" wie Scheibenwischer, Außenspiegel oder Radkappen zu stehlen, ist zwar inzwischen passé, aber dafür werden heute ganze Autos gestohlen, vor allem Luxuslimousinen und Jeeps.

Übrigens: In russischen Großstädten sind ***Fahrräder*** keine Verkehrsmittel, sondern Sportgeräte, mit denen man an bestimmten Plätzen oder in den Außenbezirken trainiert. Trotzdem sieht man sie häufiger als früher, auch einige Montainbikes. Fahrradwege oder -spuren gibt es nicht.

Mit anderen Worten: Wer ***in Rußland unterwegs*** ist, mit welchem Verkehrsmittel es auch sei, braucht Geduld, eiserne Nerven und eine gehörige Portion Improvisationsgeist.

Die ***persönliche Sicherheit des Fremden,*** der auf „normalen" Moskauer Pfaden wandert, entspricht insgesamt etwa der in anderen Millionenstädten der Welt.

Einkaufen

Einkaufen so nebenher - das geht nicht. Man sollte Zeit, Geduld und eine gewisse Kondition mitbringen.

Das ***Warenangebot*** ist sehr vielseitig und unterschiedlich. Von der einfachen Versorgung mit dem Lebenswichtigen bis hin zum extremen Luxus. Auch die ***Gestaltung der Geschäfte*** variiert: lieblose Ablagen und angestaubte Schaufenster, die irgendeine fliegenverdreckte Dauerware präsentieren, neben durchgestylten Kunstwerken überwiegend westlicher Produkte, für die mit raffinierter oder auch aufdringlicher Reklame geworben wird. Entsprechend unterschiedlich sind die Preise.

Auf dem Markt

In den ***Geschäften mit westlicher Ware*** (Mode, Kosmetik, Feinkost, auch Medikamente, d. h. in manchen Apotheken) entspricht die Auswahl gehobenem internationalem Niveau, auch der Service kommt diesem nah. Käufer sind hier die Reichen und die Ausländer.

Der Durchschnittsverdiener muß anderswo einkaufen, z. B. in den ***staatlichen Läden oder an einem Stand,*** wo das Warenangebot erheblich schlechter ist und der Kunde keineswegs wie der allgemein anerkannte König behandelt wird. In diesen nach althergebrachter Art geführten Geschäften sind Beratung und Bedienung durch das - meist weibliche - Verkaufspersonal nicht gerade überwältigend, im Gegenteil. Auch allzu viele Fragen nach Größen, Qualität, Waschvorschriften bei Kleidung oder nach Eigenschaften eines Kosmetikartikels u. a. m. sollte sich der Kunde verkneifen. Nach Möglichkeit sollte er schon selbst wissen, was er will, und sich rasch entscheiden, andernfalls wird die Verkäuferin vollends ungeduldig und pampig.

Hinzu kommt, daß der ***eigentliche Kauf*** sich ziemlich kompliziert vollzieht. Im Prinzip gilt es, dreimal anzustehen. Einmal, um zu sehen, was es gibt, was man davon will und wieviel das kostet. Mit dieser Kenntnis im Kopf stellt man sich an der zuständigen Kasse an. Die Kassiererin rechnet mit modernem elektronischem Gerät, manchmal überprüft sie die Sache noch mit dem traditionellen *Abakus,* dem Rechengerät mit Kugeln. Der Kunde bezahlt die aufgeführte Summe. Mit der Quittung bewaffnet, reiht er sich erneut am ursprünglichen Tresen auf, wo er die gewünschte Ware gesehen hat. Nun überreicht er seine Quittung der Verkäuferin, die dann schließlich die entsprechende Ware verpackt. Dabei wird übrigens meistens Papier verwendet, wobei das Ganze kunstvoll und stabil mit Papierschnur gesichert und mit einer Trageschlaufe versehen wird. Da die einzelnen Kassen stets den verschiedenen Abteilungen zugeordnet sind, kommt es insgesamt zu einer reichlich langwierigen Prozedur. Generell gilt das Prinzip: erst das Geld, dann die Ware, nicht umgekehrt. Einige größere Kaufhäuser haben allerdings auf Selbstbedienung mit Gesamtkasse umgestellt.

Die ***Märkte*** bieten eine herrliche Auswahl an Obst, Gemüse, Fisch, Fleisch und Milchprodukten. Hier zeigen sich die Kunden sehr fachkundig und kritisch, es wird gehandelt. Dafür sind die Waren hier sehr teuer und für viele nicht bezahlbar. Ausländer werden oft erkannt - und prompt steigen die Preise nochmals.

Eine besondere Attraktion sind die ***Buchläden,*** wo nicht mehr nur alles in Vitrinentischen ausgestellt ist, sondern auch Freihand gewährt wird. Auch hier sind die Käufer wählerisch und außerordentlich gut informiert. Die Ware Buch hat einen besonderen Nimbus, auch in der heutigen Zeit, in der die Titelvielfalt nicht mehr ideologisch eingeschnürt ist. Eine Auflagenbegrenzung ist bei manchen Publikationen nach wie vor gegeben, aber dann eher aus materiellen Gründen, wie Herstellungskosten oder Papiermangel. Die Preise für Druckerzeugnisse lagen jahrzehntelang sehr niedrig, heute sind sie zwar

höher und für manchen Durchschnittsbürger abschreckend, aber im Vergleich zu anderen Ländern durchaus noch günstig. Mancher Kunde kauft im Laden relativ billig - und verwandelt sich in einen fliegenden Händler, der vor dem Laden mit Aufpreis weiterverkauft.

Auf den Straßen der Städte gab es schon früher etliche ***kleine Stände*** für Bücher, Obst und Gemüse und ein paar Blumen. Heute ist der Verkauf an solchen Ständen, kleinen Klapptischen oder der fliegende Handel aus schnell wegräumbaren Taschen und Tüten allgegenwärtig. Auch die Anbieter sind sehr heterogen - von der armen alten Frau, die ihr Brautkleid oder etwas Unterwäsche versetzt, über den Kleinstgärtner, der ein paar Gurken oder Karotten aus seinem Datscha-Gärtchen anbietet, bis zu allerlei zwielichtigen Gestalten jedweder Zuordnung.

Eine Besonderheit in Moskau ist der sogenannte ***Vogelmarkt,*** auf dem zwar auch Vögel und sonstiges Getier, Fischköder und Angeluntensilien feilgeboten werden, daneben aber auch eine Art Gebrauchtwarenmarkt für alles nur Denkbare entstanden ist. Illegales ist auch dabei, und die Mafia hat ihre Finger drin. Markt und Kundschaft sind gleichermaßen unorthodox und bunt.

Die sprichwörtlichen, früher überall anzutreffenden langen ***Schlangen vor Geschäften*** sind verschwunden, nur da und dort, wo z. B ein besonders günstiges Angebot winkt, entstehen sie wieder. Manche Einheimische beklagen ein wenig selbstironisch den Verlust, seien diese Schlangen doch eine

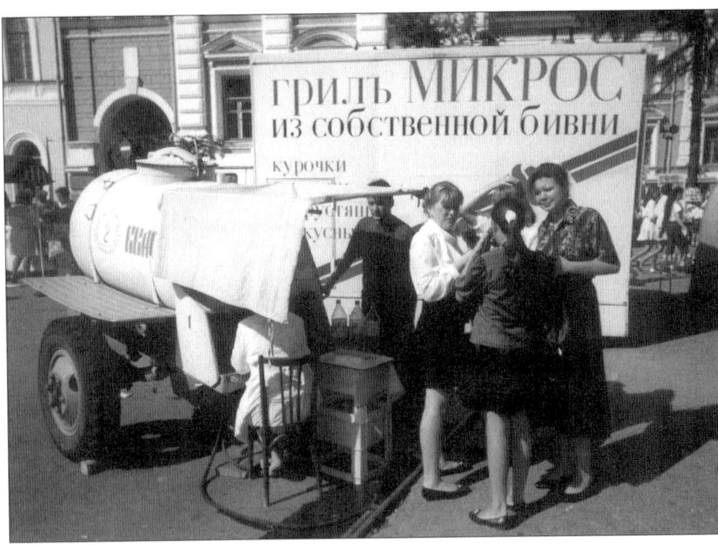

Aus fahrbaren Tanks wird erfrischender Kvas verkauft

einzigartige Möglichkeit der Kommunikation und Information, des Wir-Gefühls bei gemeinsamem Erfolg gewesen. Ein Großstädter geht übrigens auch heute nicht ohne Einkaufsnetz oder -tasche aus dem Haus, auch wenn er nicht eigentlich Kaufabsichten hegt. Da man ja nicht wissen kann, ob sich eine besonders günstige Gelegenheit bietet, ist man für alle Fälle gerüstet: *na avós'*; und so heißt ein solches Netz auch *avós'ka* ...

Jahrzehntelang beklagten ausländische Kunden die ***Unaufmerksamkeit und Ruppigkeit bei Verkäuferinnen***, die, wie in anderen Dienstleistungsberufen auch, die Norm waren. Wobei die unangenehme Beigabe zu beobachten war (und ist?), daß wohlhabend wirkende Kunden durchaus freundlich behandelt, ärmlich erscheinende Menschen jedoch mit Mißachtung gestraft wurden. Die Klage war durchaus berechtigt. Trotzdem sollte man sich vielleicht die Ursachen dieses Verhaltens vor Augen führen. Einerseits war der Arbeitgeber durchweg der gleichsam anonyme Staat, der die Löhne sehr

Frisches Brot direkt aus der Brotfabrik

niedrig festsetzte und die individuelle Leistungsbereitschaft in keinerlei Weise honorierte. Andererseits wurde in der sozialistischen Ideologie der Begriff Dienstleistung negativ verstanden, er galt als Überbleibsel einer verrotteten und abgängigen bourgeoisen Welt. Liebenswürdigkeit in diesem Sektor wäre also als eine Art Liebedienerei gegenüber falschen Idealen verstanden worden. Der Gedanke, daß die nach bestem Wissen und in liebenswürdiger Form vollzogene Arbeit auch bei der Dienstleistung ihre Würde hat, war unbekannt. Außerdem stehen ja der einzelne und die Befriedigung seiner individuellen Bedürfnisse traditionell nicht im Mittelpunkt der öffentlichen Bemühung. So fällt es nun den Dienstleistenden schwer, sich eine andere Einstellung zu eigen und den Kunden zum König zu machen.

Die Medaille hat aber auch eine andere Seite: die absolute Unfähigkeit derjenigen, die eine Dienstleistung in Anspruch nehmen, einen angemessenen Ton zu entwickeln. Nirgendwo in Frankreich, England, Deutschland würde man sich erlauben, mit einer Verkäuferin (oder auch einer Bedienung, einem Fahrer, einer Schreibkraft, einer Kassiererin) so grob und verachtungsvoll umzuspringen, wie das in Rußland gang und gäbe ist. Die hohe Kunst des richtigen ***Umgangs mit „Dienstboten"*** - die beherrscht in Rußland nach 70 Jahren Sozialismus keiner mehr. Den Einheimischen fällt das nicht weiter auf. Bei Auslandsreisen lösen jedoch manche Russen mit ihrer unangebrachten Arroganz und ihrem Befehlston erhebliche Irritationen aus.

Museum, Theater, Konzert, Kino

In den Metropolen gibt es eine Vielzahl von ***Museen***, sowohl für russische Kunst (wie die *Tret'jakóv-Galerie* in Moskau) als auch für ausländische Kunst (wie die *Eremitage* in St. Petersburg). Der Besuch dieser und anderer Museen ist für den ausländischen Gast außerordentlich aufschlußreich, denn sie bieten eine überreiche Welt schönster Exponate aus allen nur denkbaren Bereichen von Malerei, Bildhauerei, Musik, Literatur, Volkskunst, Geschichte, Ethnographie, Technik, Wissenschaft und zahllosen anderen Disziplinen. Der Besucher kann auch die fachkundigen, sehr engagierten, oft leidenschaftlich patriotischen Erklärungen der Führerinnen - meist handelt es sich um weibliche Führer - kennenlernen und sich bisweilen darüber wundern, daß dabei Nachbardisziplinen oder mögliche andere Interpretationen ausgeblendet werden.

Literarische Museen und Gedenkstätten von Dichtern, literarische Stadtführungen u. ä. m. sind gewissermaßen sakrosankt, man spricht und geht leise und zeigt seine Hochachtung vor dem Dichter und seinen Werken. Unterkühlte Sachlichkeit oder gar kritische Anmerkungen des ausländischen Besuchers könnten hier als Mißachtung verstanden werden. Denkmälern wird überhaupt große Beachtung geschenkt, Einheimische wissen im allgemeinen, um wen oder was es sich handelt, legen oft Blumen nieder und

könnten ein durch Hundekot oder sonstwie verschmutztes Umfeld keinesfalls tolerieren. Auch zu Museen umgestaltete Adelssitze und Zarenpaläste sowie Kloster- und Kirchenanlagen sind bei den Einheimischen sehr beliebt. Mit zwiespältigem Genuß wird die Welt des Luxus oder einfach des schönen Stils als ausbeuterisch verstanden und gleichzeitig bewundert - trotz „klassenbewußter" Kritik identifiziert man sich irgendwie mit den Zeugnissen einer anderen, einer großen Vergangenheit. In der letzten Zeit führt der allgemeine Geldmangel zu manchem Verfall.

Museumsbesuche sind in gewisser Weise auch erholend. Hier kann der ausländische Besucher so vollständig in die - echte oder künstliche - Welt des Schönen, Kostbaren, Großen und Bedeutenden eintauchen, daß die harten Realitäten des heutigen Alltags in Rußland ein wenig relativiert oder in den Hintergrund gedrängt werden. Ist das, neben der echten Liebe, vielleicht einer der Gründe dafür, daß auch die Einheimischen so gern ihre Museen besuchen?!

Neben den klassischen Museen bestehen inzwischen zahlreiche ***„alternative" Museen und Galerien,*** kritische und experimentelle Einrichtungen aller Art, die vor allem bei Angehörigen der Intelligenz beliebt sind.

Ebenso stellen ***Theater- und Konzertbesuche*** für den ausländischen Besucher ein Eintauchen in eine fremde Welt dar. Die meisten Schauspiele, Opern und Ballettaufführungen, die überwiegend aus der russischen Bühnenliteratur stammen, sowie ihre Inszenierungen folgen klassischen Mustern, oft als ***pompöses Ausstattungstheater*** konzipiert; Experimente, moderne oder modernistische Veränderungen in Interpretation und Bühnenbild sind noch relativ selten, werden aber häufiger. Auch das Publikum achtet auf „Authentizität" von Dekoration und Kostümen, Begeisterung ruft auch gelungene - weil realistische Effekte erzielende - Bühnentechnik hervor. So kommt es durchaus zu großem Zwischenapplaus, wenn die Wellen einer Überschwemmung so echt dargestellt werden, daß man meinen könnte, die Bühne stehe tatsächlich unter Wasser ... Die Sprechkultur bei Schauspielern ist traditionell hoch entwickelt. Dem ausländischen Besucher wird dabei auch die Tradition des großen Pathos und Gestus auffallen. Hier gilt das Theater noch ein wenig als moralische Anstalt, eine „Publikumsbeschimpfung" nach z. B. deutschem Muster wird es wohl kaum geben. Neben dem bekannten *Bol'šoj-Theater* gibt es etliche andere Bühnen, die hohes Ansehen genießen und sehr beliebt sind, z. B. das *MChAT (Moskóvskij Chudóžestvennyj Akademíčeskij Teátr*, das Moskauer Akademische Künstlertheater).

Museen und Theater haben übrigens seit Jahren mit großen ***finanziellen Problemen*** zu kämpfen und müssen daher immer wieder einmal ihr Angebot reduzieren.

Ein besonderes Erlebnis ist ein ***Konzert*** in einem der alten Säle der großen und berühmten Konservatorien. Das Publikum ist auch hier sehr sachkundig, denkt und fühlt intensiv mit und klatscht nicht an der falschen Stelle.

Der Besuch eines Theaters oder eines Konzerts ist für Einheimische keine Prestigeangelegenheit, sondern entspringt dem ***Bedürfnis nach Schönheit,*** nach heiler Welt. Allerdings sind für viele Durchschnittsbürger die Preise nicht mehr bezahlbar.

Das russische Publikum bemüht sich übrigens nach Kräften und faktischen Möglichkeiten, eine Theater- oder Konzertaufführung nicht in Alltagskleidung, sondern etwas festlicher gewandet zu besuchen. Die nachlässige und auch ungepflegte ***Kleidung,*** die manche westliche Besucher selbst im Theater oder im Konzert tragen, gilt als höchst unkultiviert.

Im ***Kino*** sind fast nur noch ausländische Produktionen zu sehen, meistens auch noch übelster Kitsch oder brutale Krimis. Russische Filme sind eine Rarität geworden. Während der Vorstellung geht es übrigens lebhaft zu, man kommentiert und schwätzt, knabbert oder knackt Sonnenblumenkerne.

Zu Gast

Russische ***Gastfreundschaft*** mit Einladungen in das private Umfeld wird auch heute nicht schnell angeboten, wenn sie dann jedoch stattfindet, ist sie, wie gesagt, einfach überwältigend.

Die Gastgeber holen ihre Gäste oft an einer vereinbarten Stelle ab, um eventuelle Irrtümer des Gastes, Schwierigkeiten beim Betreten des Wohnblocks und Zeitverluste zu vermeiden. Wer selbständig eine Wohnung sucht, sollte daran denken, daß ***Adressen in russischen Großstadtwohnblocks*** mehrere Bestandteile haben: den Straßennamen, die Nummer des Hauses *(dom),* die Nummer des Bauteils oder Blocks *(kórpus),* ggf. die Nummer des Eingangs bzw. der Einfahrt *(pod"ézd)* sowie die Nummer der Wohnung *(kvartíra).* In vielen Häusern gibt es inzwischen aus Sicherheitsgründen eine Codenummer *(kod),* mit der sich die Haustür öffnet. In Rußland wird übrigens das Erdgeschoß eines Hauses als 1. Etage gezählt - was wichtig zu wissen ist, da die Namen der Bewohner auf den einzelnen Stockwerken in der Regel nicht aufgeführt werden. Eine Ausnahme sind die Gemeinschaftswohnungen, wo die Namen an den Zimmertüren stehen.

Die ***Begrüßung*** erfolgt in der Regel mit den bereits erwähnten Wangenküssen. Wenn man dabei zum ersten Kuß den Kopf leicht nach rechts, zum zweiten dann nach links neigt, vermeidet man Zusammenstöße. Kußzwang besteht keineswegs, vor allem nicht für Ausländer. Der Handschlag ist, besonders bei Frauen, weniger üblich. Daß man die Gastgeber nicht über die Schwelle hinweg begrüßen soll, wissen wir ja schon: Das bringt Unglück! Der Handkuß für die Damen kommt durchaus vor, allerdings manchmal allzu hautnah und ein wenig feucht. Die traditionelle Begrüßung mit Brot und Salz *(chleb da sol')* ist feierlichen Anlässen vorbehalten, z. B. Hochzeiten oder wichtigen ausländischen Gästen.

Beim ***Betreten der Wohnung*** entledigt man sich der Straßenschuhe und

schlüpft in mitgebrachte oder zur Verfügung gestellte leichte Schläppchen, notfalls bleibt man in Strümpfen. Bis in die 60er Jahre dieses Jahrhunderts waren noch Gummigaloschen in Gebrauch, die man als Überschuhe über den Straßenschuhen trug und zu Hause natürlich ablegte; so gab es z. B. auch an der Garderobe guter Restaurants spezielle Galoschenständer.

Mitgebrachte kleine ***Geschenke*** werden, wie in manchen anderen Ländern auch, nicht sofort ausgepackt, sondern beiseite gelegt, meistens sogar erst nach dem Weggang des Gastes geöffnet. Ein Öffnen in Gegenwart des Schenkenden könnte Gast oder Gastgeber in eine irgendwie geartete Verlegenheit bringen. (Und sollten Sie auf ein späteres Dankeschön für Ihr unausgepacktes Geschenk warten, könnten Sie enttäuscht werden.) Mitgebrachte Pralinen, Delikatessen etc., die der Gast sozusagen als Beitrag zum Essen überreicht, werden aber sofort auf den Tisch gestellt und angeboten. Wenn man alkoholische Getränke mitbringt, schenke man den Wein den Damen, für die Herren sollte es etwas Kräftigeres sein, z. B. Weinbrand *(kon´ják)*. ***Blumen*** sind sehr beliebt, vor allem Nelken und Rosen, der Gast sollte aber darauf achten, Blumen stets in ungerader Zahl zu schenken, auch bei einer größeren Menge, nach Möglichkeit langstielig. Nur sollten sie niemals gelb sein - denn das würde bedeuten, daß dem Beschenkten Trauer oder Tod ins Haus stehen. Bei Mimosen, die vor allem um den Frauentag am 8. März herum geschenkt werden, tritt die Farbregel natürlich außer Kraft. Älteren Damen sollte man keine rein weißen Sträuße schenken, da sie mit Trauer assoziiert werden. Übrigens werden auch Männer mit Blumen beschenkt. Kleine Gegenstände aus der Heimat des Gastes wären auch ein gutes Geschenk: ein Bildband, ein „klassisches" Buch, eine edle Modezeitschrift, ein kleines Seidentuch, ein Schal- und Handschuhset, ein hübscher Toilettenartikel, ein bemaltes Döschen, eine Flasche Moselwein, hübsch verpackte Schokolade. Den üblichen rhetorischen Protest gegen Gastgeschenke pflegen Russen mit einem leicht tadelnden, fast kokett-rhythmischen áj-áj-áj auszudrücken: Das schöne Geschenk, aber das wäre nun wirklich nicht nötig gewesen! (Nicht zu verwechseln mit dem intensiven, dreifachen ój-ój-ój, das ein Russe ausstößt, wenn er sich weh getan hat oder von Herzen über die Welt seufzt.) Und noch ein Hinweis: Wer als Gast ein Dekorationsstück in der Wohnung, ein Kleidungsstück oder andere Dinge des Gastgebers allzu sehr bewundert, bekommt es wahrscheinlich als Geschenk angeboten. Und dann ist es sehr schwierig, ohne Peinlichkeiten aus der Angelegenheit herauszukommen.

Der Gastgeber möchte es dem Gast - auch ***bei Tisch*** - so angenehm wie möglich machen. Der Tisch ist festlich gedeckt, aus der Sicht des Ausländers sehr üppig bestückt mit vielen größeren und kleineren Tellern, Schüsseln, Schälchen, Flaschen und Gläsern. Kerzen auf der Tafel sind nicht üblich, da sie für Russen in den kirchlich-religiösen Kontext gehören. Vor allem aber gilt es, den Gast mit mehreren Gängen üppig zu bewirten. Das Brot -

unabdingbarer Bestandteil eines richtigen Essens - wird niemals mit Butter bestrichen, sondern gebrochen und ggf. mit einem Butterstückchen dazu gegessen. Manche Ausländer bringen von zu Hause die Sitte mit, ihren Teller immer zu leeren. Das veranlaßt den russischen Gastgeber, immer wieder nachzulegen. Also: eine Kleinigkeit auf dem Teller liegenlassen (wenn man nicht gerade in einem Hause ist, in dem jede Kopeke zweimal herumgedreht werden muß!). Die Regel, daß man Gabel und Messer parallel auf den Teller legt, um zu signalisieren, daß man nicht mehr nachgelegt haben möchte, wird im allgemeinen nicht verstanden. Man ißt mit der Gabel in der linken Hand, dem Messer in der rechten und mit beiden Händen über dem Tisch. Die Reihenfolge der Getränke kann sehr bunt sein. Bier gilt übrigens bei Einladungen nicht als „offizielles" Getränk, vor allem nicht bei Frauen; heute wird es aber häufiger getrunken. Vor dem Trinken sollte man sich den Mund abtupfen; dafür stehen auf dem Tisch Gläser, in denen zu kleinen Dreiecken geschnittene Papierservietten kunstvoll drapiert wurden.

Da dem Gast leicht das Mißgeschick passiert, ein Glas umzuwerfen oder mit der Soße zu kleckern, verschüttet die ganz perfekte Gastgeberin unauffällig-absichtlich selbst etwas, gleich zu Beginn des Essens oder möglichst gleichzeitig mit dem Gast, damit es ihm gar nicht erst peinlich sein kann ...

Überhaupt zur ***Höflichkeit:*** Wenn sie in Rußland beachtet wird, ist sie ausgesucht, umsichtig und hinreißend „altmodisch". Da geleitet man die weiblichen Gäste mit leichter Hand am linken Ellbogengelenk zu ihrem Platz und rückt ihnen den Stuhl zurecht. Da bleiben die Herren oder die jüngeren Leute hinter dem Stuhl stehen, bis die Hausfrau oder andere Damen sich gesetzt haben, da fragt man die Tischnachbarin nach Vorlegewünschen, da steht man auf, wenn eine Dame das Zimmer betritt oder sich erhebt. Da schlägt man nicht die Beine übereinander oder gar den Knöchel über das Knie, sondern stellt sie eng nebeneinander usw. usw. In der Sowjetzeit jahrzehntelang offiziell als „bourgeois" abgelehnt, gilt heute gutes Benehmen in den Kreisen, die man als „bessere" bezeichnen kann, als absolutes Muß.

Während des Essens werden oft ***Trinksprüche*** ausgebracht - manchmal übernimmt nach georgischer Sitte eine Art Zeremonienmeister *(tamadá)* die Leitung - und anschließend die Gläser geleert. Der Gast ist gut beraten, wenn er sich schon vorher etwas Entsprechendes gedanklich zurechtlegt oder aber sich mutig spontan äußert. Freundliches Schweigen ohne Erwiderung gälte als unhöflich. Ebenso wie die Gastgeberin zu Beginn zu Tisch bat, so wird auch am Ende die Tafel von ihr aufgehoben.

Während und nach dem Essen gibt es vielfältige ***Tischgespräche.*** Galt es einmal als unhöflich, bei Tisch dienstlich-berufliche Fragen oder allzu schwer verdauliche Themen zu behandeln, so werden heute sowohl das Berufliche als auch Literatur, Kunst, geistesgeschichtliche, historische und politische Grundsatzfragen, Schauspieler und Sänger (auch Politsänger) und vieles andere angesprochen. Nicht selten dreht sich das Gespräch auch um Liebe

und Tod, Religion und Weltanschauung. In den letzten Jahren steht auch die Bewältigung des schwierigen Alltags im Mittelpunkt.

Meistens werden auch Fragen nach dem Land des Gastes gestellt und nach den Eindrücken, die er in Rußland gewonnen hat. Hier sei nochmals daran erinnert: Russen sind als Gastgeber ebenso höflich wie patriotisch; sie verstehen also weder eine harsche und somit als unpatriotisch eingestufte Kritik des Gastes an seinem eigenen Land noch eine allzu offene Schilderung negativer Eindrücke vom Gastland. Man überlasse in dieser Situation eventuelle kritische Deutlichkeiten über Rußland den Einheimischen! Daneben gibt es Ratsch und Tratsch und natürlich auch Witze, die unter Männern durchaus deftig sein können. Die geladenen Damen können sich dabei sehr leicht hinter fehlender Sprachkompetenz verbergen und „nichts verstehen".

Wenn der ***Gast eine Frage stellt*** oder ein Thema anspricht, sollte er nicht mit der Tür ins Haus fallen. Einige „Umwege" gelten als wesentlich höflicher als z. B. die sogenannte deutsche Direktheit. Längere Gesprächspausen werden vermieden.

Nach dem Essen trifft sich die Weiblichkeit manchmal vor dem Kleiderschrank und hält Modenschau, zeigt Schmuck u. ä. m. Oft wird auch der Tisch beiseite geräumt, Musik gemacht und getanzt, wobei Ältere und Jüngere gleichermaßen mitmachen und auch Frauen zusammen tanzen. Es ist durchaus üblich, daß der eine oder andere ein Gedicht vorträgt und allein oder mit den anderen singt. Der Gast sollte auch hier etwas aus seinem Land parat haben.

Der Gast kann dem Gastgeber die größte Freude machen bzw. seine aufrichtige Dankbarkeit am besten zeigen, indem er einfach mitmacht und nicht höflich-distanziert vor sich hin schweigt, alles ablehnt, sofort satt ist. Beim ***Trinken*** allerdings ist Vorsicht geboten, denn da gibt es Ex-Regeln, die dem Ungeübten zum Verhängnis werden können: Wenn ein Trinkspruch ausgebracht wird, wenn man einander zuprostet, wenn ein verspäteter Gast „aufholen" soll, - Russen leeren das Glas „bis zum Boden" *(do dna),* wer das nicht tut, lädt einen Fluch auf sich oder gilt als unhöflich ... Bei Gästen, zumal bei den Damen, wird da aber Nachsicht geübt, wenn sie erklären, daß sie sich ein wenig Zurückhaltung auferlegen „müssen". Wenn Sie von russischer Seite gefragt werden, ob Sie „trinken", ist meistens Hochprozentiges gemeint. Differenzieren muß dann der ausländische Gast selbst.

Natürlich verlaufen ***viele Einladungen*** in das private Umfeld auch wesentlich anspruchsloser und ***unkonventioneller,*** vor allem wenn sie in der vertrauten und vertraulichen Küche stattfinden. Neben erheblich einfacheren Tischsitten fällt Ausländern z. B. auf, daß ständig weitere Gäste überraschend kommen und wieder gehen, mit Freunden oder Bekannten erneut erscheinen, Zutaten für Mahlzeiten mitbringen und auch zubereiten, die halbe Nacht sitzen bleiben; daß der Gastgeber notfalls alle Vorräte zusammensucht und sozusagen das letzte Hemd opfert, damit er jedem erwarteten und

unerwarteten Freund und Bekannten gerecht werden kann. An einem der nächsten Tage sollte man durchaus noch einmal ***Rückmeldung*** geben und sich für die Einladung bedanken, auch wenn das nicht mehr die allgemeingültige Regel ist. Den Gastgeber freut es, zumal wenn der Dank von einem Ausländer kommt.

Bisweilen trifft man sich später einmal zufällig in der Öffentlichkeit und wundert sich, wie zurückhaltend die Begrüßung dann ausfällt im Vergleich zur Stimmung und zur Vertrautheit während des gemeinsamen Abends. Hier sollte man sich dann an den ***Unterschied zwischen öffentlichem und privatem Verhalten*** erinnern. Und wenn ein weiterer gemeinsamer Abend stattfindet, ist man wieder ganz vertraut ...

Ein paar Notizen aus der Hochschule

Wer in Rußland ein Hochschulgebäude oder auch ein Wohnheim für Studenten betreten wollte, brauchte bis vor kurzem einen *própusk,* eine mit Namen, Unterschrift und auch Photo versehene kleine ***Berechtigungskarte,*** die meist genau kontrolliert wurde. In sensiblen Einrichtungen - oder solchen, die man so betrachtet, - gilt das auch heute.

Der Westler empfindet auch im Hochschulbereich sehr deutlich die ***hierarchischen Strukturen.*** Das mag ihn manchmal hart ankommen, bisweilen ist es aber auch eine Wohltat. Dozenten jedenfalls können auf höfliche, korrekt gekleidete, ruhige, aufmerksam lauschende und fleißig (nach)arbeitende junge Leute blicken. Aber bald vermissen sie schmerzlich jenen schöpferischen Widerspruchsgeist, der ihnen aus heimischen Hörsälen bekannt ist. Auch Kollegen untereinander richten sich in der Regel nach den kleinen, dem Ausländer kaum erkennbaren Hierarchiestufen. Manchmal sind arrivierte jüngere Hochschulmitarbeiter - auch gegenüber dem Ausländer - von einer geradezu aggressiven Selbstüberzeugung, ohne eine Spur jener gelassenen Sicherheit, die die alte Intelligenz auszeichnete.

Eigeninitiative und Eigenverantwortung scheinen nicht unbedingt erwünscht zu sein, oder sie sind erstickt in Plänen und Plänchen, Kontrollen und Kontröllchen.

Die Benutzung von ***Schreibpapier*** folgt anderen Regeln: da wird von oben bis unten, von links bis rechts und rückseitig jede freie Stelle beschrieben. Vielfach werden auch Hefte benutzt. Loseblatteinlagen oder Karteikarten sind dabei weitgehend unbekannt. Das spart zwar Papier, ist aber sehr unübersichtlich und erschwert eine systematische Bearbeitung. ***Stundenpläne*** werden von Studenten und Dozenten übrigens häufig hintereinander weg in Wörtern aufgeschrieben, während Westler die Übersichtspläne vorziehen, die auf einem horizontalen Balken die Wochentage, auf einem vertikalen die Tageszeit angeben. Russische Dozenten und Studenten arbeiten gern mit ***Lehrbüchern*** oder -broschüren, eine freie Zusammenstellung unterschiedli-

chen Materials ist nicht sehr verbreitet. Die Inhaltsverzeichnisse von Büchern und Broschüren befinden sich in der Regel hinten, viele Sach- und Fachbücher enthalten keinen Apparat.

Wie an der Schule, so ist auch an der Hochschule die ***Notenskala*** von oben nach unten aufgebaut: 5 ist die beste, 1 die schlechteste Note. Und wer einmal zählen muß und dabei die Finger einsetzt, knickt die Finger nach innen, mit dem kleinen beginnend. Westler machen es ja umgekehrt: Sie beginnen mit dem Daumen und öffnen dabei die Hand.

Nur wenige Studenten haben einen ***PC,*** auch Dozenten nur selten. Das ***Kopieren*** ist zwar inzwischen erlaubt (in der Sowjetunion mußte jede Kopie einzeln schriftlich genehmigt werden), aber die entsprechenden Geräte und das Papier sind nach wie vor keineswegs an jeder Ecke zu finden.

Bibliotheken sind für die Studenten im allgemeinen Präsenzeinrichtungen, Dozenten dürfen entleihen. Freihandbereiche sind selten. Die Katalogisierung der Bestände erfolgt in der Regel mit Zettelkasten, eine durchgängige Computerisierung der Bestände ist mir noch nicht unter die Augen gekommen.

Wer wissenschaftliche Manuskripte oder ein Buch ***veröffentlichen*** will, kann das tun. Er zahlt dem Verlag im voraus eine größere Summe, kauft dann die Auflage auf und verkauft schließlich die einzelnen Exemplare selbst - an Studenten (die es sich meistens nicht leisten können), an Kollegen oder andere Interessierte. Man kann auch irgendwo einen Verkaufsstand aufbauen.

Wenn Sie eine Vorlesung oder einen ***Vortrag halten,*** wundern Sie sich nicht, wenn sich die zuhörenden Damen im Sommer Kühlung zufächeln, mit einem richtigen Fächer oder einem Blatt Papier: das ist ein Zeichen für überschüssige Wärmegefühle und durchaus kein Hinweis auf Unaufmerksamkeit oder gar Ablehnung, wie der Westler erst einmal irritiert meint. Wenn die Hörer ihre Anerkennung ausdrücken wollen, klatschen sie. Das z.B. in Deutschland gebräuchliche Klopfen ist unüblich.

Studentenwohnheime sind dicht belegt und sehr einfach ausgestattet. Meistens müssen sich mindestens zwei Bewohner ein Zimmerchen teilen. In den älteren Häusern befinden sich das WC und die Dusche möglicherweise im Untergeschoß, für alle gemeinsam. Kleine Küchen gibt es in der Regel auf jeder Etage.

Russen und Deutsche

Gedenkstätte für die Opfer der Schlacht um Stalingrad (KW)

„Zwischen Russen und Deutschen ist alles möglich, nur keine Gleichgültigkeit“
(Pëtr Bulygin, 1968)

„Mit kaum einem anderen Volk sind die Beziehungen so kompliziert, so ambivalent ...“ [110]

„An Mißverständnissen, an Fehleinschätzungen, an Unwissenheit
hat es der Geschichte der beiden Nationen nie ermangelt ...
Sie liebten sich innig, oder sie haßten sich bis aufs Blut,
sie fühlten sich gleichermaßen angezogen und abgestoßen,
und nur zu oft erwartete einer vom andern
alles Heil oder alles Böse auf Erden.“ [111]

Diese Zitate sind nicht neu, kennzeichnen aber nach wie vor besonders treffend die ebenso intensive wie komplexe Beziehung zwischen Russen und Deutschen.

Über lange Jahrhunderte hinweg waren für ihre Kontakte das Zusammenwirken, der Austausch von Handelswaren, von Wissen und Können, von ***Verständnis und Sympathie*** bestimmend. Immer fühlten sich Menschen aus beiden Völkern in besonderer Weise zueinander hingezogen, wollten sie, über die sachlichen Kontakte hinaus, einander kennenlernen, das Land des anderen und seine Literatur, seine bildende Kunst und seine Denkweisen. [112]

Erst in späterer Zeit - mit dem ausgehenden 18. und dem 19. Jahrhundert und den ***nationalen Bewegungen*** in Europa, die nicht bei der liebevollen Versenkung in die eigene Vergangenheit, bei der Beschäftigung mit Sprache und Brauchtum blieben - entstanden nationale Geschichtswissenschaften und Geschichtsbilder, die manche negative Fremdenwahrnehmung transportierten. Jetzt wurde das, was die eine Seite als erfolgreiches „Kulturträgertum“ betrachtete, von der anderen Seite als rücksichtsloses Hineindrängen von Fremdem und Fremden verstanden. [113]

Schließlich führten ***einschneidende historische Ereignisse,*** die zwar zeitlich begrenzt waren, in ihrer Bedeutung aber weit über die kurze Zeitspanne hinausreichten, zu tiefen Zäsuren, die im Rückblick auch die überwiegend positiven früheren Entwicklungen beschatteten. Dies gilt vor allem für den Zweiten Weltkrieg.

Geschichtsbilder

„Was wir tun können, ist nur dies, einzelne Beispiele herauszugreifen, auf einzelne Punkte der Entwicklung, auf einzelne besondere Ereignisse und besonders folgenreiche Vorstellungen den Finger zu legen. Der Abstand von der Gegenwart kann dabei sehr verschieden groß sein, denn die Beziehung zwischen modernen europäischen Völkern wird weitgehend durch deren Geschichtsbilder bestimmt, in denen oft weit zurückliegende Ereignisse von größter Bedeutung sind ...“ [114]

Olga *(Ol'ga),* Witwe eines Kiever Fürsten und Regentin für ihren unmündigen Sohn, hatte sich 957 in Byzanz taufen lassen, ein Schritt, den damals weder Angehörige der Fürstenfamilie noch die Oberschicht oder der ganze Staat nachvollzogen, obwohl in Kiev bereits griechisch-orthodoxe Missionare wirkten und es zahlreiche getaufte Christen gab. *Olgas* Entscheidung hatte sicherlich unterschiedliche Motive, im Vordergrund stand wohl eine mögliche Verbesserung und Vertiefung der Beziehungen zu Byzanz.

Wie unentschieden es trotzdem noch war, welche Religion oder ggf. welche Form des Christentums die Kiever Rus' annehmen würde, wurde darin deutlich, daß *Olga* sich 959 an den deutschen König (und späteren Kaiser) ***Otto I.*** in Quedlinburg wandte mit der Bitte, Missionare der römisch-katholischen Kirche nach Kiev zu entsenden.

Diese Kontakte wurden zu einer Zeit geknüpft, da beide Völker begannen, große staatliche Gebilde zu schaffen und ihre eigene Identität zu entwickeln. Und beide Herrscher erkannten, daß die ***Entscheidung für eine der beiden großen kirchlichen Organisationen*** - die römisch-katholische oder die griechisch-orthodoxe - die zukünftige Entwicklung des Landes wesentlich bestimmen würde.

Die von *Otto* entsandten ***römisch-katholischen Missionare*** reisten nach Kiev. Die Distanz war, geographisch betrachtet, nicht größer als die von Byzanz nach Kiev, aber ungleich schwieriger zu bewältigen. Während man zwischen Byzanz und Kiev recht bequem auf Schiffen unterwegs war, mußten von Deutschland nach Kiev riesige unerschlossene Ebenen, Sumpfgebiete und Flußläufe überwunden werden. Zudem hatte sich bereits bisher die politische, wirtschaftliche und kulturelle Entwicklung der Kiever Rus' in einem engeren Kontakt mit Byzanz vollzogen. So führten verschiedene Umstände dazu, daß die deutschen Missionare bald unverrichteter Dinge nach Hause zurückkehrten. (Erfolgreich wurde die römisch-katholische Mission im europäischen Nordosten, im polnisch-litauischen Raum.) Kiev übernahm schließlich das ***Christentum in seiner griechisch-orthodoxen Form.***

Daß auch danach intensive und offene ***Beziehungen zum lateinischen Westen*** weiterbestanden, zeigen die vielfältigen Handelskontakte, die Handelsniederlassungen sowie die Anwesenheit vieler deutscher Handwerker in Kiev und anderen Städten, nicht zuletzt auch die zahlreichen dynastischen Verbindungen mit schwedischen, norwegischen, französischen und vor allem deutschen Höfen. So wurde z. B. *Praxedis*, eine Schwester des Kiever Großfürsten *Vladímir Monomách* (1113-1125), unter dem Namen *Adelheid* die zweite Frau des Salierkaisers *Heinrich IV.* (1056-1106), der den sprichwörtlichen Weg nach Canossa ging und dessen Gebeine mit den ihren im Dom zu Speyer ruhen.

Diese engen Beziehungen vermerkten später allerdings meistens nur die ***westlichen Quellen,*** die russischen Zeugnisse ließen vieles unerwähnt. Vermutlich schritt nach dem großen Schisma, (dem Auseinanderbrechen der kirch-

lichen Einheit) von 1054 die Entfremdung zwischen dem katholischen Westen und dem orthodoxen Osten so rasch voran, daß russische Chronisten es lieber unterließen, solche konfessionsübergreifenden Kontakte zu erwähnen.

Nóvgorod war schon sehr früh für die russisch-deutschen Beziehungen wichtig geworden. Im Jahre 1189 schlossen die Novgoroder mit Kaufleuten der eben entstandenen deutschen ***Hanse,*** dem großen mittelalterlichen Bund von Handelsstädten im Nord- und Ostseeraum, einen ersten Vertrag. In der Stadt entstand eine eigene Niederlassung deutscher Kaufleute, der St.-Peter-Hof.

Novgorod war das ***Tor Rußlands nach Westen,*** vor allem nach Deutschland - nicht nur im Handel, sondern auch in manchen anderen Bereichen. So wurde z. B. die berühmte Bronzetür der Novgoroder Sophienkathedrale in einer Magdeburger Werkstatt hergestellt.

Diese engen Verbindungen blieben über drei Jahrhunderte erhalten. Erst 1494, im Jahr der Zerstörung und endgültigen Einverleibung der Stadt durch den Moskauer Herrscher *Iván III.*, wurden der St.-Peter-Hof und andere deutsche Niederlassungen geschlossen.

Hansestadt im eigentlichen Sinne ist Novgorod jedoch nicht gewesen, auch wenn das in manchen deutschen Darstellungen des 19. und des 20. Jahrhunderts zu lesen ist.

In der ersten Hälfte des 13. Jahrhunderts war die Kiever Rus' durch inneren Verfall geschwächt und durch den Mongolensturm in seiner politischen Existenz bedroht. Schweden und der Deutsche Orden nutzten die Situation für weitere Vorstöße nach Osten. Im Jahre 1240 gelang es jedoch ***Aleksándr Névskij,*** dem Fürsten von Novgorod und Großfürsten von Vladímir, einen großen schwedischen Angriff abzuwehren. Und 1242 besiegte er in der *Ledóvoe pobóišče*, der Winterschlacht auf dem Eise des Peipussees, den Deutschen Orden.

Die guten Handelsbeziehungen waren von der Schlacht von 1242 kaum betroffen. Sie hat auch keineswegs eine russisch-deutsche Erbfeindschaft begründet, zumal das historische Gedächtnis der Deutschen *Aleksandr,* wenn überhaupt, in der Regel nur als Bezwinger der Schweden kennt.

Im deutschen Bewußtsein blieben vielmehr die von Rußland immer wieder nach Nordwesten gerichteten militärischen Vorstöße. Denn Rußland versuchte über Jahrhunderte hinweg, die baltische Region zu erobern, um den unmittelbaren Zugang zur Ostsee und zu ihren eisfreien Häfen zu erlangen. In der zweiten Hälfte des 16. Jahrhunderts führte *Iván IV.* mit diesem Ziel einen 25jährigen Krieg, der in Deutschland eine ***erste Welle von „Russenangst"*** auslöste [115)], obwohl er schließlich mit einer russischen Niederlage endete. Als *Peter der Große* anderthalb Jahrhunderte später - 1721, nach einem 21jährigen Krieg - die Region schließlich in Besitz nehmen konnte, lebte diese Angst wieder auf.

Und mit diesem Erfolg *Peters* von 1721 erlangte jener Sieg *Aleksandrs* von 1242 in Rußland eine neue Bedeutung. Waren *Aleksandr* und seine militärischen Taten jahrhundertelang nicht höher oder niedriger eingestuft worden als andere, so wurde er nun im Rückblick zum Helden, zum ***Symbol des ersten erfolgreichen Kampfes gegen den Westen,*** vor allem aber gegen den deutschen „Drang nach Osten". *Peter der Große* ließ *Aleksandrs* Gebeine nach St. Petersburg überführen, machte ihn zum Schutzpatron der Stadt und begründete 1725 den *Aleksándr-Névskij-Orden* für besondere militärische Leistungen. Die russisch-orthodoxe Kirche sprach ihn heilig, weil er mit seinen Siegen die Ausbreitung des Katholizismus in den orthodoxen Raum verhindert hatte.

In den ersten Jahren der Sowjetzeit rückte diese Bewertung in den Hintergrund; sie wurde erst in den 30er Jahren unseres Jahrhunderts (der beginnenden Hitlerzeit in Deutschland) wieder aufgegriffen. Nach dem Abschluß des Hitler-Stalin-Pakts 1939 verschwand *Aleksandr* für kurze Zeit aus den historischen Darstellungen. Mit dem Beginn des „Großen Vaterländischen Krieges" 1941 begann dann ein wahrer ***Aleksandr-Kult.*** Der nach 1917 in Sowjetrußland abgeschaffte Orden wurde 1942 wiederbegründet, Schriften über *Aleksandr* erschienen in Massenauflage, Historienfilme wurden gedreht, selbst seine Schlachtführung (erst Rückzug, dann Erfolg) wurde zur vorbildlichen Strategie erklärt. Die gegen Hitler-Deutschland gerichtete Symbolik war offenkundig.

Mit *Stalins* Tod 1953 und dem Abbau des Personenkults ab 1956 wurde auch die ***Rolle Aleksandrs auf normale Größe zurückgeführt.*** Nun rückte die Heldenhaftigkeit des Volkes in den Vordergrund der Darstellung. In der jüngsten Zeit wird er schließlich in den großen Zusammenhang der grundsätzlichen Auseinandersetzung zwischen Ost und West gestellt.

Die nordöstlichen russischen Fürstentümer - *Vladímir, Súzdal',* **Moskau** - lebten nach dem Mongolensturm völlig in sich gekehrt und von der politischen Außenwelt abgewandt, vor allem vom Westen. Erst in der zweiten Hälfte des 15. Jahrhunderts gab der aufsteigende Moskauer Staat einen Teil seiner Selbstisolation auf und nahm engere ***Kontakte mit westlichen Staaten*** auf. Sie galten dem Handel, aber auch den verschiedensten Bereichen von Handwerk, Technik und Wissenschaft. Man suchte in Moskau nach Möglichkeiten, Fachleute aller Art als Helfer einer ersten Modernisierung des Landes zu bekommen. Der Erfolg der Moskauer Anwerbung war groß, ihr folgten, nach den Italienern, sehr bald viele Deutsche. Auch in den westlichen Ländern wuchs - ganz im Geiste des Jahrhunderts der Entdeckungen - das Interesse an der aufstrebenden Macht im fernen Moskau.

Der von den Habsburger Kaisern entsandte *Sigmund von Herberstein* weilte zweimal in diplomatischer Mission in Moskau, 1517 und 1526. 1549 erschienen seine *„Rerum Moscoviticarum commentarii"*, eine detaillierte Be-

schreibung von Land und Leuten, Sitten und Bräuchen. Dieses ***erste Rußlandbuch eines Deutschen*** wurde eine Sensation und diente lange Zeit als wesentliche Informationsquelle über Rußland.

Auch die rund hundert Jahre später, 1647 und 1656, erschienene *„Newe Orientalische Reise"* aus der Feder des deutschen Gelehrten und herzoglichen Rates *Adam Olearius* (eigentlich *Öhlschlegel),* der an politischen Reisen nach Moskau (1633-1635) und Persien teilnahm und seine Eindrücke schriftlich niederlegte, gilt als ***Quelle zur Kulturgeschichte beider Länder,*** ihr Autor als einer der Begründer wissenschaftlicher Reisebeschreibung.

An der Wende vom 16. zum 17. Jahrhundert erlebte Rußland die ***Smúta,*** jene Zeit der Wirren, die nicht nur von wirtschaftlichem und sozialem Niedergang, sondern auch von nationalen und religiösen Problemen gekennzeichnet war, die die Existenz des Staates bedrohten. Die Smuta ist in das gesamt-europäische Geschichtsbewußtsein als bedrohliches Phänomen eingegangen und immer wieder dichterisch verarbeitet worden. Für Rußland selbst wurde sie zu einem Trauma. Obwohl das fast 30jährige Chaos im Lande ganz überwiegend hausgemacht war, suchte Rußland, unbewußt oder bewußt, die Schuldigen in „Europa" und reagierte mit Selbstisolation und deutlicher Fremdenfeindlichkeit.

In dieser Zeit erreichte es die Moskauer Kaufmannschaft, daß die ausländischen Konkurrenten aus der Stadt gewiesen und mit allen in Moskau lebenden Ausländern in einer eigenen Vorstadt, in der *Neméckaja slobodá,* angesiedelt wurden. In der ***„Deutschen Vorstadt"*** lebten also keineswegs nur Deutsche, sondern auch Angehörige anderer Völker. Die Deutschen dominierten indessen als Handwerker, Ärzte, Apotheker, vor allem aber als Waffentechniker und Militärexperten. (Fortan - und bis in den Ersten Weltkrieg hinein - gab es unter den hohen Offizieren Rußlands zahlreiche Deutsche.) Außerdem bestanden protestantische Ausländergemeinden mit Pfarrern und Lehrern, Kirchen und Schulen. [116)]

Die *slobodá* wurde berühmt, vor allem seit der junge ***Zar Peter*** sich gern dort aufhielt. Damit verkehrte sich die ursprüngliche Absicht, die mit der Aussiedlung der Fremden verfolgt worden war (die Moskauer vor den Fremden und ihrem Einfluß zu bewahren), in ihr Gegenteil: die geschlossene Siedlung der Ausländer konnte im Sinne einer Europäisierung um vieles „vorbildlicher" werden, als es in der Stadt verstreut lebende Fremde gekonnt hätten. [117)]

Anfang des 20. Jahrhunderts war die ehemalige *slobodá* als ***Stadtviertel*** besonderer Art noch gut erkennbar. [118)] In den 30er und 40er Jahren verschwanden ihre Spuren mehr und mehr. Heute gehört das Quartal zum nordöstlichen Stadtbezirk Moskaus und ist von der Bushaltestelle *Lefórtovo* und der Metrostation *Báumanskaja* aus zu erwandern.

Der Anteil des deutschen Elements an der ***„Europäisierung"*** in der Zeit *Peters des Großen* war groß: Die in der *slobodá* lebenden Deutschen (viele von

ihnen siedelten später in die aufblühende neue Metropole St. Petersburg um), die durch die Eroberung der baltischen Region zu Bürgern Rußlands gewordenen Deutschbalten und die angeworbenen deutschen Fachleute gewannen erheblichen Einfluß. So stiegen z. B. *Baron Heinrich Johann Friedrich Ostermann* aus Bochum und *Graf Burkhard Christoph Münnich* aus Oldenburg im Russischen Imperium der ersten Hälfte des 18. Jahrhunderts zu hohen politischen Ämtern auf.

In den Jahrzehnten nach *Peters* Herrschaft war es vor allem ***Graf Ernst Johann Bühren,*** aus kurländischem Adelsgeschlecht westfälischer Herkunft, der als *Ernst Iogánn Birón* zum allmächtigen Günstling der russischen Zarin *Anna Ivánovna* (1730-1740) emporstieg und den Neid und den Haß der Russen auf sich zog. Diese Zeit hieß fortan *birónovščina* und ging als verhaßte „Fremdherrschaft der Deutschen" in das russische Geschichtsbewußtsein ein.

Die wissenschaftliche Welt Rußlands fühlte sich zurückgesetzt, weil die (1725 von *Peter dem Großen* ins Leben gerufene) ***Akademie der Wissenschaften*** fast ausschließlich mit ausländischen Gelehrten besetzt war. Federführender Kritiker dieser Situation war der große russische Gelehrte *Michaíl Lomonósov*, nach dem die 1755 gegründete Moskauer Universität ihren Namen erhielt.

Die ***zaristische Heiratspolitik*** führte zu dynastischen Verbindungen mit mehreren größeren und kleineren deutschen Höfen (Holstein, Braunschweig, Anhalt-Zerbst u. a.). Die dadurch ins Land kommenden deutschen Bürokraten und Höflinge verstärkten manches antideutsche Ressentiment in der Bevölkerung.

Als Zar *Peter III.*, Enkel Peters des Großen und Sohn des Herzogs von Holstein-Gottorp, für kurze Zeit den russischen Thron bestieg, führten Österreich mit seinen Verbündeten auf der einen Seite und Preußen mit den seinen auf der anderen den ***Siebenjährigen Krieg*** (1756-1763) um den Besitz Schlesiens. Peter gab dem Krieg die entscheidende Wende, als er 1762, aus Bewunderung für den preußischen König *Friedrich den Großen*, seine Orientierung änderte, sich aus der Allianz mit Österreich löste und mit Preußen Frieden schloß. Damit konnte Preußen den Krieg gewinnen und sich als Großmacht etablieren.

Dieser Vorgang wurde als ***„Mirakel des Hauses Brandenburg"*** Bestandteil des Geschichtsbewußtseins. Die Dankbarkeit Preußens war eine der Voraussetzungen dafür, daß Rußland sich bei den Teilungen Polens von 1772, 1793 und 1795 erheblich größere Territorien zuschlagen konnte als Preußen selbst und Österreich. So wertete auch Rußland das „Mirakel" und seine Folgen als überaus positiv.

Die Witwe und Nachfolgerin Peters III., ***Katharina II.*** (1762-1796) aus dem Hause Anhalt-Zerbst, wurde eine von den Russen hochgeschätzte Zarin – größtenteils wohl eine Folge ihrer immensen Territorialgewinne für Rußland,

die die teilweise höchst problematischen inneren Zustände des Landes vergessen ließen.

Wegen ihrer Leistungen als Herrscherin wurde sie auch für die Deutschen eine überaus positive Gestalt, sozusagen eine tüchtige Landsmännin. Hinzu kam ihre Kolonisationspolitik, für die sie vor allem deutsche Einwanderer einsetzte. So begann mit *Katharina* die rund 200jährige Geschichte der ***„Rußlanddeutschen“***, die in ihrer längsten Zeitspanne durchaus als erfolgreiche Geschichte zu bezeichnen ist.

Da *Katharina* für die kurz zuvor eroberten, fast menschenleeren Regionen eine systematische bäuerliche Besiedlung anstrebte, startete sie 1762 eine Werbekampagne vor allem im süddeutschen Raum, in der sie potentiellen ***Siedlern*** Abgabenfreiheit, Freiheit vom Truppendienst, Religionsfreiheit, Selbstverwaltung und staatliche Darlehen in Aussicht stellte. Die Kampagne stieß auf ein lebhaftes Echo, da in den deutschen Ländern viele Bauern den sozialen, politischen und religiösen Wirren im Umfeld des Siebenjährigen Krieges und dem Kriegsdienst entgehen wollten. So entstanden vor allem an der Volga und in der Schwarzmeerregion - *Potëmkins* „Neurußland“ - zahlreiche deutsche Siedlungen.

Diese Dörfer mit ihren sogenannten Kolonisten verloren zwar später einen Teil ihrer Privilegien, konnten sich aber bis Anfang des 20. Jahrhunderts in den relativ geschlossenen Siedlungsgebieten sehr erfolgreich entwickeln.

Neben den Kolonistensiedlungen entstanden im Laufe des 19. Jahrhunderts ***andere große Gemeinden mit deutscher Bevölkerung,*** vor allem in Moskau, St. Petersburg und Odessa. Diese Menschen waren entweder russische Staatsbürger deutscher Abstammung („Deutsche“) oder deutsche Staatsbürger, die in Rußland lebten und arbeiteten („Deutschländer“). [119)]

Der Erste Weltkrieg und die bolschewistische Revolution unterbrachen diese Entwicklung. Sie konnte in den 20er Jahren teilweise und kurzfristig wieder aufgenommen werden konnte. An der mittleren Volga wurde die ***„Autonome Republik der Volgadeutschen“*** gegründet, die bis 1941 bestand. Dann wurde die - von der politischen Führung in die Welt gesetzte und Teilen der russischen Bevölkerung durchaus nicht unwillkommene - ungerechtfertigte Beschuldigung der Kollaboration mit Hitlerdeutschland dazu benutzt, die Republik aufzulösen und ihre Bewohner in den asiatischen Teil des Landes zu ***deportieren.*** In den Jahren 1943 und 1944 wurden, nach mehrmaligem sowjetisch-deutschem Frontwechsel in der Schwarzmeerregion, auch die Kolonisten aus den dortigen Siedlungen deportiert. Viele der Deportierten kamen ums Leben, als Opfer von äußerst schwierigen Lebensbedingungen in unerschlossenen Regionen und von Zwangsarbeit.

Eine ***partielle Rehabilitation*** der deportierten Kolonisten begann in den 60er Jahren, eine Rückkehr in die früheren Siedlungsgebiete blieb indessen in der Regel ausgeschlossen. Sie scheiterte auch am Widerstand der dort inzwischen ansässig gewordenen russischen Bevölkerung. In den frühen

90er Jahren konnten einige tausend Familien vor allem in der Schwarzmeerregion (der heutigen Ukraine) und im St. Petersburger Raum Fuß fassen, einige wenige auch an der Volga. Ihre äußeren Lebensbedingungen sind schwierig, die Akzeptanz von seiten der russischen Bevölkerung ist sehr begrenzt.

Heute leben noch rund 2 Millionen „Rußlanddeutsche“ in Westsibirien, in Kasachstan und den mittelasiatischen Republiken. Ein Großteil erstrebt die ***Rückwanderung nach Deutschland.*** Hier mußten allerdings manche von ihnen schon feststellen, daß sie viel „russischer“ sind, als es in Rußland schien. So äußern sie auch voller Bitterkeit: In Rußland hat man uns für Deutsche gehalten, in Deutschland hält man uns für Russen ...

Im Jahre 1812, als *Napoleon* im Bewußtsein der Länder und der Völker Europas vom Neuerer bereits zum Beherrscher und Despoten geworden war, wurde auch das Zarenreich Ziel eines Kriegszuges: Napoleon und seine Grande Armée drangen tief in das Land ein. Bei ***Borodinó*** vor Moskau kam es zu einer zwar verlustreichen, aber keineswegs kriegsentscheidenden ***Schlacht.*** Sie wurde im russischen Geschichtsbewußtsein zur entscheidenden Wende - nicht nur im „Vaterländischen Krieg“ Rußlands, sondern auch in den gesamteuropäischen Freiheitskämpfen. Der Zar und Rußland sahen sich als Retter Europas. An der nationalen Gedenkstätte von Borodinó wird bis heute daran erinnert - mit dem Hinweis, daß Rußland nicht die angemessene Dankbarkeit der westlichen Länder erfahre.

Den Deutschen ist Borodinó kaum bekannt. In ihrem historischen Gedächtnis war es die ***Völkerschlacht bei Leipzig*** im Jahre 1813, die zum baldigen

Napoleon verläßt das brennende Moskau (Otto von Faber du Faur, 1828-1901)

Sturz Napoleons führte. Hier ist es das zur Erinnerung errichtete Völkerschlachtdenkmal, an dem bis heute heroische Gedenkfeiern stattfinden, bei denen auch daran gedacht wird, daß die Anwesenheit russischer Truppen während der letzten Kämpfe gegen Napoleon bei den Menschen in Mittel- und Westeuropa ein deutliches Unbehagen auslöste.

Die erste Hälfte des 19. Jahrhunderts wurde in den europäischen Ländern ein Zeitalter der innenpolitischen ***Restauration.*** Die Völker, die die Freiheitskämpfe gegen Napoleon auch als Emanzipation von den Herrschenden verstanden hatten, antworteten darauf mit liberalen Bestrebungen, die dann in den 30er und 40er Jahren auch in revolutionären Bewegungen und Aufständen zum Ausdruck kamen. Die Herrscher gingen ihrerseits vom sogenannten Legitimitätsprinzip aus, d. h. von der Überzeugung, daß ihre Herrschergewalt von Gottes Gnaden eingesetzt und durch höhere Grundsätze gerechtfertigt sei. Die Auseinandersetzung zwischen beiden Überzeugungen führte in einigen Ländern zur Verabschiedung von Verfassungen, in anderen - vor allem in Rußland - zu Repressionen. Da sich der russische Zar *Nikolaus I.* (1825-1855) auch außerhalb Rußlands im Sinne repressiver Maßnahmen einmischte, galt er bald als der ***Gendarm Europas*** - und wurde als solcher gefürchtet, nicht zuletzt in Deutschland.

Die außenpolitischen Auseinandersetzungen Rußlands - in denen es um die Vormachtstellung auf dem Balkan und im östlichen Mittelmeerraum ging - wurden von den deutschen Ländern relativ gelassen betrachtet, da ihre Interessen nicht unmittelbar berührt waren. Rußland seinerseits konnte in seiner Politik gegenüber den Deutschen ruhig agieren, da es seit der Auflösung des Heiligen Römischen Reiches Deutscher Nation im Jahre 1806 nicht mehr einem großen, sondern ***vielen kleinen deutschen Partnern*** gegenüberstand. Darüber hinaus lebte die Tradition des russisch-preußischen Einverständnisses und des dynastischen Wohlwollens zwischen den Románovs und den Hohenzollern weiter, nicht zuletzt wegen ähnlicher Interessen in ihren polnischen Territorien.

Mit der ***Gründung des Deutschen Reiches im Jahre 1871*** änderte sich das - und damit auch die politische Atmosphäre in den russisch-deutschen Beziehungen. In Rußland kam die Sorge auf, daß diese neue europäische Macht zu stark werden könnte. So verstand es *Bismarcks* Bemühungen, das Kräfteverhältnis der Großmächte nach Möglichkeit in Balance zu halten, als den Versuch, Rußland „aus Europa hinauszudrängen". In Deutschland wiederum wollte man verhindern, daß Rußland seinen Einfluß in Europa verstärken oder noch weiter „nach Europa vordringen" könnte, als dies aufgrund der Teilungen Polens bereits geschehen war. Hier galt *Bismarcks* außenpolitisches Vorgehen als Politik des Gleichgewichts.

Hinter den unterschiedlichen Sichtweisen standen letztlich immer die jahrhundertealten gegenläufigen Bewegungen des orthodoxen Rußland nach Westen und des lateinischen Europa nach Osten. Und ***Deutschland, nun Führungsmacht in Mitteleuropa,*** galt als Ausgangspunkt der Ostbewegung. So wurde die traditionelle russisch-preußische Einmütigkeit, die trotz einiger Belastungen fortbestanden hatte, in den 90er Jahren von einem russisch-französischen Einklang abgelöst.

Und schließlich führten die internationalen Spannungen um die Aufteilung der Interessensphären der Großmächte in Fernost und im Mittelmeerraum, die nationalen Bewegungen in Europa (vor allem in Österreich-Ungarn), die Rolle Rußlands bei diesen Bewegungen und nicht zuletzt auch das psychologisch ungeschickte Auftreten des deutschen Kaisers, sein verbales Säbelrasseln und seine herabsetzenden Äußerungen über „die Slaven" zum Ausbruch des ***Ersten Weltkriegs.*** In manchen Köpfen wurde er zum großen Kampf zwischen Germanentum und Slaventum.

Angesichts der militärisch und politisch desolaten Lage in Rußland verhandelte die bolschewistische Regierung von November 1917 bis März 1918 mit den Mittelmächten (Deutschland, Österreich-Ungarn und ihren Verbündeten), um den Krieg zu einem akzeptablen Ende zu bringen. Der schließlich getroffene Friedensschluß von *Brest-Litóvsk* fiel indessen für Rußland so ungünstig aus, daß er als ***Schandfriede*** in die russische Geschichte einging.

Nach der Niederlage Deutschlands und seiner Verbündeten und dem allgemeinen Ende des Ersten Weltkriegs fanden unter der Führung der Westmächte Verhandlungen zur Reparationsfrage statt. In dieser Situation schlossen das Deutsche Reich und die Russische Sozialistische Sowjetrepublik im Jahre 1922 den ***Vertrag von Rapallo,*** mit dem beide Mächte auf alle gegenseitigen finanziellen Forderungen verzichteten, eine wirtschaftliche Annäherung vereinbarten und sofort diplomatische Beziehungen aufnahmen. Dieser Vertrag wurde in Rußland zu einem Symbol des Schulterschlusses von Besiegten gegenüber den Siegern, zum Modell eines sinnvollen russisch-deutschen Interessenausgleichs. In Deutschland galt er außerdem als Versuch, die für Deutschland sehr belastenden Bedingungen des Versailler Vertrags von 1918/1919 wenigstens teilweise zu kompensieren.

Der Trend zum Zusammenwirken setzte sich mehr als ein Jahrzehnt fort. Erst Mitte der 30er Jahre trat eine gewisse ***Abkühlung in den Beziehungen*** ein. In dieser Zeit versuchte die Sowjetunion, durch eine vorsichtige Gleichgewichts- und Vertragspolitik mit den Westmächten die stets gefürchtete „Einkreisung" zu verhindern. Trotz allen wechselseitigen Mißtrauens waren sich aber die beiden Diktatoren *Hitler* und *Stalin* darin einig, vorerst keinen Krieg gegeneinander zu führen, was sie im sogenannten ***Hitler-Stalin-Pakt*** vom 23. August 1939 dokumentierten. In einem nichtveröffentlichten

Zusatzprotokoll zum Vertrag vereinbarten sie stattdessen, Ostmitteleuropa unter sich aufzuteilen und die jeweiligen Interessensphären abzustecken – was unmittelbar danach in die Tat umgesetzt wurde, von seiten der Sowjetunion mit Krieg, Besetzungen und Annektionen, von Deutschland mit der Auslösung des ***Zweiten Weltkriegs.***

Trotz mancher Warnungen traf der ***Angriff Hitler-Deutschlands*** vom 22. Juni 1941 die Sowjetunion zwar gerüstet, aber nicht auf eine Verteidigung vorbereitet.

Der nachfolgende Krieg, in Anlehnung an den Abwehrkampf Rußlands gegen Napoleon ***„Großer Vaterländischer Krieg“*** (1941-1945) genannt, ist im kollektiven Gedächtnis des Landes mit einigen unveränderlichen Bildern lebendig: dem verräterischen Überfall von seiten Hitlerdeutschlands; der 900tägigen Belagerung von Leningrad, für deren Opfer nach dem Krieg in *Piskarëvo*, einem Außenbezirk der Stadt, eine riesige Gedenkstätte angelegt wurde; der Schlacht um Stalingrad, die die Wende zum Sieg brachte; dem heldenhaften und patriotischen Kampf der Partisanen gegen die Besatzer; dem Tod von 20 bis 30 Millionen Menschen (die Zahlen differieren); dem Einmarsch in Berlin. Der Tag der Kapitulation Deutschlands am 9. Mai 1945 wird in Rußland (und den anderen Nachfolgestaaten der Sowjetunion) als Feiertag begangen, der alle Menschen zu Patrioten macht und heroische Erinnerungen beschwört.

Auch ***für die Deutschen*** wurde der russisch-deutsche Krieg zum Trauma. In der Erinnerung des einzelnen leben die Schlammperiode, die unerbittliche Kälte, die Vernichtungskämpfe um Stalingrad und die Leidensgeschichte der langjährigen Gefangenschaft. (Gleichzeitig erinnern sich viele Betroffene aber auch an die Güte und die Hilfsbereitschaft der einfachen russischen Menschen.) Auch die Vertreibung der deutschen Bevölkerung aus den Ostgebieten Deutschlands blieb in der Erinnerung.

Die ***Bilanz des Zweiten Weltkriegs*** hatte ***für die Sowjetunion*** zwei Seiten. Auf der einen Seite stand das Trauma der ungeheuren Opfer an Menschenleben und der Zerstörungen im Westteil des Landes. Auf der anderen Seite konnte sie alle zu Kriegsbeginn 1939 gemachten territorialen Gewinne behaupten und einige hinzufügen und ihre Einflußsphäre weit nach Westen vorschieben. Das Gebiet *Kaliningrad/Königsberg* wurde der unmittelbaren Verwaltung Moskaus unterstellt, heute ist es russische Exklave an der Ostsee, zwischen Polen und Litauen gelegen.

Diese zweite Seite der Kriegsfolgen war für die Menschen des Landes jahrzehntelang eine Art Kompensation für die bedrückende Tatsache, daß der ***Lebensstandard*** im Lande sich kaum verbesserte und – soweit man darüber Bescheid wußte – gegenüber dem der westlichen Ländern weiter zurückfiel.

So betrachtete ein nicht unerheblicher Teil der russischen Bevölkerung den Zusammenbruch des sozialistischen Regimes in der DDR und die ***Wieder-***

vereinigung Deutschlands, die von der sowjetischen Politik unter *Michail Gorbačëv* ermöglicht worden waren, als einen Verrat an der großen Vergangenheit, mit dem die Sowjetunion nachträglich um die Früchte ihres Sieges gebracht worden sei. In diesem psychologischen Kontext steht auch die bisherige Weigerung Rußlands, die Kulturgüter, die im Umfeld des Krieges in die Sowjetunion verbracht worden waren, die sogenannte Beutekunst, an Deutschland zurückzugeben.

Eine ähnliche Problematik beherrschte auch eine andere russisch-deutsche Begegnung: In den Jahren 1990 und 1991 kam es in der Sowjetunion - aus innenpolitischen und -wirtschaftlichen Gründen - zu einer dramatischen Verschlechterung der Versorgungslage. Unmittelbar nach Bekanntwerden dieser Situation starteten mehrere deutsche Organisationen und Einrichtungen die humanitäre ***„Helft-Rußland"-Aktion,*** in deren Verlauf Lebensmittelpakete in die großen Zentren des Landes geschickt wurden. Für die meisten deutschen Spender standen die dankbare Erinnerung an die amerikanischen Care-Pakete der Nachkriegszeit, eine persönliche „Wiedergutmachung", die Sympathie für Gorbačëv und die Unterstützung seiner Reformpolitik sowie eine ehrliche Hilfsbereitschaft im Vordergrund. Die notleidenden Menschen in Rußland nahmen die Hilfe dankbar an. Gleichzeitig empfanden viele Russen Scham, Zorn und Trauer, daß es gerade die Deutschen waren, von denen sie Hilfeleistungen entgegennehmen mußten: Waren wir nicht einmal die Sieger? Müssen wir eine solche Demütigung hinnehmen?!

Heute sieht Rußland im wiedervereinigten Deutschland in der Regel einen zuverlässigen Wirtschaftspartner, Kreditgeber und Freund. Zwischen Russen und Deutschen scheint eine ***Art Erbfreundschaft*** entstanden zu sein.

Begegnungen

Weitgehend unberührt von außenpolitischen Konflikten kam es im 19. und im beginnenden 20. Jahrhundert zu einer Fülle russisch-deutscher Begegnungen ***im kulturellen und philosophisch-politischen Bereich.***

Zahlreiche junge Russen studierten an deutschen Universitäten - u. a. in Göttingen und Heidelberg. [120] Bei der Oberschicht und der wohlhabenden bürgerlichen Bildungselite wurden ***Deutschlandreisen*** und -aufenthalte gang und gäbe, Baden-Baden war einer der beliebtesten Zielorte. Auch literarische und politische Emigranten wählten für ihr Exil vielfach Deutschland.

Auch ***in Rußland*** selbst wirkten manche deutsche Einflüsse. So wurden die philosophischen Theorien von *Hegel, Schelling* oder *Feuerbach* in Moskauer Intellektuellenkreisen heiß diskutiert. Deutsche Dichter und ihre Werke -

wie *Goethe, Schiller* oder *Heine* - gingen in den Bildungskanon der Intelligenz ein. Heines *Loreley*-Gedicht wurde in Rußland wesentlich bekannter als in Deutschland. Die Oberschicht sprach Französisch und Deutsch. *Beethoven* wurde ein vielgespielter Komponist. Später fanden sozial-revolutionäre Lehren der deutschen Autoren *Karl Marx* und *Friedrich Engels* in politischen Zirkeln Rußlands eine so breite Akzeptanz, daß sie zur ideologischen Grundlage der bolschewistischen Revolution werden konnten.

In Deutschland begann man, die großen Literaten Rußlands zu bewundern - *Púškin, Lérmontov, Gógol', Turgénev, Dostojévskij, Tolstój, Čéchov* und andere. (Daß sie nicht ganz so viel gelesen wurden wie die deutschen Dichter in Rußland, lag an den unterschiedlichen Lesetraditionen. Und das ist bis heute so.) *Músorgskij, Čajkóvskij, Rimskij-Kórsakov* und andere wurden bei deutschen Musikliebhabern sehr populär. Auch die großen Klassiker der russischen Malerei, wie *Veneciánov, Répin, Ajvazóvskij*, fanden in Deutschland Bewunderung. *Kandínskij* und *Javlénskij* gehörten der Münchner Künstlergemeinschaft Blauer Reiter an ...

Nach der bolschewistischen Revolution von 1917 führte die erste große ***Emigrationswelle*** Zehntausende Angehörige der russischen Oberschicht, der Bildungselite, der Künstlerwelt ins Ausland; die meisten faßten erst einmal in Berlin Fuß. Ihre Gegenwart und ihr Wirken brachten vielen Deutschen zum Bewußtsein, wie reich und vielfältig die gegenseitige Inspiration immer gewesen ist.

Eine zweite, erheblich kleinere Emigration fand in den 60er und 70er Jahren, auch noch Anfang der 80er Jahre statt. Es handelte sich in den meisten Fällen um Literaten, die zu Dissidenten geworden waren oder die der sowjetische Staat dafür hielt. Manche waren während einer genehmigten Auslandsreise ausgebürgert worden. In Deutschland wurden vor allem der Schriftsteller *Aleksándr Solženícyn* und der Literaturwissenschaftler *Lev Kópelev* allgemein bekannt.

Die Emigranten der 90er Jahre entstammen zwar noch überwiegend der mittleren Bildungsschicht, aber auch anderen Bevölkerungsgruppen; viele gehören dem russischen Judentum an oder betrachten sich als dazugehörig. Sie lassen sich in der Regel in Berlin und anderen großen Zentren sowie in Universitätsstädten nieder.

Fremdenbilder

Mit der Aufgabe betraut, über den Elefanten zu schreiben, verfaßt der Amerikaner einen Aufsatz „The elephant and how to make him bigger", der Franzose „L'éléphant et l'amour", der Russe legt eine Arbeit vor mit dem Titel „Der Elefant - eine russische Erfindung" und der Deutsche eine 12bändige „Kurze Einführung in die Entwicklungsgeschichte des Elefanten".

Auf einer Bank in Moskau wartet ein Mann auf seinen Freund. Der kommt schließlich angeeilt und entschuldigt sich für seine Verspätung. Sagt der Wartende: Schon gut, schon gut - wir sind doch keine Deutschen!

In dem Elefanten-Witz und in der Antwort des Wartenden zeigen sich ***Klischeevorstellungen,*** die die Völker voneinander haben, in knapper, gleichsam herauskristallisierter Form.

Klischees, stereotype Fremdenbilder wachsen in Jahrhunderten, gespeist von geschichtlichen Ereignissen, von Begegnungen zwischen Staaten und Menschen, von Wahrnehmungen. Sie zu leugnen wäre nicht nur sinnlos, sondern auch kontraproduktiv. Denn sie sind keineswegs von vornherein etwas Falsches oder Negatives, meistens enthalten sie, trotz ihrer vereinfachenden Banalität, durchaus ein, zwei oder drei ***Körnchen Wahrheit.*** Nur wenn sie unerkannt bleiben, können sie eine verhängnisvolle Rolle spielen, erkannt und bewußtgemacht werden sie zu ***Bausteinen von gegenseitigem Verstehen*** und Verständnis. Manchmal kann sogar ein Verhalten, das nicht dem vertrauten Klischee entspricht, zu Irritationen führen - da geht es dann um die Fremdenrolle, die der Ausländer zu erfüllen hat.

Hier seien einige tradierte Klischees nochmals erwähnt oder hervorgehoben.

Als Konstanten des russischen Wesens gelten in deutschen und anderen ausländischen Vorstellungen die „breite Natur" mit ihrer Neigung zu Extremen, die physische und psychische Belastbarkeit, die Warmherzigkeit und Hilfsbereitschaft, die Schwermut, die Gleichgültigkeit gegenüber dem Begriff Zeit.

Zum festgefügten Bild über Russen gehört auch, daß sie literarisch hochgebildet sind; daß ihre Geschichtswahrnehmung von einem Patriotismus geprägt ist, der oft übersteigert und rückwärtsgewandt wirkt; daß sie nicht gern systematisch arbeiten und wenig diszipliniert sind; daß sie ein zwiespältiges Verhältnis zum technisch-zivilisatorischen Fortschritt haben, den sie einerseits bewundern, andererseits aber nicht konsequent anwenden; daß sie auf das Kollektiv und auf hierarchische Strukturen fixiert sind. Ein russisches Sprichwort meint selbstkritisch: *„Der Russe liebt das Vielleicht, das Ungefähr und das Irgendwie."*

Umgekehrt zählen zu den ***Klischees über die Deutschen*** die schon erwähnte Pünktlichkeit, außerdem Fleiß, Sauberkeit, Ordnungsliebe, Disziplin, Organisationstalent, technische Begabung, Ehrlichkeit, Offenheit, Zuverlässigkeit (die im politisch-historischen Kontext des Kriegsausbruchs von 1941 manchmal in Frage gestellt wird), hohes zivilisatorisches und kulturelles Niveau.

Ein Deutscher wird sich nun über ein so uneingeschränktes russisches „Lob" freuen, da er diese Eigenschaften als ausschließlich positiv ansieht. Er sollte aber wissen, daß Russen diese deutschen Züge oft auch belächeln, was in manchem ihrer Sprichwörter zum Ausdruck kommt: *„Der Deutsche hat für alles ein Instrument."* Oder: *„Der Deutsche ist schlau: Er hat den Affen erfunden.", „Beim Deutschen sind die Beine etwas dünn geraten und die Seele etwas kurz."*

Zu den eindeutig negativen Klischees über die Deutschen, die durchaus einmal im Widerspruch zu den positiven stehen können, gehören: die Kleinbürgerlichkeit, d. h. ein spießiges, kleinliches, egoistisches Denken mit dem Hang zu überzogenem Individualismus, zu Besitz und Abschottung, zu Scheinheiligkeit und Heuchelei, zu Besserwisserei. Ein weiteres Negativklischee ist der Hang zum Wunschdenken, zu Illusionen, die in Verbindung mit den an sich positiven Elementen Fleiß und Organisationstalent zu gefährlichen Realisierungsversuchen führt. Hinzu kommen die Neigung zu gewaltsamem Vorgehen, der „Drang nach Osten", Autoritätshörigkeit und Obrigkeitsdenken.

Alltagswahrnehmungen in Deutschland

In der Bundesrepublik erregte in den 80er Jahren ein Buch Aufsehen, das 1984 in deutscher Übersetzung erschien unter dem Titel „Die Türen öffnen sich langsam. Eine Moskauerin erlebt den Westen" von ***Raísa Orlóva-Kópelev*** *(Raissa Orlowa-Kopelew).* Die russische Autorin - Literaturwissenschaftlerin, mit *Lev Kopelev* verheiratet und mit diesem 1981 während einer Auslandsreise aus der Sowjetunion ausgebürgert und danach in Köln ansässig - erlebte einen besonders heftigen Kulturschock. Voller Trauer und Bitterkeit schilderte sie die Eindrücke ihrer ersten (!) Zeit in Deutschland.

„Uns trennen Mauern von Vorurteilen, Abgründe von Nichtwissen" [121] stellte sie fest. Der Alltag in Deutschland sei in vielem feindselig. Die Haussprechanlagen, die hohen Gartenzäune markierten Abwehr und Ausgrenzung. Das Leben sei überall gleichartig, in der Stadt nicht anders als auf dem Land. Das Privatleben werde in jeder Weise abgeschottet. Es gelte als ungehörig, sich in die Angelegenheiten anderer einzumischen, sich danach zu erkundigen. Auf die Frage: „Wie geht es Ihnen?" komme unweigerlich die Antwort: „Danke, ausgezeichnet!" Man wolle sich eben nicht hinter die Kulissen schauen lassen. Höflichkeitsfloskeln beruhten häufig auf schierer Konvention, vielleicht auch auf Heuchelei. So sage man im Süden Deutschlands zu Freund und Feind gleichermaßen „Grüß Gott!". Die Liebedienerei gegenüber dem Kunden als König sei Ausfluß von Konkurrenzdenken. Die Generationen lebten voneinander isoliert, Jugendliche verließen sehr früh das Elternhaus, auch wenn sie finanziell noch abhängig seien. Es gebe keine literarischen Zirkel, in denen Interessierte und Gleichgesinnte zusammenkämen. Die Deutschen hätten keine echten Sorgen, daher bliesen sie die unechten auf. Oberflächlichkeit und Halbwissen gehörten zu den Konsequenzen einer Welt der Halbfertigwaren ...

Erst nach längerem Aufenthalt konnte sie abwägen: *„Wir begegneten jenen Deutschen, die uns immer fremd bleiben werden, und den anderen: Wahlverwandten, Freunden."* [122]

1986 erschien in der Sowjetunion der Gorbačëv-Ära ein Buch über „Die BRD in den 80er Jahren“. Sein Autor ***Valentín Fëdorov*** hatte mehrere Jahre als Korrespondent in Bonn gearbeitet. Im ersten Teil des Buches schilderte er seine Eindrücke von den wirtschaftlichen Strukturen in der Bundesrepublik, im zweiten, soziologischen Teil beschrieb er Lebens- und Verhaltensweisen der Bundesdeutschen, wie er sie wahrgenommen hatte.

Er schrieb: Die deutsche Ordnungsliebe habe perfektionistische Züge und lasse bisweilen die Sache wichtiger werden als den Menschen, die Form wichtiger als den Inhalt. Warum gehe nichts ohne Terminkalender, warum müsse alles und jedes geplant, geregelt werden? Warum stünden und hingen überall Schilder mit Geboten und Verboten? Wozu müßten z. B. auf einem Wäschegestell unbedingt Strumpf neben Strumpf und Hemd neben Hemd hängen, dazu noch auf dem absolut windstillen Trockenboden mit Klammern befestigt?

Und weiter: Für einen Russen sei es schwer, sich an die kleinen Dimensionen des Landes zu gewöhnen, mit seiner puppenstubenhaften Akkuratheit und Reinlichkeit. Gleichzeitig seien die Deutschen dabei aber inkonsequent, z. B. spuckten sie nicht auf die Straße – das gälte als sehr ungehörig –, ließen aber Herrchens und Frauchens Lieblinge ungestraft die Gehwege verdrecken. Die Deutschen seien allzu disziplinierte Verkehrsteilnehmer, sie warteten sogar, wenn die Ampel Gelb zeige. Sie trügen auch niemals Geld lose in der Tasche, sondern immer ordentlich in einer Geldbörse.

Zu Gast auf der Datscha (ED)

Einen großen Teil ihrer Freizeit verbrächten die Deutschen beim samstäglichen Familieneinkauf, ansonsten spielten Bier und Fußball eine große Rolle, auch Tennis. Man sehe zwar selbst am Wochenende keine Betrunkenen auf der Straße liegen, in den Lokalen gehe es aber sehr laut zu, vor allem in Süddeutschland. Die Deutschen seien überhaupt auffallend laute Menschen. Abends säßen sie am liebsten vor dem Fernseher und schauten Krimis an. Wenn es gemütlich werden solle, zündeten sie das ganze Jahr Kerzen an, nicht nur an den Weihnachtstagen. Auf die Frage „Haben die Deutschen Humor?" habe ein Bundesbürger nach einigem Nachdenken geantwortet: „Ich weiß es nicht, die Deutschen bauen gute Autos."

Deutsche der älteren Generation erwähnten in Gesprächen mit Russen mit Vorliebe, daß sie während des Krieges „auch in Rußland" gewesen seien. Sie nennten Städte, Ortschaften, vor denen sie gelegen, Flüsse, in denen sie gebadet, gute Weine, die sie auf der Krim genossen hätten. Manche deutsche Gastgeber fragten dann auch in mitfühlendem Ton: Hat Ihr Land im Krieg auch so schwer gelitten? *„Der Unterton solcher Reminiszensen ist meistens nicht feindselig, böswillig oder negativ gefärbt. Aber keiner dieser Menschen ahnt, daß sich bei solchen Gesprächen dem Russen das Innerste umstülpt ..."* [123]

Seit den späten 60er Jahren gibt es in Deutschland ***russische Gastdozenten,*** die für zwei oder drei Jahre an hiesigen Universitäten arbeiten. Mir war gestattet, in ihren Notizbüchern zu blättern, in denen sie Eindrücke über deutsche Studenten und Deutschland notiert hatten:

Deutsche Studenten seien einerseits sehr engagiert und selbständig, aktiv, kooperativ und hilfsbereit. Andererseits hätten sie keine wirkliche literarische Bildung, denn sie kennten weder ihre eigenen Schriftsteller noch die russischen. Sie seien überhaupt recht uninformiert über Rußland und, schlimmer noch, wollten oft gar nicht informiert werden. Sie dächten ahistorisch, zeigten wenig Heimatliebe. Sie neigten dazu, im Negativen herumzubohren, sowohl Deutschland als auch Rußland betreffend. Sie hätten keinen Respekt, weder vor einer Autorität, noch vor dem Alter. Sie verletzten Tabus. Überhaupt redeten sie gern, bevor sie wüßten. Sie verhielten sich oft unhöflich und kämen ungepflegt daher, vor allem die Mädchen. Ihre Körperhaltungen und -bewegungen seien häufig demonstrativ undezent, sie gingen und stünden auch stets mit den Händen in den Taschen. Junge Leute tauschten in der Öffentlichkeit Zärtlichkeiten aus, die eigentlich ins private Umfeld gehörten. Die kollektiven Lachsalven und das trompetenhafte Schneuzen erschreckten jeden.

Und gleichsam wie zum Trost steht da auch die Notiz „So schön hatten wir uns Deutschland eigentlich nicht vorgestellt!"

Russen und Deutsche üben eine enorme Anziehungskraft aufeinander aus, auch in zwischengeschlechtlichen Beziehungen. ***Ehen zwischen Russen und Deutschen*** sind indessen problematisch, viele scheitern, da das russische und das deutsche gesamtgesellschaftliche Rollenverständnis für die

Geschlechter so unterschiedlich sind, daß davon auch die privaten Beziehungen belastet werden.

Russische Männer transportieren in die Beziehung häufig ihr traditionell-patriarchalisches und gleichzeitig larmoyant-lethargisches Verhalten, wodurch der Großteil der familiären Arbeitslasten den Frauen aufgehalst wird. Deutsche Frauen tolerieren das auf Dauer nicht. Deutsche Männer sind zu Beginn einer Beziehung in der Regel sehr angetan von der Anschmiegsamkeit und der Bewunderung von seiten ihrer jungen russischen Frauen (die ihnen von vielen deutschen Frauen nicht mehr so ungeteilt entgegengebracht werden): Sie erliegen dem Pygmalion-Effekt und meinen, in der Frau ein nach ihren Vorstellungen formbares Wesen gefunden zu haben. Im Laufe der Jahre übernimmt jedoch die immer resoluter werdende Ehefrau und Mutter die Führung im Haus. Und das liegt den deutschen Männern nicht. Ein partnerschaftliches Gleichgewicht entsteht in einer russisch-deutschen Verbindung selten.

Das vorstehende Kapitel "Russen und Deutsche" ist sehr knapp gehalten und mag daher ein wenig eklektisch wirken, die wiedergegebenen Erfahrungen und Eindrücke könnten überholt erscheinen. Angesichts der zeitlosen Langlebigkeit von Geschichtsbildern, Fremdenbildern und -wahrnehmungen sind sie jedoch heute nicht weniger gültig. Und wenn wir uns an das einführende Zitat erinnern - *"Was wir tun können, ist nur dies, einzelne Beispiele herauszugreifen, auf einzelne Ereignisse und besonders folgenreiche Vorstellungen den Finger zu legen!"* [124] - können sie zum Nachdenken anregen.

Nachwort

Die Lektüre dieses Buches mag bei manchem Leser einen „Kulturschock" ausgelöst haben, denn anders als erwartet fand er keine jener leichthändig-geistreichen Darstellungen, wie sie zur Zeit in Mode sind, sondern ein eher schweres und sperriges Material. Liegt das an der Autorin - oder läßt sich das Phänomen Rußland nicht anders erfassen? Wie dem auch sei: Die Autorin „dankt für die Aufmerksamkeit" (wie man das in Rußland tut, wenn man einen Vortrag gehalten hat).

Wer je mit Rußland, seinen Menschen, seiner Kultur zu tun hatte, ist davon zutiefst berührt, im Herzen und im Verstand, und entwickelt jene große Liebe, die auch einmal unglücklich sein kann ...

Barbara Löwe
Im Sommer 1999

Anhang

Hinweise zur wissenschaftliche Umschrift (Transliteration) aus dem Russischen

Kyrillisches (russisches) Alphabet		Wiedergabe in lateinischer Schrift	
Großbuchstaben	Kleinbuchstaben	Transliteration	Aussprache
А	а	a	
Б	б	b	
В	в	v	
Г	г	g	
Д	д	d	
Е	е	e	je
Ё	ё	ë	jo
Ж	ж	ž	stimmhaftes j wie Journal
З	з	z	stimmhaftes s wie Rasen
И	и	i	
Й	й	j	
К	к	k	
Л	л	l	
М	м	m	
Н	н	n	
О	о	o	
П	п	p	
Р	р	r	
С	с	s	stimmloses s wie das
Т	т	t	
У	у	u	
Ф	ф	f	
Х	х	ch	
Ч	ч	č	tsch
Ц	ц	c	z wie Zank
Ш	ш	š	stimmloses sch wie schön
Щ	щ	šč	schtsch
	ъ	"	
	ы	y	
	ь	'	
Э	э	é	offenes e
Ю	ю	ju	
Я	я	ja	

Das Zeichen ´ über einem Vokalbuchstaben kennzeichnet die Wortbetonung: z. B. *Nevá*. Das Zeichen ' nach einem Konsonantenbuchstaben kennzeichnet dessen Palatalisierung (j-Erweichung): z. B. n' wie in französisch *Cognac*. Das Transliterationssystem wird nicht angewendet bei Ethnonymen, also *tschetschenisch* statt *čečenisch*. Außerdem wird vom Transliterationssystem abgesehen, wenn die deutsche Bezeichnung historischer Gestalten völlig eingebürgert ist: z. B. *Zar* statt *car'*. Aus diesem Grund lassen sich auch Doppelformen nicht vermeiden: *Alexander I.* (russischer Zar), neben *Aleksándr Névskij* (Fürst von Novgorod).

Anmerkungen

1) Siehe Hinweise zur wissenschaftlichen Umschrift (Transliteration) aus dem Russischen
2) Aleksandr Solženicyn: *Russkij vopros k koncu XX veka,* zitiert nach Wolfgang Kasack: *Alexander Solschenizyn: Die russische Frage am Ende des 20. Jahrhunderts*, S. 136 - 176
3) Vgl. A. N. Sacharov et al.(Hg.): *Istorija Rossii*, 1966.
4) Zitiert nach Serge Zenkovsky (Hg.): *Aus dem Alten Rußland*, 1968, S.12 f.
5) Günther Stökl: *Russische Geschichte*, 1990/5, S. 42.
6) Zur Darstellung der politisch-historischen Entwicklung Rußlands bis 1917 vgl. z. B.
   Irene Neander: *Grundzüge der russischen Geschichte*, 1970 (vergriffen).
   Andreas Kappeler: *Rußland als Vielvölkerreich*, 1993.
   Werner Scheck: *Illustrierte Geschichte Rußlands*, 1975 (vergriffen).
   Günther Stökl: *Russische Geschichte*, 1990/5.
   A. N. Sacharov et al. (Hg.): *Istorija Rossii*, 1996.
7) *„Óch, tjaželá ty, šápka Monomácha!“*. Bei der „Krone“ handelt es sich also genaugenommen um eine Pelzkappe.
8) *Slóvo o polkú Ígoreve.*
9) Claudia Franck: *Die Orientalische Frage*, 1993 (unveröff.).
10) Zur Darstellung der politisch-historischen Entwicklung der Sowjetunion vgl. z. B.
    Günther Stökl, op. cit.
    Andreas Kappeler, op. cit.
    Boris Meissner: *Die Sowjetunion im Umbruch*, 1988.
    Georg von Rauch: *Geschichte der Sowjetunion*, 1987/7.
11) Čeka, Kurzwort für Črezvyčájnaja komíssija (Außerordentliche Kommission). Diese politische Geheimpolizei wurde 1922 in die GPU (Staatliche Politische Verwaltung) umgewandelt, 1934 dem NKWD (Volkskommissariat für Inneres) angeschlossen und 1954 in das KGB (Komitee für Staatssicherheit) umorganisiert.
12) Vgl. auch Wolfgang Leonhard: *Die Revolution entläßt ihre Kinder*, 1962.
13) GULag, Kurzwort für Glávnoe upravlénie lageréj (Hauptverwaltung der Lager), vgl. auch Aleksandr Solženicyn.
14) Günther Stökl: op. cit., S. 719.
15) Molotow-Cocktail: Mit Benzin und Phosphor gefüllte Flasche zur Nahbekämpfung von Panzern, erstmals von sowjetischen Truppen im Zweiten Weltkrieg benutzt.
16) Georg von Rauch: op. cit., S. 609.
17) Vgl. auch Willy Birkenmaier: *Das russische Heidelberg*, 1995, S. 83.
18) Der Fischer Weltalmanach 1999, S.592; “Die Welt” vom 30.9.97.

19) Vgl. „Die Welt" vom 30.3.1996.

20) Gerhard Adler (Hg.): *Tausend Jahre Heiliges Rußland*, Orthodoxie im Sozialismus, 1987, S. 11, 29.

21) Zahlen nach „Die Welt" vom 2.10.1996; „Izvestija" vom 8.7.1995; Wolfgang Schriek: *Rußland, Land und Leute* (Polyglott) 1995, S.106.

22) „Izvestija" vom 26.1.1995.

23) „Konradsblatt" (Wochenblatt für das Erzbistum Freiburg) 4/1996, S. 11

24) Vgl. "Rheinischer Merkur" vom 1.8.1997. "Izvestija" vom 16.1.1998. "Die Welt" vom 11.10. 1998. "ZEIT-Magazin"/Zeitpunkte 5/98. "Die Welt" vom 16.12.1998

25) Adam Olearius: *Vermehrte Newe Beschreibung Der Muscowitischen vnd Persischen Reyse*, 1656 und 1971, S. 317.

26) „Konradsblatt" (Wochenblatt für das Erzbistum Freiburg) 36/1996, S. 16.

27) Adam Olearius: op. cit., S. 291 ff.

28) Vgl. Rudolph Chimelli: *9 mal Moskau*, 1988/2, S. 13 ff.

29) N. Gorodinskaja, in: „Izvestija" vom 28.1.1992.

30) Irene Neander: op. cit., S. 12.

31) V. O. Ključevskij: *Istoričeskie portrety*, 1990, S. 60.

32) V. O. Ključevskij: op. cit., S. 61.

33) Ibid.

34) N. Gorodinskaja, a. a. O.

35) V. O. Ključevskij: op. cit., S. 61.

36) Irene Neander: op. cit., 14.

37) Ibid.

38) Ibid.

39) Aleksandr Solženicyn: *Russkij vopros k koncu XX veka*, 1994, zitiert nach Wolfgang Kasack: *Alexander Solschenizyn, Die russische Frage am Ende des 20. Jahrhunderts,* 1994, S. 136.

40) „Izvestija" vom 15.9.1995.

41) „Izvestija" vom 14.10.1995.

42) „Izvestija" vom 15.2.1995.

43) Sigmund von Herberstein: *Rerum moscoviticarum commentarii*, 1549, zitiert nach Paul König (Hg.): *Das alte Rußland.* In Anlehnung an die älteste deutsche Ausgabe aus dem Lateinischen übertragen, 1984, S. 293 f.

44) Johannes Grotzky: *Gebrauchsanweisung für die Sowjetunion*, 1990/4, S. 70 f.

45) Vgl. auch Sonja Margolina: *Rußland: Die nichtzivile Gesellschaft,* 1994, S. 54 ff.

46) Willy Birkenmaier, op. cit., S. 29 ff.

47) Der Fischer Weltalmanach 1999, S. 592. "Die Welt" vom 30.9.1997

48) Sigmund von Herberstein, op. cit., S. 132.

49) Vgl. Rudolph Chimelli, op. cit., S. 50.

50) G. S. Es'kov et al.: *Sovetskoe obščestvo; Lingvostranovedčeskij slovar'*, 1988, S. 434.
51) Ibid.
52) Ibid.
53) Klaus Mehnert: *Der Sowjetmensch*, 1959, S. 48.
54) Ibid.
55) Jegor Gajdar: *Entscheidung in Rußland*, 1995, S. 110.
56) Leonid Wladimirow: *Die Russen privat*, 1968, S. 144.
57) Klaus Mehnert, op. cit., S. 56.
58) Ol'ga Kryštanovskaja, in: „Izvestija" vom 12.8.1995.
59) Ibid.
60) German Andreew, in: „Rhein-Neckar-Zeitung" vom 28.5.1976.
61) Ibid.
62) Ibid.
63) Ibid.
64) German Andreew, in: „Rhein-Neckar-Zeitung" vom 1.6.1976.
65) Ibid.
66) Ibid.
67) Andrej Sinjawskij: *Der Traum vom neuen Menschen oder Die Sowjetzivilisation*, 1989,S. 198.
68) Andrej Sinjawskij, op. cit., S. 202.
69) Ibid.
70) Wilhelm Lettenbauer: *Kleine russische Literaturgeschichte*, 1951, S. 57.
71) Andrej Sinjawskij, op. cit., S. 193.
72) Andrej Sinjawskij, op. cit., S. 197.
73) Ibid.
74) Ibid.
75) Andrej Sinjawskij, op. cit., S. 323.
76) Andrej Sinjawskij, op. cit., S. 339 f.
77) Ibid.
78) Ibid.
79) lVgl. auch Sonja Margolina, op. cit., S. 101 ff.
80) Boris Chasanow: *Auf halber Strecke fällt der Riese in Schlaf*, in: „Der Spiegel" 25/1984, S. 114.
81) Gerd Ruge: *Weites Land*, 1996, S. 341.
82) Boris Reznik, in: „Izvestija" vom 3.2.1995.
83) Ibid.
84) Hans-Jürgen Burkhard: *Jenseits von Kreml und Rotem Platz*, 1995, S. 122.
85) Klaus Mehnert: op. cit., 12. Vgl. auch Andrea Montgomery: *Gibt es den Sowjetmenschen?* 1994 (unveröff.).
86) Klaus Mehnert: op. cit., S. 13.

87) Zum Exkurs „Juden in Rußland" vgl. z. B. Julius Schoeps: *Juden aus der GUS suchen Sicherheit in Deutschland. Der Leidensweg von der Zarenzeit bis zur Perestrojka,* in: „Die Welt" vom 29.3.1993. Andreas Kappeler: *Rußland als Vielvölkerreich: Entstehung - Geschichte - Zerfall,* 1993. Barbara Glaubitz, in: "Wostok" (Informationen aus dem Osten für den Westen, 4/98, S. 59 f.
88) Rudolph Chimelli: op. cit., S. 97.
89) Adam Olearius: op. cit., S. 195.
90) Adam Olearius: op. cit., S. 204.
91) V. O. Ključevskij: op. cit., S. 60.
92) Vgl. „Izvestija" vom 25.9.1998.
93) Der Fischer Weltalmanach 1999, S. 603.
94) Adam Olearius: op. cit., S. 208.
95) Adam Olearius: op. cit., S. 308.
96) Wolfgang Schriek: op. cit., S. 59.
97) Adam Olearius: op. cit., S. 208 f.
98) Alexej Koslatschkow, in: „Wostok" (Informationen aus dem Osten für den Westen), 2/96, S. 72 f.
99) Vgl. "Die Welt" vom 13.3.1997.
100) Claudia Siebert: *Moskau ist anders. Über Stöpsel, Brotkanten und das Leben an sich,* 1994, S. 17.
101) August v. Kotzebue: *Als Verbannter in Sibirien,* o. J., S. 103.
102) Adam Olearius: op. cit., S. 191.
103) Pëtr Krasnóv: *Careubijcy,* 1984, S. 104.
Das zitierte Motto setzte Krasnov über seinen 1939 erschienenen historischen Roman *Careubijcy* (Zarenmörder),der 1984 in Moskau neu aufgelegt wurde. Krasnov war russischer General und Schriftsteller. Er wurde in St. Petersburg geboren, unterstützte nach der Februarrevolution von 1917 die Kerenskij-Regierung, wurde 1918 Ataman der Donkosaken, mit denen er gegen die Bol'ševiki kämpfte. 1919 emigrierte er nach Deutschland und wurde Autor zahlreicher historischer Skizzen und Romane. Im Zweiten Weltkrieg arbeitete er mit dem nationalsozialistischen Deutschland zusammen bei der Organisation russischer Abteilungen. 1947, nach seiner Auslieferung an die Sowjetunion, wurde er verurteilt und hingerichtet.
104) „Izvestija" vom 17.1.1998
105) Vgl. Jörg Kastl: *Wir müssen mit Rußland nüchtern umgehen,* in: „Die Welt" vom 9.7.1996. Vgl. auch Gabriele Krone-Schmalz: *Keine Angst vor Rußlands "alten Eliten",* in: "Die Welt" vom 25.9.1998.
106) Persönliche Mitteilung.
107) Adam Olearius: op. cit., S. 202.
108) Adam Olearius: op. cit., S. 180.

109) Fëdor Stepun: zitiert nach: „Rhein-Neckar-Zeitung“ vom 20./21.7.1996.
110) Marion Gräfin Dönhoff, in: „Zeit-Magazin“ Nr. 18 vom 5.5.1972.
111) Karl-Heinz Janßen, in: „Zeit-Magazin“ Nr. 18 vom 5.5.1972.
112) Vgl. Leo Sievers: *Deutsche und Russen. Tausend Jahre gemeinsame Geschichte*, 1981/2, S. 6.
113) Vgl. Günther Stökl: *Osteuropa und die Deutschen. Geschichte und Gegenwart einer spannungsreichen Nachbarschaft,* 1982/3, S. 28 f.
114) Günther Stökl: *Osteuropa* ..., S. 13.
115) Günther Stökl: *Osteuropa* ..., S. 105.
116) Günther Stökl: *Osteuropa* ..., S. 111.
117) Ibid.
118) Erich Franz Sommer: *In Moskau geboren, in Riga zu Hause*, in: Rudolf Pörtner (Hg.): *Heimat in der Fremde. Deutsche aus Rußland erinnern sich*, 1992, S. 101.
119) Rudolf Pörtner (Hg.): *Heimat in der Fremde. Deutsche aus Rußland erinnern sich,* 1992, S. 10.
120) Willy Birkenmaier: op. cit., passim.
121) Raissa Orlowa-Kopelew: *Die Türen öffnen sich langsam*, 1984, S. 12.
122) Op. cit., S. 14.
123) Valentin Fëdorov: *FRG: 80e gody*, 1986, S. 153 und passim.
124) Günther Stökl: *Osteuropa* ..., S. 13.

Übersetzung der russischsprachigen Quellen,
falls nicht anders angegeben: die Autorin.

Literaturverzeichnis

•*Adler, Gerhard* (Hg.): ***Tausend Jahre Heiliges Rußland. Orthodoxie im Sozialismus,*** Herder 1987.
•*Birkenmaier, Willy*: ***Das russische Heidelberg,*** Wunderhorn 1995.
•*Burkhard, Hans-Jürgen*: ***Jenseits von Kreml und Rotem Platz. Bilder aus Rußland,*** mit Texten von Katja Gloger und einem Vorwort von Jewgeni Popow, Schirmer/Mosel 1995.
•*Chimelli, Rudolph*: ***9 mal Moskau,*** Piper 1988/2.
•*Es'kov, G. S. et al.*: ***Sovetskoe obščestvo. Lingvostranovedčeskij slovar'*** (Die sowjetische Gesellschaft. Wörterbuch zur Linguolandeskunde), Russkij Jazyk 1988 .
•*Fëdorov, Valentin*: ***FRG: 80e gody, Očerki obščestvennych nravov*** (BRD: 80er Jahre, Skizzen zur Gesellschaft und ihrem Verhalten), Meždunarodnye otnošenija 1986.
•*Franck, Claudia*: ***Die Orientalische Frage,*** 1993 (unveröff.).
•*Gajdar, Jegor*: ***Entscheidung in Rußland. Die Privatisierung der Macht und der Kampf um eine zivile Gesellschaft*** (aus dem Russ.), Hanser 1995.
•*Grotzky, Johannes*: ***Gebrauchsanweisung für die Sowjetunion,*** Piper 1990/4.
•*Herberstein, Sigmund Frhr. von* (1486-1566): ***Rerum moscoviticarum commentarii. Das alte Rußland.*** In Anlehnung an die älteste deutsche Ausgabe aus dem Lateinischen übertragen von Wolfram von dem Steinen, Manesse 1984.
•*Kappeler, Andreas*: ***Rußland als Vielvölkerreich. Entstehung, Geschichte, Zerfall***, Beck'sche Verlagsbuchhandlung 1993.
•*Kasack, Wolfgang* (Hg.): ***Alexander Solschenizyn. Die russische Frage am Ende des 20. Jahrhunderts*** (aus dem Russ.), Piper 1994.
•*Ključevskij, V. O.* (1841-1911): ***Istoričeskije portrety*** (Historische Porträts), Pravda 1990.
•*Kotzebue, August von* (1761-1819, ermordet): ***Das merkwürdigste Jahr meines Lebens,*** hg. von Hans Schuman, Manesse o. J. .
•*Krasnov, Pëtr* (1869-1947, hingerichtet): ***Careubijcy. 1-e marta 1881 goda*** (Zarenmörder. Der 1. März 1881), Panorama 1994.
•*Leonhard, Wolfgang*: ***Die Revolution entläßt ihre Kinder,*** Ullstein 1962.
•*Lettenbauer, Wilhelm*: ***Kleine russische Literaturgeschichte,*** Lurz 1952.
•*Margolina, Sonja*: ***Rußland: Die nichtzivile Gesellschaft.*** Essay, Rowohlt 1994.
•*Mehnert, Klaus*: ***Der Sowjetmensch. Versuch eines Porträts nach 12 Reisen in die Sowjetunion 1929-1957,*** Deutsche Verlags-Anstalt 1959/5.

•*Ders.*: ***Das zweite Volk meines Lebens. Berichte aus der Sowjetunion 1925-1983,*** Deutsche Verlags-Anstalt 1986.
•*Ders.*: ***Asien, Moskau und Wir,*** Sonderausgabe Europäischer Buchklub o. J.
•*Meissner, Boris*: ***Die Sowjetunion im Umbruch***, Deutsche Verlags-Anstalt 1988.
•*Montgomery, Andrea*: ***Gibt es den Sowjetmenschen?,*** 1994 (unveröff.).
•*Neander, Irene*: ***Grundzüge der russischen Geschichte,*** Wissenschaftliche Buchgesellschaft 1976 (vergr., Neuaufl. in Vorb.).
•*Olearius, Adam* (1599-1671): ***Vermehrte Newe Beschreibung der Muscovitischen und Persischen Reyse,*** hg. von Dieter Lohmeier, Max Niemeyer 1971.
Orlowa-Kopelew, Raissa: ***Die Türen öffnen sich langsam. Eine Moskauerin erlebt den Westen*** (aus dem Russ.), Knaus 1984.
•*Pörtner, Rudolf (Hg.)*: ***Heimat in der Fremde. Deutsche aus Rußland erinnern sich***, Econ 1992/2.
•*Rauch, Georg von*: ***Geschichte der Sowjetunion,*** Kröner 1987/7.
•*Ruge, Gerd*: ***Weites Land. Russische Erfahrungen, russische Perspektiven,*** Berlin Verlag 1996.
•*Sacharov, A. N. (Hg.)*: ***Istorija Rossii v dvuch tomach*** (Geschichte Rußlands in zwei Bänden), AST 1996.
•*Scheck, Werner*: ***Illustrierte Geschichte Rußlands,*** Südwest Verlag 1975 (vergr.).
•*Schriek, Wolfgang*: ***Rußland. Land und Leute,*** Polyglott 1995.
•*Siebert, Claudia*: ***Moskau ist anders. Über Stöpsel, Brotkanten und das Leben an sich,*** Claassen 1994.
•*Sievers, Leo*: ***Deutsche und Russen. Tausend Jahre gemeinsame Geschichte,*** Stern-Bücher bei Gruner + Jahr 1981/2.
•*Sinjawskij, Andrej*: ***Der Traum vom neuen Menschen oder Die Sowjetzivilisation*** (aus dem Russ.), S. Fischer 1989.
•*Solženicyn, Aleksandr*: ***Russkij vopros k koncu XX veka*** (Die russische Frage am Ende des 20. Jahrhunderts), „Novyj mir“ 7/1994.
•*Solženicyn, Aleksandr*: ***Rossija v obvale*** (Rußland im Absturz), Russkij put' 1998.
•*Sommer, Erich Franz*: ***In Moskau geboren, in Riga zu Hause,*** in: Rudolf Pörtner (Hg.): ***Heimat in der Fremde. Deutsche aus Rußland erinnern sich,*** Econ 1992/2.
•*Stökl, Günther*: ***Russische Geschichte***, Kröner 1990/5
•*Ders.*: ***Osteuropa und die Deutschen. Geschichte und Gegenwart einer spannungsreichen Nachbarschaft,*** Hirzel 1982/3.
•*Zenkovskij, Serge A. (Hg.)*: ***Aus dem alten Rußland. Epen, Chroniken und Geschichten,*** Manfred Pawlak Verlagsgesellschaft 1968.
•*Wladimirow, Leonid*: ***Die Russen privat. So lebt man heute in der Sowjetunion*** (Aus dem Amerik.), Molden 1969.

Einige Tips zu weiterer Lektüre

- *Kasack, Wolfgang*: ***Lexikon der russischen Literatur ab 1917,*** Kröner 1976.
- *Krockow, Christian Graf von*: ***Begegnungen mit Ostpreußen,*** dtv 1995.
- *Lachauer, Ulla*: ***Die Brücke von Tilsit. Begegnungen mit Preußens Osten und Rußlands Westen,*** Rowohlt 1995.
- *Stender-Petersen, A.*: ***Geschichte der russischen Literatur*** (aus dem Dän.), Beck 1986/4.
- *Sutherland, Christine*: ***Die Prinzessin von Sibirien. Maria Wolkonskaja und ihre Zeit*** (aus dem Engl.), Fischer 1993.
- *Zelinsky, Bodo (Hg.)*: ***Die russische Novelle,*** Bagel 1982.
- *Ders.*: ***Der russische Roman***, Bagel 1979.

Programm-übersicht

REISE KNOW-HOW Bücher werden von Autoren geschrieben, die Freude am Reisen haben und viel persönliche Erfahrung einbringen. Sie helfen dem Leser, die eigene Reise bewußt zu gestalten und zu genießen. Wichtig ist uns, daß der Inhalt nicht nur im reisepraktischen Teil „Hand und Fuß" hat, sondern daß er in angemessener Weise auf Land und Leute eingeht. Die Reihe REISE KNOW-HOW soll dazu beitragen, Menschen anderer Kulturkreise näherzukommen, ihre Eigenarten und ihre Probleme besser zu verstehen. Wir achten darauf, daß jeder einzelne Band gemeinsam gesetzten Qualitätsmerkmalen entspricht. Um in einer Welt rascher Veränderungen laufend aktualisieren zu können, drucken wir bewußt kleine Auflagen.

RAD & BIKE:

REISE KNOW-HOW RAD & BIKE sind Radführer von lohnenswerten Reiseländern bzw. Radreise-Stories von außergewöhnlichen Radtouren durch außereuropäische Länder und Kontinente. Die Autoren sind entweder bekannte Biketouren-Profis oder „Newcomer", die mit ihrem Bike in kaum bekannte Länder und Regionen vorstießen. Wer immer eine Fern-Biketour plant – oder nur davon träumt – kommt an unseren RAD & BIKE-Bänden nicht vorbei!

Welt

Abent. Weltumradlung (RAD & BIKE)
ISBN 3-929920-19-0
Äqua-Tour (RAD & BIKE)
ISBN 3-929920-12-3
Auto(fern)reisen
ISBN 3-921497-17-5
CD-Rom Reise-Infos Internet
ISBN 3-89416-658-4
Erste Hilfe effektiv
ISBN 3-89416-689-4
Fahrrad-Weltführer
ISBN 3-9800975-8-7
Der Kreuzfahrtführer
ISBN 3-89416-663-0
Motorradreisen
ISBN 3-89662-020-7
Outdoor-Praxis
ISBN 3-89416-629-0
Die Welt im Sucher
ISBN 3-9800975-2-8
Wo es keinen Arzt gibt
ISBN 3-89416-035-7

Europa

Amsterdam
ISBN 3-89416-231-7
Andalusien
ISBN 3-89416-679-7
Bretagne
ISBN 3-89416-175-2
Budapest
ISBN 3-89416-660-6
Bulgarien
ISBN 3-89416-220-1
Costa Brava
ISBN 3-89416-646-0
Dänemarks Nordseeküste
ISBN 3-89416-634-7
England, der Süden
ISBN 3-89416-676-2
Europa Bike-Buch (RAD & BIKE)
ISBN 3-89662-300-1
Gran Canaria
ISBN 3-89416-665-7
Großbritannien
ISBN 3-89416-617-7
Hollands Nordseeinseln
ISBN 3-89416-619-3
Irland-Handbuch
ISBN 3-89416-636-3
Island
ISBN 3-89662-035-5

Europa

Kärnten
ISBN 3-89662-105-x
Kreta
ISBN 3-89416-685-1
Litauen & Königsberg
ISBN 3-89416-169-8
Das Tal der Loire
ISBN 3-89416-681-9
London
ISBN 3-89416-673-8
Madrid
ISBN 3-89416-201-5
Mallorca
ISBN 3-89662-156-4
Mallorca für Eltern und Kinder
ISBN 3-89662-158-0
Mallorca, Reif für
ISBN 3-89662-168-8
Mallorca, Wandern auf
ISBN 3-89662-162-9
Malta
ISBN 3-89416-659-2
Nordspanien und der Jakobsweg
ISBN 3-89416-678-9
Nordtirol
ISBN 3-89662-107-6
Oxford
ISBN 3-89416-211-2
Paris
ISBN 3-89416-667-3
Polens Norden
Ostseeküste/Masuren
ISBN 3-89416-613-4
Prag
ISBN 3-89416-690-8
Provence
ISBN 3-89416-609-6
Pyrenäen
ISBN 3-89416-692-4
Rom
ISBN 3-89416-670-3
Salzburger Land - Salzkammergut
ISBN 3-89662-109-2
Schottland-Handbuch
ISBN 3-89416-621-5
Sizilien - Liparische Inseln
ISBN 3-89416-627-4
Skandinavien - der Norden
ISBN 3-89416-653-3
Toscana
ISBN 3-89416-664-9
Tschechien
ISBN 3-89416-600-2
Warschau/Krakau
ISBN 3-89416-209-0
Wien
ISBN 3-89416-213-9

Deutschland

Hauptsadt Berlin mit Potsdam
ISBN 3-89416-226-0
Insel Borkum
ISBN 3-89416-632-0
Insel Fehmarn
ISBN 3-89416-683-5
Harz/Ost
ISBN 3-89416-228-7
Harz/West
ISBN 3-89416-227-9
Insel Langeoog
ISBN 3-89614-684-3
Mecklenburg/Brandenburg
Wasserwandern
ISBN 3-89416-221-x
Mecklenburg/Vorpommern
Binnenland
ISBN 3-89416-615-0
München
ISBN 3-89416-672-x
Norderney
ISBN 3-89416-652-5
Nordfriesische Inseln
ISBN 3-89416-601-0
Nordseeinseln
ISBN 3-89416-197-3
Nordseeküste Niedersachsens
ISBN 3-89416-603-7
Ostdeutschland individuell
ISBN 3-89622-480-6
Ostfriesische Inseln
ISBN 3-89416-602-9
Ostseeküste/Mecklenburg-Vorpom.
ISBN 3-89416-184-1
Ostseeküste Schleswig-Holstein
ISBN 3-89416-631-2
Rügen und Hiddensee
ISBN 3-89416-654-1
Sächsische Schweiz
ISBN 3-89416-630-4
Schwarzwald
ISBN 3-89416-611-8
Schwarzwald/Nord
ISBN 3-89416-649-5
Schwarzwald/Süd
ISBN 3-89416-650-9
Insel Sylt
ISBN 3-89416-682-7
Thüringer Wald
ISBN 3-89416-651-7

Amerika

Argentinien/Urug./Parag.
ISBN 3-89662-051-7
Atlanta & New Orleans
ISBN 3-89416-230-9
Barbados, St. Lucia ...
ISBN 3-89416-639-8
Canada Ost/USA Nord-Osten
ISBN 3-89662-151-3
Canadas Westen mit Alaska
ISBN 3-89662-157-2
Chile & Osterinseln
ISBN 3-89662-054-1
Costa Rica
ISBN 3-89416-641-x
Dominikanische Republik
ISBN 3-89416-643-6
Ecuador/Galapagos
ISBN 3-89662-055-x
Guatemala
ISBN 3-89416-214-7
Hawaii
ISBN 3-89416-696-7
Honduras
ISBN 3-89416-666-5
Kolumbien
ISBN 3-89662-058-4
Lateinamerika BikeBuch
ISBN 3-89662-302-8
Mexiko
ISBN 3-89662-310-9
New Orleans
ISBN 3-89416-686-x
New York City
ISBN 3-89416-687-8
Panama
ISBN 3-89416-671-1
Peru/Bolivien
ISBN 3-89662-330-3
Radabenteuer Panamericana (Rad & Bike)
ISBN 3-929920-13-1
San Francisco
ISBN 3-89416-232-5
St. Lucia, St. Vincent, Grenada
ISBN 3-89416-624-8
Trinidad und Tobago
ISBN 3-89416-638-x
USA/Canada
ISBN 3-89662-170-x
USA/Canada Bikebuch (Rad & Bike)
ISBN 3-929920-17-4

Amerika

USA mit Flugzeug und Mietwagen
ISBN 3-89662-150-5
USA, Gastschüler in den
ISBN 3-89662-163-7
USA für Sportfans
ISBN 3-89416-633-9
USA - Südwest Natur- und Wanderführer
ISBN 3-89662-169-6
USA-Westen
ISBN 3-89662-165-3
Venezuela
ISBN 3-89662-040-1

Afrika

Agadir, Marrakesch und der Süden Marokkos
ISBN 3-89662-072-x
Ägypten individuell
ISBN 3-89662-470-9
Äthiopien
ISBN 3-89662-043-6
Bikeabenteuer Afrika (Rad & Bike)
ISBN 3-929920-15-8
Durch Afrika
ISBN 3-921497-11-6
Kairo, Luxor, Assuan
ISBN 3-89662-460-1
Kamerun
ISBN 3-89662-032-0
Libyen
ISBN 3-89662-005-3
Madagaskar, Seychellen, Mauritius, Réunion, Komoren
ISBN 3-89662-062-2
Marokko
ISBN 3-89662-081-9
Namibia
ISBN 3-89662-321-4
Simbabwe
ISBN 3-89662-026-2
Tansania Handbuch
ISBN 3-89662-048-7
Tunesien
ISBN 3-921497-74-4
Tunesiens Küste
ISBN 3-89662-076-2
Westafrika - Küstenländer
ISBN 3-89662-002-9
Westafrika - Sahel
ISBN 3-89662-001-0

Asien

Auf nach Asien (Rad & Bike)
ISBN 3-89662-301-x
Bali & Lombok mit Java
ISBN 3-89416-645-2
Bali: Ein Paradies wird erfunden
ISBN 3-89416-618-5
Bangkok
ISBN 3-89416-655-x
China Manual
ISBN 3-89416-626-6
China, der Norden
ISBN 3-89416-229-5
Chinas Osten mit Bejing und Shanghai
ISBN 3-89416-680-0
Emirat Dubai
ISBN 3-89662-094-0
Hongkong, Macau und Kanton
ISBN 3-89416-235-x
Indien, der Norden
ISBN 3-89416-223-6
Israel, palästensische Gebiete, Ostsinai
ISBN 3-89662-451-2
Jemen
ISBN 3-89622-009-6
Jordanien
ISBN 3-89662-452-0
Kambodscha
ISBN 3-89416-233-3
Komodo/Flores/Sumbawa
ISBN 3-89416-060-8
Ladakh und Zanskar
ISBN 3-89416-176-0
Laos
ISBN 3-89416-637-1
Malaysia mit Singapur und Brunei
ISBN 3-89416-640-1
Mongolei
ISBN 3-89416-217-1
Myanmar (Burma)
ISBN 3-89662-600-0
Nepal-Handbuch
ISBN 3-89416-668-1
Oman
ISBN 3-89662-100-9
Phuket (Thailand)
ISBN 3-89416-182-5
Rajasthan
ISBN 3-89416-616-9

Asien

Singapur
ISBN 3-89416-656-8
Sri Lanka
ISBN 3-89416-170-1
Sulawesi (Celebes)
ISBN 3-89416-635-5
Taiwan
ISBN 3-89416-693-2
Thailand Handbuch
ISBN 3-89416-675-4
Thailand: Tauch- und Strandführer
ISBN 3-89416-622-3
Thailands Süden mit Bangkok
ISBN 3-89416-662-2
Tokyo
ISBN 3-89416-206-6
Vereinigte Arabische Emirate
ISBN 3-89662-022-3
Vietnam-Handbuch
ISBN 3-89416-661-7

Ozeanien

Neuseeland Campingführer
ISBN 3-921497-92-2
Bikebuch Neuseeland (Rad & Bike)
ISBN 3-929920-16-6

Edition RKH

Mallorca, Geschichten aus dem anderen
ISBN 3-89662-161-0
Mallorquinische Reise
ISBN 3-89662-153-x
Yanomami- Massaker
ISBN 3-89416-624-x

Praxis

Kanu-Handbuch
ISBN 3-89416-725-1
Wildnis-Ausrüstung
ISBN 3-89416-750-5
Wildnis-Küche
ISBN 3-89416-751-3

Notizen

Register

Rück- bzw. Umbenennung einiger Städte

Zarenzeit	***Sowjetzeit***	***Gegenwart***
Carícyn	Stalingrád	Volgográd
Ekaterinbúrg	Sverdlóvsk	Ekaterinbúrg
Níž nij Nóvgorod	Gór'ki	Níž nij Nóvgorod
Samára	Kújbyšev	Samára
St. Petersburg	Petrográd (1914-24), Leningrád	St. Petersburg
Tver'	Kalínin	Tver'

Die Autorin

Barbara Löwe, Jahrgang 1934, ist Diplom-Dolmetscherin für Russisch und hat Aufbaustudiengänge in Slavistik, Osteuropäischer Geschichte, Politischer Wissenschaft und Vergleichender Kulturwissenschaft absolviert. Sie hat also „Rußland studiert" - und es 33 Jahre am Institut für Übersetzen und Dolmetschen der Universität Heidelberg gelehrt. In all diesen Jahrzehnten hat sie das Land auch praktisch erlebt, beruflich und privat, privilegiert und ganz und gar alltäglich. Und nach wie vor ist sie dem Phänomen Rußland auf der Spur ...

"Latest News"

zu den Büchern von Reise Know-How.
Aktuelle Ergänzungen und Neuigkeiten
nach Drucklegung im Internet.

http://www.reise-know-how.de/

Der
Reise Know-How Verlag Peter Rump GmbH
ist Mitglied der Verlagsgruppe

Barbara Löwe
KulturSchock Rußland

„Der Dumme verurteilt, der Kluge beurteilt."

Russisches Sprichwort